U0583637

日本学研究

郭连友 主编

28

第28辑

北京日本学研究中心、教育部国别和区域研究基地日本研究中心

社会科学文献出版社
SSAP
SOCIAL SCIENCES ACADEMIC PRESS(CHINA)

《日本学研究》编委会

主编寄语

呈现在大家面前的是面貌一新的《日本学研究》第28辑。

创刊于1991年的《日本学研究》（年刊）是我国日本研究领域最早的集刊之一，截止到2017年共出版27辑，刊登了780篇学术论文，内容涉及日本的语言、文学、文化、社会、经济、教育等多个研究领域，作为我国日本学研究的综合学术平台，为我国的日本研究领域的学术发展做出了重要贡献。

然而，我们在总结过去的时候也深刻地认识到《日本学研究》存在的不足。这些不足主要表现在：与社会需求的契合度不够，栏目缺乏吸引力，语言文学方面的论文比重偏高（共390篇，占50%），日语论文偏多（共504篇，占65%），稿源和稿件质量不稳定，宣传力度不够等。尤其是近年来，上述因素叠加在一起，使原本在我国日本研究学界拥有广泛影响力的《日本学研究》逐渐难以满足社会的需要和广大日本学研究者的期待。

对此我们深感忧虑，如何解决上述问题以满足当下我国日本学研究及国别和区域研究的迫切需要成为摆在我们面临的紧迫课题。对此，我们决定从2018年起对《日本学研究》进行全面改版和改进。主办单位由过去的北京日本学研究中心主办改为北京日本学研究中心与教育部国别和区域研究基地日本研究中心共同主办；出版社改为社会科学文献出版社；同时由每年出版一辑改为出版两辑，开本为小16开本；常设栏目有：特别约稿、热点问题、国别和区域研究、海外日本学、日本语言与教育、日本文学与文化、日本社会与经济、书评等，为了及时反映学界的研究动态，还会临时增设诸如学术研讨会特集、讲演录、研究札记、研究动态等栏目；为适应中国社会的需要，所刊稿件除有少量外文（日、英文）稿件外，主要刊登中文或翻译成中文的稿件。

《日本学研究》稿源采用约稿和投稿并重的方式，实行匿名审稿制，每篇稿件聘请2~3名相关领域的专家进行评审，选稿标准注重学术建树和学术贡献。刊登的论文均可在知网上查询和下载。

我们希望通过大家的共同努力，力争用几年时间把《日本学研究》打造成为在我国日本学研究领域具有重要影响力的核心集刊之一。

诚挚希望从事日本研究的各位专家学者以及青年学者给予大力支持并不吝赐稿。

郭连友

2018.6

目　录

特别约稿

热点问题

国别和区域

日本语言与教育

日本文学与文化

日本社会与经济

海外日本学

书 评

特别约稿

世界中的中日关系：有竞争，也有合作

姜跃春*

【摘　要】近年、日中関係が構造的変化を遂げているなかで、協力と競争の併存は両国関係のノーマル状態となりつつある。日中間の協力関係を深めることは双方の利益と合致するのみならず、地域の繁栄と世界の発展に寄与できることは否定してはならない。「一带一路」は新しい時代における経済協力の新たなモデルとして、日中両国の経済連携のためのプラットフォームを提供し、さらなるチャンスと可能性を示している。

【关键词】中日关系　一带一路　中日合作

一　合作与竞争正在成为中日关系的“新常态”

日本对华政策始终坚持合作与对抗并存的“两手”战略，今后一个时期，在中日两国继续加强经贸方面合作的同时，日本在东海、南海问题上的对抗和搅局的做法不会改变。

（一）从合作层面看，中国经济缓中上升，市场对日仍有引力。首先，本次金融危机后，世界经济进入中低速增长阶段，难以带动发达经济体经济整体向上；东南亚各国政治不稳、市场动荡也难以为日本提供稳定可持续的外部市场。而中国经济尽管因结构调整增速有所放缓，但仍将维持6.5%左右的增长势头，中国作为世界最终产品消费市场的魅力正在体现。

* 姜跃春，中国国际问题研究院世界经济与发展研究所所长、研究员，中华日本学会、中日关系史学会常务理事。主要研究方向：日本问题、中日关系和区域经济合作问题等。

日本企业对中国市场的需求是世界其他地区难以取代的。其次，中日经济关系经过多年的发展，相互依赖程度不断加深，中日贸易尽管连续 4 年持续下降，但仍然保持在 3000 亿美元以上，中日两国互为重要贸易伙伴的态势短期内不会改变，目前看，两国在贸易、投资和金融领域的合作逐渐恢复并有所发展。尤其是在两国首脑在“一带一路”倡议下进行合作达成共识的背景下，未来中日在能源环保、节能减排、人工智能、养老健康等双边领域，以及在亚投行和不断拓展第三方市场方面的合作将有所进展。在亚太区域一体化进程方面，尽管目前日本仍然看重 CPTPP，但从发展前景看，RCEP 和中日韩 FTA 建设可能更有利于相关方利益和可操作性。在目前美国执意退出 TPP，加拿大、新西兰也想退出的背景下，不能排除 CPTPP 彻底“流产”的可能性，这对始终追求亚太区域 FTA 的日本来说，改选亚太地区其他合作路径可能成为日本的重点选项。而在其他任何一个区域合作的选项中，中日两国在其中合作无法避免。

（二）从摩擦层面看，领土争端、历史认识等关键问题近期难以找到“出口”。在钓鱼岛问题上，日本以单方面宣布“国有化”方式，将中国固有领土收归己有，引发中日关系严重倒退至今。从安倍政府上台之后对华的强硬立场可以判断，无论是在钓鱼岛问题上，还是在历史认识问题上，安倍内阁都难以做出调整或让步的可能。这不仅是日本强力推行海洋国家战略使然，也是近年美国推行亚太再平衡战略，为日本提供了想象空间使然。然而，无论从历史上看还是从法理上看，中国对钓鱼岛拥有无可争辩的主权，在涉及中国主权利益的原则问题上，中方也没有退步的余地。目前，中国对钓鱼岛的巡航行动已经开始并将常态化。可见，中日两国在领土问题上的碰撞和争端难以停止。2017 年 10 月安倍通过提前解散国会，实行大选，顺利启动了第三个任期的连续执政，从当前日本国内政局的现状和发展趋势看，安倍很可能顺利执政到 2021 年，成为日本战后执政时间最长的首相。从安倍本人的政治理念看，“强军”路线和“修宪”梦想是其坚定不移的政治理想，过去几年中，安倍通过制造中国“威胁论”，“打中国牌”，并利用我在东海行使主权的做法，在日本社会建立了上下一致的强军目标，通过执政上的优势，强行通过了“新安保法”等相关法案，为日本解禁“集体自卫权”、调整“专守防卫”政策和实现海外派兵等方面取得了前所未有的突破。第三届安倍内阁将把“修宪”作为中心目标，在国内国外培育修宪“土壤”，寻找合适时机，实现修宪目标，为自卫队的合法存在

提供保障。从中日之间调整“老问题”的艰巨性和安倍政权的长期性以及安倍执政理念的坚定性均可预判，今后中日之间的摩擦、对抗和斗争将是持续的过程。

（三）从美国亚太政策动向看，特朗普“内向”化政策趋势，可能让安倍更加“放纵”。特朗普上台之后面临医疗改革、教育改革、移民改革，税务改革、基础设施建设，美墨隔离墙设立，老兵部门改革，重开北美贸易谈判等一系列国内问题。而美国对中国、日本等东亚国家的基本看法是，这些国家在过去几十年里，靠搭乘美国主导的国际政治经济秩序便车和操控汇率，实现了不公平贸易，严重削弱了美国的实体产业。从特朗普执政团队现行的亚太政策看，今后美国关注亚太安全态势，继续过去“亚太再平衡”的实质性政策不会出现根本性逆转，因此，特朗普利用日本遏制中国的做法也会继续。这将为日本今后在地区事务及地区安全领域获得更多的独立空间。无论是安倍访美的“朝贡外交”，还是特朗普首次访日，特朗普均强调了美日将建立更加紧密的同盟关系，并重申美国对日本的防务承诺，称两国将共同应对威胁和挑战。这不仅使日美同盟关系得以确认，也意味着日本仍将继续认为，涉及中日之间碰撞的地区性问题均适用于日美同盟的实施范围。为此，可以预见，在中国经济崛起势头不会改变的情况下，在日美同盟不断加强的背景下，安倍内阁联美制华的外交战略也难以在短时间内发生根本性变化。今后一个时期，中日两国在东海、南海、台海等一系列问题上的“纷争”难能平息。

二　深化中日合作符合双边长远和多边现实利益

中日两国长期互为重要的经济贸易合作伙伴。建交以来，两国经贸合作日益密切，不断深化，贸易额从 1972 年的 10 亿美元增长至 2011 年的 3428 亿美元，40 年间增长了 340 倍。[①] 中日经贸合作给双方带来的利益是不争的事实。随着世界经济缓慢复苏，中日贸易和投资亦将呈现回升态势。

（一）中日两国经济仍然具有较强的互补性

中日两国发展阶段不同，经济结构存有差异，决定了双方拥有广阔的

① 据中国海关信息网，http：//www. haiguan. info/onlinesearch/TradeStat/StatOriSub. aspx？ TID =2。

合作前景。尽管由于近年来中国经济高速增长，个别产业已经与日本形成了一定的竞争关系，但是总体来说，日本在很多产业仍然具有独特优势。经济上仍然具有一定的互补空间，中国对日本投资前景看好，双方在服务贸易、新能源和低碳技术等方面都具有相当的合作潜力。尤其是当前中日经济都处于新的产业转型和经济结构调整时期，两国经济界进一步展开互利的经济贸易合作，有利于推进产业转型和经济结构调整。目前，中国正在大力实施节能减排，推动产业升级换代，重点向节能、环境保护、新能源利用、医药、医疗器材、智能交通等产业和领域发展。日本在这些领域大多处于世界领先地位，具体而言，日本在雾霾治理、气候变化、生物多样性保护、沙尘暴、汞污染、海洋垃圾等环保产业，在节能减排，汽车发动机等技术领域均有自己的优势，在城市公交、地铁运营市政管理方面均有成熟的经验。加强中日两国在新领域进一步展开互利互惠合作，不仅有利于两国的经济发展，而且有利于促进两国整体关系的发展。另外值得一提的是，双方在农业领域合作空间巨大。日本是世界上最大的粮食进口国，其进口额占世界农产品贸易额的1/10。耕地资源有限、农业机械无法大规模使用和土地经营规模难以扩大等不利因素导致日本粮食的自给率大大低于世界平均水平，仅为40%。而中国则幅员辽阔，物产丰富，产地分布广，可生产各种优质农产品，加上产品价格低廉、供应充足，所以一直是世界上农产品出口大国之一。

（二）中国崛起是日本经济发展的重要外部助力

受国际金融危机影响，日本经济至今仍未走出低迷，“安倍经济学”刺激经济增长的效果也未可乐观。理论上讲，任何一个国家和地区都要受经济发展周期性的制约。如果说20世纪60年代的日本处于活力迸发的青年期，80年代处于精力充沛的壮年期，那么，21世纪之后则表现出“老年”迹象。较之日本，中国经济的增长空间和发展潜力还很大，仍处于青壮年期。作为出口主导型国家的日本，欧美市场对其影响固然重要，但近年来越来越多的客观现实证明日本对中国市场前景更加看好。中国的市场化进程仍在快速推进过程之中，西部欠发达地区的开发战略和持续增加的城镇人口将带来巨大的消费市场。这将为日本企业提供更多商机，也可为日本经济注入新的活力。有日本研究机构指出，到2026年，日本对华贸易可望升至35%。届时中国可能取代美国成为全球最大经济体。野村证券有研究

报告称，中国国内生产总值增幅每回落1个百分点，就会导致日本经济增速放缓0.5个百分点，进而可能令日本大型非金融企业的经常性利润减少4%左右。值得一提的是，尽管安倍第二次执政后，在对华政策方面采取了“打压”、“围堵”甚至是“对抗”的战略调整，但他并不否认中日经济关系的重要性。他在2015年4月日本一家杂志主办的研讨会上，还特意强调，中国的经济增长对日本来说是机会，对全世界也是如此。2015年5月高村访华前，安倍首相在官邸与自民党副总裁高村正彦会谈，指示其转达希望恢复旨在扩大中日共同利益的“战略互惠关系”的意向。2017年7月，在德国汉堡参加G20峰会的日本首相安倍晋三在接受习主席会见时表示，日方愿同中方加强高层交往并开展机制性交流，深化经贸、金融、旅游等合作并探讨“一带一路”框架下合作。

（三）日本在某些领域仍然占据全球产业链的“制高点”

尽管中国经济总量已经远远超过日本，但中国的综合经济实力与日本相比还有不小差距。据国际货币基金组织2017年10发表的最新预测显示，2017年，中国GDP总额为11.2万亿美元，全球排名第二，日本同年GDP为4.9万亿美元，世界排名第三；但就同年人均GDP来看，日本为3.8万美元左右，世界排名在25位，而中国人均为8583美元，全球排名是第76。[①] 事实上，衡量一国综合实力不能光看经济总量这个单一指标，还要从科技实力、高端工业制造力、企业创新能力、单位GDP能源消耗量、软实力等多项指标进行综合分析。尽管中国在航天等某些领域的确领先全球，但不可否认的是还有不少领域包括经营管理等方面还有赶超空间，例如日本强大的工业实力和制造能力业已成为日本的王牌。日本工业制造业的高度自动化，使日本成为世界上最大的机械设备和工业机器人制造大国。日本企业通过近年来的创新性结构调整，在不少领域仍然牢牢占据世界产业技术制高点和全球产业链的控制力。例如，在电子工业领域，日本企业正从B2C领域，逐渐向B2B领域扩展、转型。尽管在2016年世界各国专利数量排名中，日本以45220件仅次于美国56440件，但就专利的质量而言，日本核心科技专利占比达80%以上，位居世界第一，且日本的专利授权率高

① 国际货币基金组织2017年10月10发布的报告（预测），IMF中文网站2017年10月10日 http：//www.imf.org/external/chinese/index.htm。

达80%，说明其专利申请的质量较高。在中国供给侧改革不断提速、中美贸易摩擦日趋升级的背景下，加大与日本的合作可能将为中国增加更多的谈判筹码。

（四）强化中日合作有利于地区合作进程

当前，世界经济结构调整不断深化，经济全球化和区域经济一体化进程出现停顿和分化的背景下，中日作为世界第二和第三大经济体和亚洲大国，必将在亚洲经济一体化进程中扮演着至关重要的角色。如果携手合作，不仅有利于提升亚洲地区抵御外部经济风险的能力，更决定东亚乃至亚太地区经济一体化能否取得决定性进程。众所周知，中日韩三国按GDP规模分别位居世界第2位、第3位和第14位，GDP总量约为15万亿美元，占全球GDP的20%，占东亚GDP的90%。[①] 但是，占东亚90%经济总量的中日韩三国，其内部贸易额仅占三国外贸总额的19.2%，经济互补性并未得到充分发挥。因此，中日韩合作也肩负着东亚经济发展和一体化的重大期待。[②] 可以认为，包括中日两国在内的东北亚区域合作将是东亚乃至亚太地区经济一体化进程的关键所在，亚太区域经济一体化的进展必将为世界经济的平稳运行和全球经济格局的调整带来积极音响。

三 “一带一路”框架下的合作方向

（一）“一带一路”倡议是给各国经济注入动力的公共产品

近年来，中国与“一带一路”沿线国家贸易迅速增长，已经成为中国对外贸易的亮点和增长点。2017年我国“一带一路”建设进入全面务实合作的新阶段。在贸易投资领域，2017年，我国与沿线国家贸易额7.4万亿元人民币，同比增长17.8%，增速高于全国外贸增速3.6个百分点。其中，出口4.3万亿元人民币，增长12.1%，进口3.1万亿元人民币，增长26.8%；我国企业对沿线国家直接投资144亿美元，在沿线国家新签承包工程合同额1443亿美元，同比增长14.5%。在重大项目上，东非铁路网起始

① 根据国际货币基金组织2015年4月14日公布的“2014年世界各国GDP排名”数字计算，http://www.imf.org/external/chinese/index.htm。

② 根据WTO公布的数字计算，http://www.ftchinese.com/tag/WTO。

段肯尼亚蒙内铁路竣工通车，中老铁路首条隧道全线贯通，中泰铁路一期工程开工建设，匈塞铁路、卡拉奇高速公路等项目进展顺利。中国—白俄罗斯工业园、埃及苏伊士经贸合作区等成为“一带一路”经贸合作的典范。在自贸区建设上，与格鲁吉亚、马尔代夫签署自贸协定，与摩尔多瓦、毛里求斯正式启动自贸协定谈判，推动区域全面经济伙伴关系协定（RCEP）谈判取得积极进展。在对外援助方面，启动“共筑援助之桥　畅通‘一带一路’”行动，落实重大援助举措，积极为沿线发展中国家提供力所能及的援助。稳步推动改善民生的援助项目建设，开办南南合作与发展学院，举办专题培训班，帮助受援国增强自主发展能力。今后中国将继续在“一带一路”框架下，加强与有关国家的战略和规划的对接；通过双边、诸边等协定进一步提高贸易投资便利化的水平；继续完善公共服务体系，更新发布具体国家的投资指南；指导企业有效防范和化解风险。

（二）“一带一路”建设可与他国经济发展战略实现相互对接

“一带一路”倡议一方面强调与古丝绸之路和海上丝绸之路经济带沿线国家发展战略的相互对接，另一方面也倡导开放性和非排他性合作理念，这一理念决定了它在实施过程中的无范围特性。在相互对接方面，包括两个层次，一是国家之间双边层次的对接，这里最典型的是与俄罗斯的欧亚经济联盟实现对接。2015 年 5 月 8 日，在中国国家主席习近平对俄罗斯进行国事访问期间，习近平与俄总统普京会面后，双方共同签署并发表了《关于丝绸之路经济带建设与欧亚经济联盟建设对接合作的联合声明》。[①] 根据联合声明，双方努力将丝绸之路经济带建设和欧亚经济联盟建设相对接，确保地区经济持续稳定增长，加强区域经济一体化，维护地区和平与发展。双方支持启动中国与欧亚经济联盟对接丝绸之路经济带建设与欧亚经济一体化的对话机制，并将推动在双方专家学者参与下就开辟共同经济空间开展协作进行讨论。此外，中国与蒙古的“草原之路”，与哈萨克斯坦的“光明之路”，与英国的“北方增长计划”，波兰的“琥珀之路”等有关国家规划等正在逐步展开。

此外是多边层次的相互对接，即把双边协议扩展到多边领域，在多边

---

① 《新华网》2015 年 5 月 9 日，http：//news. xinhuanet. com/world/2015 －05/09/c_127780866. htm。

层面进行政策协调与区域合作，形成多边合作的新路径。比如通过“一带一路”框架内的第三方合作，以及在一些项目上的共同投标，或者“一带一路”借助亚投行等新型金融机构，加强与美国、欧盟等国家和国际组织在融资方面的合作，与中亚、俄罗斯等国在原材料供给方面的合作，共同打造跨区域的价值链、融资链和产业合作链，以实现合作共赢的双收结果。

（三）“一带一路”合作将为中日双方带来利益

经济关系是中日关系的重要一环，但安倍上任以来，日本对华贸易增长缓慢，2015 年上半年中日贸易额已经出现了低于中韩贸易额的状况。中国“一带一路”《愿景与行动》[①] 中强调的是与对方国家的共商共建共享，与沿线国家的发展战略对接，同时强调这一战略的开放性，因此欢迎原先不属于沿线国的国家参与“一带一路”建设中，英国是典型的例子。中日作为全球化时代的两大经济体，大幅度弱化彼此的经贸关系既不合理也无必要，更不符合双方的利益。中日均为出口主导型国家，近年来由于世界经济整体低迷，出口均受到一定影响。通过参与“一带一路”中的互联互通等基础设施建设将为中日贸易更加便捷的发展空间。比如说，中国和哈萨克斯坦启动的“一带一路”合作，以建立这个物流基地为例，货物约有 3 成是来自日本的汽车零部件和电子组件，而日本到哈萨克的运输时间从此前的约 3 周缩短至几天时间，对日本企业大有裨益。另外中欧班列也将大大压缩日本运往欧洲的产品和原材料成本，为日企提供更加快捷便利的运送服务。

当然，中日两国在“一带一路”框架下的合作，将更加有利于“一带一路”建设的顺利推进。这是因为，据估计 2016 至 2020 年“一带一路”基础设施合意投资需求至少达 10.6 万亿美元。日本作为世界第三大经济体的参与，将有助于相关项目融资问题的可持续性，以降低中国以及相关国家可能面临的投融资风险。此其一。日本的政府开发援助已经在全世界经营多年，无论是在东南亚、南亚，还是在中亚和非洲，日本均有较强的社会基础和运营国际项目的丰富经验，中日合作有利于中国企业补足对外投资经验不足的短板。此其二。众所周知，周边国家尤其是东南亚国家对中国崛

① 《推进共建丝绸之路经济带和 21 世纪海上丝绸之路的愿景与行动》，新华网 2016 年 3 月 28 日，http：//news. xinhuanet. com/gangao/2015 - 06/08/c_ 127890670. htm。

起始终忧心忡忡，特别是在涉及国家经济命脉的重大项目上，不希望过于依赖中国。如果中日联合承担这些项目，不仅可以避免两国企业之间的恶性竞争，更有利于缓解东道国的上述担忧。

（五）“一带一路”框架下中日合作的主要方向

中日可以通过多领域的合作，实现优势互补、互利共赢。“带路”平台不仅将为两国的经济发展提供难得机遇，也将为推动双方增加政治互信提供助力。目前看，中日双方未来可以在以下领域寻求合作的可能：一是第三方市场开发。中日贸易经过多年的发展，已经成为仅次于中美贸易额的双边贸易国。目前中国重点发展内需拉动，加之中日贸易结构正在向趋同的方向发展，竞争的领域日趋增多，这就决定了中日贸易扩大也要超越双边的思路，在第三方市场上寻求多大的合作空间。如在第三方铁路建设方面，日本已经积累了相当的经验。而作为油气消费大国，中日可以与韩国、印度等携手合作，成立亚洲区域能源消费国组织，在消除亚洲石油溢价等方面互帮互利，实现合作共赢。如果能将日本的先进技术和中国性价比高的产能结合起来，两国共同联合“走出去”，一道开发第三方市场，不仅有利于中日两国产业结构调整，也可以有效拉动国际市场需求，帮助其他国家加快工业化进程。二是物流通道合作。在“一带一路”大背景下，中国与世界的连接也呈现出越来越多样化的趋势，中亚和欧洲跨境铁路运输、中俄和中蒙铁路跨境运输都是主要陆上重要交通网络，尤其是连接中欧的铁路运输，对两国跨境运输的重要通道，应该成为中日物流企业合作的重要目标。通过参与“一带一路”中的互联互通等基础设施建设将为中日贸易更加便捷的发展空间。比如，中国和哈萨克斯坦启动的“一带一路”合作，以建立这个物流基地为例，货物约有3成是来自日本的汽车零部件和电子组件，而日本到哈萨克的运输时间从此前的约3周缩短至几天时间，对日本企业大有裨益。三是融资领域合作。中日可以借助亚投行与亚开行的国际多边平台，开展若干涉及“一带一路”领域标志性项目的融资合作。据亚洲开发银行2017年2月发布的报告认为，亚洲发展中国家2016年到2030年基础设施建设需投资26万亿美元，即每年1.7万亿美元。中日作为世界第二第三大经济体本地区两国大国，可以借助于这个融资平台，在有效管控各种风险，确保收益的前提下，选择若干有影响、标志性基础设施建设项目，为其提供全方位的投融资服务。四是国际产能合作。这里包括双边和多边两个层次。双边领域，日本企业可以发展在技术和管理方面的优势，中国可以利用市场优势，实现两国从过去中国只生产不研发向中日联合研发和生产的方向演变，使两国能用在生产效率和产品质量上深化合作，实现两国共同创新发展，这将为未来两国的经济合作跨上新台阶和大市场。在多边层面，在“一带一路”倡议的大背景下，中日两国企业合作在时间和空间上都有很大拓展的可能，尤其是在开展国际产能合作方面，日本有多年海外产业转移的经验和资源，中国有国内过剩而对他国发展所必需的产能，未来中日两国企业可以在“一带一路”沿线共同开拓产能合作的巨大市场。

“一带一路”的特质是具有开放性和包容性的经合倡议，不限国别，不限范围，不是实体，凡是有意参加的国家和经济体均可一道合作；目的是求同存异、和平共处、共生共荣。日本是东北亚地区的重要国家，是中国重要经济合作方，与中国有着紧密的经贸合作关系，中日两国完全可以根据自身对内对外经济发展的实际，在“一带一路”框架下找到更多的契合点。我们相信，随着“一带一路”的不断推进和中日两国关系的不断转圜，未来中日两国一定有更多的合作领域和共赢空间。

循环观念的展开

——以“践祚大尝祭”的国栖与隼人为中心

刘晓峰*

【摘　要】大嘗祭は天皇がその神格を獲得し維持することに直接関係する最も重要な儀式であり、循環の思想は大嘗祭の最も根本的な観念的特徴である。この研究は『貞観儀式』を基本的なテキストとして使い、儀式次第に国栖と隼人の役割を分析し、国栖と隼人はそれぞれ東と西の属性が持ち、大嘗祭にその登場順番が儀式の基本になる循環と関わり、そこから大嘗祭という祭祀の原理と構成および主な特質を提示し、大嘗祭に内在する構造的な特徴を追究する。

【关键词】大尝祭　天皇　循环　国栖　隼人

一　问题的提出

天皇为现人神，这是日本神道最为特殊的宗教特征，而“践祚大尝祭”则是每一次新天皇从死去的老天皇那里获得神性的重要仪式，是理解日本神道文化本质的重要切入点。本文是作者“践祚大尝祭”研究成果之一，立意在于对《贞观仪式》“践祚大尝祭”的文本解读，从时间文化这一角度尝试对“践祚大尝祭”做一分析。

《贞观仪式》“践祚大尝祭”记载中，以下一段记载非常值得我们注目：

---

* 刘晓峰，清华大学历史系教授，博士生导师，主要从事日本史、中日文化交流史研究。

宫内官人率吉野国国栖十二人、楢笛工十二人（并着青褶布衫——原注，下同）入自朝堂院南左掖门就位，奏古风。悠纪国司率歌人入自同门就位，奏国风。伴佐伯宿祢各一人率语部十五人（着青褶衫）亦入就位，奏古词（伴入自左掖，佐伯入自右掖）。并扫部寮铺设（前座国栖，次歌女，次语部，皆北面东上，国司坐在歌女人以东）。皇太子入自东方南掖门，亲王入自西门，大臣以下入自南门，各就幄下座。六位以下在晖章修宜两堂后依次列立，其群官初入，隼人发声，立定乃止讫。国栖奏五成，次悠纪国奏国风，四成。次语部奏古词。次隼人司率隼人等从兴礼门参入于御在所屏外，北向立奏风俗歌舞（主基亦同）。皇太子以下五位以上就庭中版跪拍手四度（度别八遍，神语所谓八拍手是也。太子先拍手，南退。次五位以上拍手）。六位以下亦如是（其小斋人不在拍限）。讫，退出。①

这是大尝祭最为核心的卯日悠纪殿祭祀最后将近结束时仪式的一段。它由以皇太子为首的朝官拜仪和由国栖的笛子、语部的古词、悠基（或主基）国的国风、隼人的风俗歌舞等两部分结构而成。以皇太子为首的朝官拜仪另文讨论，我们这里着重讨论后一部分。这部分以国栖开始，以隼人结束仪式，我们在这里姑且简称之为“国栖隼人仪”。

《贞观仪式》“践祚大尝祭”这部分仪式过程中，我们看到国栖与隼人都有登场，他们是大尝祭中很特殊的参与者。对于这两个“族群”在大尝祭中的作用，很多日本学者都从臣服仪礼加以解释。按照这种解释，国栖与隼人的基本角色是比较接近的。在大尝祭中，它们共同代表着外部的但已经臣服了天皇的少数民族。问题是在这段记载中，为什么是国栖最初登场、隼人最后登场。从国栖到隼人，出现在这一仪式场内的这种排列秩序究竟意味着什么。在“践祚大尝祭”中出现的国栖与隼人之间，是否还有另外的层面，它们之间是否存在某种关联性。这是本文要讨论的核心问题。

---

① 有关大尝祭的仪式次第，参见《内里仪式　内里式　仪式　北山抄》，东京：日本明治图书出版株式会社，株式会社吉川弘文馆，1954，第79～136页。

二 臣服仪式与触魂仪式

对“国栖隼人仪”，部分日本学者是从臣服仪礼加以解释的。在“国栖隼人仪”之前，新即位的天皇已经基本完成了为成为新神而必需的一系列过渡仪式——神浴、神床真衾、神共食等。在这样特殊的时间点上，这段文字中记载的国栖的笛子、语部的古词、悠基（或主基）国的国风、隼人的风俗歌舞，和同样在这一时间点上出现的皇太子、亲王、大臣等的跪拜仪式一样，是臣服的一种象征。[①]

这种解读是有一定合理性的。在日本古代神话中，国栖和隼人都是很早就被编入侍奉天皇序列中的“异族”。国栖是古代居住于吉野山的族群。日本史中也写作“国樔”“国巣”“国主”。他们自称为石穗押别的子孙，主要从事狩猎、樵采和捕捞河鱼。以下是《记》《纪》关于国栖的相关记载：

> 即入其山之亦遇生尾人。此人押分岩而出来尔。问汝者谁也？答曰：仆者国神，名谓石押分之子。今闻天神子幸行，故参向耳（此者吉野国巢之祖）。[②]
>
> 更少进，亦有尾而披磐石而出者，天皇问之曰：汝何人？对曰：臣是磐排别之子（排别。此云饫时，和句）。此则吉野国樔部始祖也。[③]

这里描写了“国神”的后人参向“天神子”神武天皇的过程。有关国栖，《日本书纪》应神天皇十九年还有如下记载：

> 十九年冬十月戊戌朔。幸吉野宫。时国樔人来朝之。因以醴酒献于天皇。而歌之曰。伽辞能辅珥。予区周坞莵区利。予区周

① 参见〔日〕村上重良《天皇之即位与大尝祭》，《纪要》，第96～97页。又〔日〕高森明勅《天皇与民众的大尝祭》，日本：展转社，1990，第179～193页。又〔日〕坂桥隆司《践祚大尝祭与〈古事记〉》，日本：大塚书店，1984，第36～97页。

② 《古事记》，日本：岩波书店（日本思想大系），1982年版，第122页。

③ 《日本书纪》，日本：吉川弘文馆（国史大系本），第119页。

> 珥。伽绵芦汙朋洂枳。宇摩罗珥。枳虚之茂知坞势。磨吕俄智。歌之既讫。则打口以仰咲。今国樔献土毛之日。歌讫即击口仰咲者。盖上古之遣则也。夫国樔者，其为人甚淳朴也。每取山果食，亦煮蛤蟆为上味。名曰毛弥。其土自京东南之。隔山而居于吉野河上。峰险谷深，道路狭巇。故虽不远于京，本希朝来。然自此之后，屡参赴以献土毛。其土毛者栗菌及年鱼之类焉。①
>
> 又《新撰姓氏录》摄津国神别条记云："神武天皇行幸吉野时，川上有游人。于时天皇御览即入穴。须臾又出遊窃窥之。唤问答曰：'石穗押别神子也。尔时诏赐国栖名……允恭天皇御世乙未年中，七节进御贽，仕奉神态，至今不绝。'"②

这几段史料非常珍贵，是反映被编入侍奉天皇序列中的国栖一族的生活状态以及其与天皇家关系的重要记载。从这些记载中我们知道，国栖拥有山民"淳朴"的生性。他们"居于吉野河上"，依靠采山果煮蛤蟆等为生。尽管所居与大和朝廷不远，但因为"峰险谷深，道路狭巇"而与大和朝廷来往不多。从应神朝起，国栖开始屡屡向大和朝廷贡献栗子、菌类和年鱼等"土毛"。应神朝的记事中值得注意的地方还有两点：国栖"以醴酒献于天皇"后又献歌于天皇，而歌词中的歌天皇为"我父"（磨吕俄智），这对我们认识双方关系传承很重要。另一点是"歌之既讫，即打口仰笑。今国樔献土毛之日，歌讫即击口仰笑者，盖上古之遗则也"，这种献歌与击口的方式即"仕奉神态"，与《贞观仪式》的"奏国风"的记载是直接相关的。

隼人是古代日本九州的日向、大隅、萨摩等地从事捕捞为中心的族群。在天武、持统朝，其中一部分迁居近畿。有关隼人臣服于大和王朝的记载，同样见于《记》《纪》，是有名的山海之争的故事。其文当时已有多种版本：

> 是以备如海神之教言，与其钩。故自尔以后，稍俞贫，更起荒心迫来。将攻之时，出盐盈珠而令溺。其愁请者，出盐干珠而救。如此令惚苦之时，稽首白：仆者自今以后，为汝命之昼夜守护人而仕奉。故至今其溺时之种种之态，不绝仕奉也。③

---

① 《日本书纪》，第278页。

② 〔日〕佐伯有清：《新撰姓氏录（本文篇）》，日本：吉川弘文馆，1966，第251～252页。

③ 《古事记》，第112页。

彦火火出见尊已还宫，一遵海神之教。时兄火阑降命既被厄困。乃自伏罪曰。从今以后。吾将为汝俳优之民。请施恩活。于是随其所乞遂赦之。其火阑降命。即吾田君小桥等之本祖也。[①]

乃伏罪曰。吾已过矣。从今以往吾子孙八十连属。恒当为汝俳人。一云。狗人。请哀之。弟还出涸琼则潮自息。于是兄知弟有神德。遂以伏事其弟。是以火酢芹命苗裔诸隼人等。至今不离天皇宫墙之傍。代吠狗而奉事者矣。世人不债失针此其缘也。[②]

一书曰……于是兄著犊鼻。以赭涂掌涂面。告其弟曰。吾污身如此。永为汝俳优者。乃举足踏行学其溺苦之状。初潮渍足时则为足占。至膝时则举足。至股时则走回。至腰时则扪腰。至腋时则置手于胸。至颈时则举手飘掌。自尔及今曾无废绝。[③]

对于我们理解《贞观仪式》“践祚大尝祭”里国栖与隼人的作用，这些记载是必须加以重视的根本史料。如众所知，《记》《纪》关于国栖与隼人的上述记载，并不一定就是历史事实。以隼人为例，依据中村明藏的研究，尽管在《记》《纪》中有很多隼人归附的记载，但在天武十一年隼人才最初登上历史舞台，比这更早的记载都不过是历史的虚构。[④] 他认为出自南九州日向、大隅、萨摩的隼人，并不真正是一个民族。把这部分人独立出来指称为“隼人”，是为了满足天武天皇日本型中华思想的需要。也就是说，“隼人”是为“日本型中华思想”这一意识形态而创造出来的[⑤]。中村明藏的研究很有可信性，可尽管如此在我们考察《贞观仪式》“践祚大尝祭”中登场的国栖与隼人时，《古事记》和《日本书纪》中的相关记载，却依旧是非常重要的。因为对于《贞观仪式》“践祚大尝祭”的设计者而言，《记》《纪》是他们进行仪式设计的最根本的背景知识。“践祚大尝祭”里面国栖与隼人的登场，依据的正是上述神话传说所建立的国栖、隼人与大和朝廷之间的特殊从属关系。

---

① 《日本书纪》，第 86 页。
② 《日本书纪》，第 93 页。
③ 《日本书纪》，第 100 页。
④ 参见〔日〕中村明藏《隼人的古代史》，日本：平凡社，2001，第 90 ~ 91 页。
⑤ 〔日〕中村明藏：《围绕熊袭与隼人的诸问题》，见《新订隼人之研究》，日本：丸山学艺图书，1993，第 35 页。

然而从臣属关系来解读"国栖隼人仪"的合理性仅止于此。这一角度的解读其问题点在于：其一，大尝祭的神祭仪式是一个整体。天皇获得神性成为新神，一定是在悠基殿和主基殿这两度神祭仪式完成以后。在悠基殿的仪式过程中就已经开始新的臣属仪礼，有欠自然。其二，单纯从臣属关系来理解"国栖隼人仪"，会面临一个难题，这就是其与大尝祭辰日节会仪式中表示臣属关系的系列仪式之间是怎样的关系。因为在卯日神祭仪式之后的辰日节会中，有非常完整的表示臣属关系的仪式过程。其中包含有神祇官中臣氏献贤木奏天神寿词，忌部奉上作为神玺的剑镜，弁大夫奏上两国所献多米都物名录，以及皇太子以下的八拍手拜等等。所以，单纯从臣属关系来解读，并不能解释清楚"国栖隼人仪"的特殊性。

另一种解释不仅仅从政治性入手，还从大尝祭的宗教性入手，即认为本文所讨论的"国栖隼人仪"，实际上也是大尝祭触魂仪式的一部分。坂桥隆司认为，作为对于征服者的服从誓约之一种，古代日本的被征服民族会按照自己的礼仪作法采取一定的行动，以表达自己永远不违背服从之誓约的决心。他认为国栖的"打口以仰咲"和隼人的作为"俳优"跳溺水之舞、拟犬吠之声，都属于这类行动。而这类行动中包含有镇魂的要素。例如他认为国栖歌讫后"打口以仰咲"就是《新撰姓氏录》"七节进御贽，仕奉神态，至今不绝"的"神态"。而这一行为中确实有镇魂咒术在其中。坂桥隆司的解释来自《古事记》中"天石屋户"如下部分：

> 天宇受壳命手次系天香山之天之日影，而为缦天之真析。而手草结天香山之小竹叶而（训小竹云佐丶），于天之石屋户伏汙气（此二字以音）。而蹈登杼吕许志（此五字以音）。为神悬而挂出胸乳，裳绪忍垂于番登也。尔高天原动，而八百万神共咲。于是天照大御神以为怪，细开天石屋户而内告者，因吾隐坐而以为天原自闇，亦苇原中国皆闇矣。何由以天宇受壳者为乐亦八百万神诸咲。尔天宇受壳白言：益汝命而贵神坐，故欢喜咲乐。如此言之间，天児屋命、布刀玉命，指出其镜，示奉天照大御神之时，天照大御神逾思奇，而稍自户出而临坐之时，其所隐立之天手力男神，取其御手引出即。布刀玉命，以尻久米（此二字以音）绳控度其御后方白言，从此以内，不得还入。故天照大御神出坐之时，

高天原及苇原中国，自得照明。①

在这部分记事中，天宇受卖命的行为曾引起“尔高天原动而八百万神共笑”、天宇受壳命讲到的“益汝命而贵神坐，故欢喜笑乐”等，都与笑有关。“八百万神共笑”是让天照大神从“石屋户”再次走向人间的重要的镇魂要素之一。天皇的灵魂会在这笑声中得到强化。简言之，献歌与击口仰笑是国栖的镇魂咒术，当时的人们相信天皇灵会因为这一咒术获得强化②。隼人模仿溺苦之状的“初潮渍足时则为足占。至膝时则举足。至股时则走回。至腰时则扪腰。至腋时则置手于胸。至颈时则举手飘掌”也是镇魂舞蹈的一种，这一舞蹈和隼人的咒术、犬声一样，都是拥有神秘力量的存在。它们在上述仪式过程中，起到的是强化天皇灵的作用。仓林正次同样把本文所讨论的“国栖隼人仪”，看成大尝祭触魂仪式的一部分。不过他是把镇魂祭与大尝祭结合到一起来讨论的。仓林正次认为，镇魂祭的本意就是触魂，拥有可能成为天皇资格者经过这一仪式获得天皇灵上身，并由此获得天皇资格。而每年举行的镇魂祭，目的就在于使天皇的威灵获得复活的力量。站在这样的立场上看，卯日神祭仪式变成了以悠纪和主基两斋国代表的国魂与天皇灵的触魂仪式。仪式中悠纪和主基两斋国对新天皇献上国魂，意味着整个日本对新天皇献上国魂。而本文所讨论的“国栖隼人仪”，则代表所有旧族、诸臣的触魂之仪。③

将大尝祭与触魂仪式联系起来的看法自折口信夫起就一直是为世人关注的话题。围绕这一话题存在着各种不同的观点。这里大略介绍的坂桥隆司和仓林正次的观点只是其中的一部分。从触魂仪式这一角度来理解“国栖隼人仪”，可以克服前述单纯从政治性方面讲述臣服仪式带来的不足。因为从性质上讲，大尝祭不同于天皇即位仪式之处，正在于其神秘的宗教性。这一视点丰富了我们对本文所讨论的“国栖隼人仪”的理解。

以上我们从政治性和宗教性两个角度回顾了对“国栖隼人仪”两种解释倾向。立足于此我们想进一步追问的问题是：在“国栖隼人仪”中，从国栖到隼人，出现在这一仪式场内的这种排列秩序究竟意味着什么？我们

① 《古事记》，第52页。

② 〔日〕坂桥隆司：《践祚大尝祭与〈古事记〉》，日本：大塚书店，1984，第60页。

③ 参见〔日〕仓林正次《天皇之祭与民之祭》，日本：第一法规出版社，1990，第206～207页。

企图在“践祚大尝祭”中出现的国栖与隼人之间找到某种关联性。和上述政治性和宗教性两个角度不同，这一追问的出发点是《贞观仪式》“践祚大尝祭”编成时代的知识背景。换言之，我将立足于《贞观仪式》“践祚大尝祭”编成时代知识阶层的知识结构对“国栖隼人仪”的文本展开分析，以期为本文提出的关联性问题找到答案。

三 国栖与隼人的关联性

为解读“国栖隼人仪”中排列秩序的关联性问题，我们有必要回顾一下中国古代对时空关系的认识方法。时间和空间本来是互相关联的。我们今天熟悉的纯粹物理时间，其出现应当是十分靠后的事情。而人们最早认识的是自然时间。从时间与空间关系这一角度看，古代中国时间体系有两个特征。第一个特征是关联性。关联性首先表现为时间空间化。顾炎武说：“三代以上，皆知天文。”天幕这一巨大的空间，在古代首先就是时间的刻度；其次是空间时间化。这一点我们可以以《礼记·月令》为例。《礼记·月令》中的明堂，就是空间向时间转化的例子。举凡明堂空间中的居住、衣着、饮食、出行，无不被赋予了时间属性；再次是时空一体化。这既表现为时间要素和空间要素之间密切关联，同时表现为时间要素和空间要素之间存在的互相指代的关系。古代中国时间体系的第二个特征是引申性。时间与空间的客观存在，在中国古代被赋予了主观的深层文化含义。这是一个以阴阳五行思想为基本框架的神秘化、伦理化和不断体系化的过程。

我们在此还需要指出另一个事实是，这一富于关联性与引申性的时空一体化知识在《贞观仪式》“践祚大尝祭”编成时期，已经为古代日本的知识阶层所拥有。举例说，《五行大义》成书于594年，作者萧吉写此献给隋朝皇帝。这本被李约瑟视为“关于五行的最重要的中古时代的书籍”从奈良时代开始，就已经在日本广为流传。日本孝谦天皇天平宝字元年（757）十一月敕语中规定这本书为在阴阳寮学习的阴阳生必读的必修书之一。在藤原佐世《日本国现在书目录》中也收有此书。《五行大义》之外，《天地祥瑞志》等纬书亦曾广为古代日本人所引用。我们所讨论的国栖与隼人之间的关联性问题，实际上是在这一知识背景下建构起来的。

以国栖演奏歌笛为例。在后来的宫廷音乐仪式中，和早期国栖献醴酒、献歌不同，国栖的奉仕方式改为了“奏歌笛献御贽”。在节会中，国栖的角色也逐渐定型为最先演奏歌笛以引领整个音乐舞蹈部分展开。这种变化在《弘仁格式》中已有记载："吉野国栖，于仪鸾门外，奏歌笛献御贽。"[①] 而从《延喜式》："凡诸节会，吉野国栖献御贽，奏歌笛，每节以十七人为定（国栖十二人笛工五人，但笛工二人在山城国缀喜郡）。"[②] 从这段记载看，国栖的奏笛已经成了节会音乐演奏的固定形式。这一点我们很容易在《贞观仪式》其他节会中记载中得到确认。从这一意义上说，出现于《贞观仪式》的"践祚大尝祭"中辰日节会的国栖演奏"一觞之后，吉野国栖，于仪鸾门外，奏歌笛，并献御贽"[③] 这一段记载中的国栖演奏，可以说是节会音乐固定演奏形式的一环，其性质明显与本文讨论的国栖"奏国风"有所不同。那么，节会上国栖为什么改奏歌笛？要回答这个问题，我认为《五行大义》所引《乐纬》下述文字是很好的说明："乐纬云：物以三成，以五立。三与五如八，故音以八。八音，金、石、丝、竹、土、木、匏、革，以发宫、商、角、征、羽也。金为钟、石为磬、丝为弦、竹为管、土为埙、木为柷圄、匏为笙、革为鼓。鼓主震、笙主巽、柷圄主乾、埙主艮、管主坎、絃主离、磬主坤、钟主兑。《乐纬·汁图徵篇》云：坎主冬至。宫者，君之象。人有君，然后万物成。气有黄钟之宫，然后万物调。所以始正天下也。能与天地同仪神明合德者，则七始八终，各得其宜。而天子穆穆，四方取始，故乐用管。"[④] 这里的"竹为管"、"管主坎"、"坎主冬至"，和管乐"天子穆穆，四方取始"的气象，应当就是在《弘仁格式》中已经可以看到的改国栖献醴酒献歌与御贽的旧例为"奏歌笛献御贽"的知识背景。

让我们继续讨论"国栖隼人仪"中国栖与隼人的关联性问题。不妨先把结论写到这里：我认为在"国栖隼人仪"中，内含的是以国栖为东以隼人为西的自内而外、自东而西、自春而秋的排列秩序。让我们依据《贞观仪式》"践祚大尝祭"的"国栖隼人仪"文本来对此加以论证。

首先说吉野国国栖与东方的联系。从距离上说"不远于京"，距离最近，属内。国栖出自吉野山中，"其土自京东南之"，从方位上说是东南方向。这与出自西南的隼人形成空间上的对置关系。其次，也许已经有人注意到，在践祚大尝祭上笛子的分量被加重，在国栖十二人之外，参加者还

① 《内里式》，第 31 页。

② 《延喜式》，日本：吉川弘文馆（国史大系本），第 755 页。

③ 《仪式》，第 113 页。

④ 萧吉：《五行大义》第二《论配声音》。

有楢笛工十二人。按照中国古代时空观念的时间要素和空间要素之间存在的互相指代关系推演，笛为木，木属春，春为东（参见表1：五行与五方五色五音对应标表）。最后，国栖的服色是“并着青褶布衫”。按照中国古代阴阳五行观念青色为春的颜色。请注意在国栖、楢笛工之外，伴佐伯宿祢所率语部“奏古词”的十五人，其衣着颜色亦特地注明为“青褶衫”。可见这里的颜色是自有意味的。

表1　五行与五方五色五音对应表

五行	木	火	金	水	土
五方	春	夏	秋	冬	四季末
五音	角	徵	商	羽	宫
五色	青	赤	白	黑	黄

证明隼人与西方的联系比证明国栖与东方的联系更为方便。因为从地理方位上来说，隼人出自西南海上，是外。而其作为西方代表的这一角色，在《日本书纪》中其实写得很明白。我们在《日本书纪》中可以看到很多把隼人和虾夷对举的事例。比如清宁天皇四年“虾夷、隼人并内附”、钦明天皇元年“虾夷隼人并率众内附”、齐明天皇元年“虾夷、隼人率众内附，诣阙朝见”等。请特别注意钦明朝和齐明朝的纪事都是“元年”纪事。我们很难否定这种对举的内部，存在着东与西的对举关系。而如果这种对应关系有成立的可能性，那么我们就不得不对《日本书纪》中“乃伏罪曰：吾已过矣。从今以往吾子孙八十连属。恒当为汝俳人。一云。狗人。请哀之。弟还出涸琼则潮自息。于是兄知弟有神德。遂以伏事其弟。是以火酢芹命苗裔诸隼人等。至今不离天皇宫墙之傍。代吠狗而奉事者矣”这段记述重新进行思考。失败的火酢芹命的后裔此后奉仕于人是可以理解的。他们著犊鼻，以赭涂掌涂面，为俳优模仿溺苦之状，也是可以理解的。不可理解的是为什么要“代吠狗而奉事”？其间缺少必要的逻辑关联，以至于后来的学者只能从狗的忠诚性来做解释①。隼人的问题是比较复杂的。和与律令国家之间发生激烈战争的虾夷不同，尽管有过叛乱和战争，隼人在大和

① 〔日〕村上重良：《天皇之即位与大尝祭》，《纪要》，第97页。〔日〕吉野裕子：《〈易〉》、五行与日本神话》，严绍璗、源了圆主编《中日文化交流史大系》（3）（思想卷），浙江人民出版社，1996，第82页。

王朝的序列里基本上是臣服后夷狄的代表族群。这一集团本身究竟作为族群是自然形成的、是后天规定的，都是存在争论的问题。我比较认同隼人是天武天皇为服务于日本型中华思想而后天设定出的拟态民族，那么从中国的知识体系出发思考地处西南的隼人，就一定会想到西戎的存在。西戎又名犬戎，其族以白犬为图腾，是中国西北最古老的游牧民族。它与东夷、北狄、南蛮共同构成早期中华周边的四个“野蛮民族”。从日本型中华思想出发拟隼人为西戎，正是安排失败的火酢芹命的后裔“代吠狗而奉事”所缺失的逻辑环节。从服色而言，《延喜式》卷二十八隼人司“凡元日、即位及蕃客入朝等仪”的隼人服色为“白赤木绵”。赤为夏为南，秋为白为西，这与“国栖隼人仪”前半的青色也成对比。

表 2　中华、日本与四夷

东	南	中	西	北
东夷	南蛮	中华	西戎	北狄
虾夷 （国栖）		中华 （日本）	隼人	

我认为大尝祭的“国栖隼人仪”由国栖开端，由隼人结束，并不是任意性的，而是蕴涵着从内而外、从东到西的方位变化。这一变化在古代的知识结构中，于方位是“东→西”，于季节是“春→秋”，于颜色是“青→白”，总而言之是一种内在的秩序。这种内在秩序使国栖与隼人之间相互关联，也使“国栖隼人仪”中的国栖奏古风与隼人奏风俗歌舞，在行为方式与性质上与平素节会中国栖与隼人的奉仕相区别。这种区别从另一个角度也可以得到确认。高森明勅曾指出，“践祚大尝祭”中国栖和隼人身上同时发生了一个明显变化——国栖与隼人的站位都不同于平时。平时一般国栖演奏歌笛的位置，通常在仪鸾门外（丰乐院正门），在《内里仪式》中也是在正门（承明门）外。而《贞观仪式》“践祚大尝祭”的“国栖隼人仪”中，国栖是进入朝堂院里，并且是先于悠纪国司与皇太子以下群臣最先进入。而一直奉仕在应天门外的隼人，在群官汇集时吠叫的地点改在了应天门内，当语部奏罢古词，隼人更由隼人司率领从兴礼门进入到大尝宫南门附近奉仕“风俗歌舞”。[①] 这种共同的变化，对我们理解“国栖隼人仪”中

① 〔日〕高森明勅：《天皇与民众的大尝祭》，日本：展转社，1990，第 188～189 页。

国栖和隼人奉仕的特殊性很有启发。

四 循环观念视野中的“国栖隼人仪”

与认识“国栖隼人仪”直接相关的一个问题是，按照《贞观仪式》“践祚大尝祭”的记载，发生在悠纪殿的一系列过渡仪式——神浴、神床真衾、神共食等，同样会在主基殿重演一次。这意味着本文所讨论的“国栖隼人仪”中的国栖的笛子、语部的古词、悠基（或主基）国的国风、隼人的风俗歌舞等在主基殿都会再度重演。这样我们就不得不面对一个问题：普通的过渡仪式，人们通常会极力突出其唯一性。比如每年过年的除夕夜、过生日的仪式，在世界范围内都存在突出其唯一性的倾向。因为越具有唯一性，过渡仪式的重要性越被突出。我们说大尝祭整体上也同样是一个过渡仪式，天皇经过这一仪式真正获得神性。既然如此，为什么在大尝祭中会重复性地安排在悠纪殿与主基殿中举行同一形式的过渡仪式呢？在这种看似不合过渡仪式常理的安排背后蕴含着的是什么观念呢？

在讨论这一问题时，我想参考一下俄国符号学学者托波罗夫（B. H. Tonopos，1928～2005）有关神话诗歌所做的理论分析①。在托波罗夫那里，“向道”（путь）“神话诗歌空间”（мифопоэтическое пространство）“神话诗歌时空模式”（мифопоэтический хронотоп）是三个根本概念。“向道”是连接神话诗歌的起点与终点，神话诗歌空间则是随着通往神圣中心的向道运动展示的空间。一个神圣空间是由许多亚空间叠加而成。而神圣空间的中心本身决定着整个神圣空间的结构，从而构成“神圣场”。在该神圣场的垂直切面中，标有一个最神圣的“空间点”，它是世界轴心。托波罗夫指出，神话诗歌会把一年之中最重要的仪式安排在最神圣的空间点上，即在一年的旧年与新年的交替点上。当时间抵达顶点，被神话的时刻仿佛会像空间那样逝去，并与三维空间合成一体，从而结构成神话诗歌的四维结构。一维时间的加入，使原来的三维空间获得了新生，从而又构成新的空间和时间。这是时空新的统一。托波罗夫强调时间的多维性、空间的多维性、时间与空间的统一性。在他的“神话诗歌时空模式”中，时间可以

① 有关托波罗夫符号学的观点，参见〔俄〕托波罗夫《神话诗歌的世界模式》（1987年版）。中文关于托波罗夫的介绍可参见赵爱国、姜宏《从“文本空间”到“神话诗歌世界模式”——托波罗夫艺术文本符号学思想评介》，《俄罗斯文艺》2012年第2期。

浓缩为空间形式，并且将空间“时间化”。而时间浓缩似乎可以“外在消失”转化为空间形式，成为新的第四度量。空间与时间不可分割，时间与空间构成对立，但彼此的相互作用又转化为统一整体，从而构成新的时空。借用托波罗夫的概念分析描述大尝祭的祭祀过程我们可以看到，从形式上看大尝祭神事的祭祀过程中，悠纪殿与主基殿的祭祀活动基本形式是重复的。在完全近似的空间中，一种祭祀活动反复两遍，确实是很特殊的。然而对祭祀者而言，这两个神圣空间结构成“神圣场”。而经过“廻立殿”这一“向道”连接起来的悠纪殿与主基殿这两个近似的空间之间，亦即托波罗夫的“神圣场的垂直切面中”确实存在着一个最神圣的“空间点”，即午夜子时这一重要的节点。子时前后空间形式的重复祭祀背后，有一个重要的变化正在发生，这就是时间的变化。两个近似的空间——悠基殿与主基殿祭祀活动，因为一维时间介入而结构成四维结构，并构成新的空间和时间。毫无疑问这是属于新天皇的空间和时间。

认识到时间维度的介入对于大尝祭的重要性，大尝祭举办于冬至月所在的仲冬十一月下卯日，这一时间选择就非常值得注意。按循《大宝令》、《养老令》有关大尝祭的相关条文规定，我们知道大尝祭分为两种：即每位天皇继位后只举行一次的大尝祭，通称“践祚大尝祭”和每年举行一次的大尝祭。举行践祚大尝祭的时间有明确的规定：如果天皇是 7 月以前继位的，天皇继位后只举行一次的大尝祭安排在当年的 11 月，如果是 7 月以后继位的，则安排在第二年的 11 月。而每年一次的大尝祭，一般安排在 11 月的下卯日举行[①]。大尝祭在时间选择上是非常有特点的。因为它实际内含着三种时间的循环。首先，这是以冬至为节点的太阳的新旧转换。从月份而言，仲冬之月份乃是冬至月之所在。而冬至乃是一年之中太阳变化最为重要的节点。冬至日的“至”，《孝经说》解释有三层含义：“至有三义，一者阴极之至，二者阳气始至，三者日行南至，故谓之至。”[②] 我们今天可以用南回归线北回归线做出科学解释的冬至，对于古代人却是充满神秘力量的世界发生的重大事件，它意味着一个老太阳的死去、一个新太阳的诞生，意味着新旧转换的契机。对于信仰日神天照大神的日本天皇一族，选择这样一个时间点举行大尝祭，绝非事出偶然。其次，是作为现人神的天皇的

---

① 参见《内里仪式内里式　仪式　北山抄》，第 79 ~ 136 页。

② 《孝经说》，转引自《古今事文类聚前集》卷一二，文渊阁四库全书本，第 10 页。

个体生命的循环。大尝祭实际上是以太阳死亡与复活为核心的祭祀活动。更准确地说，大尝祭是一个以新生为主题的过渡仪式。在老天皇之后，通过大尝祭这一过渡仪式完成作为现人神的新天皇之诞生。所有这场古代日本最高级别的祭祀仪式，仅仅只为了这一祭祀目的。为了举办大尝祭需要临时造悠纪殿、主基殿、回立殿等三座祭殿构成的专门建筑。这些建筑只为天皇神圣的大尝祭仪式而建，只在大尝祭仪式举行之际使用，一旦仪式举行之后，这些专门建筑马上会被拆除掉。“殊为人主”这四字的要义，在这里体现得非常清楚。最后，是大地的四季转换。使用特别栽种的新稻是大尝祭这一祭祀活动的重要组成部分。践祚大尝祭首先就要在诸国中用龟卜法定下悠纪国和主基国，选定用来祭祀的斋田，栽培养育好祭祀用的新稻，到了收获季节，还要专门卜定拔穗使收稻归京，用此制造祭品。《仪式》中有关天皇践祚大尝祭如果是7月以前继位的安排在当年的11月，7月以后继位的安排在第二年11月的根本原因，就是要保证可以使用特殊的来自悠纪国和主基国的新稻。而新稻的使用，与一年里大地上的春种秋收、与时间季节的循环无疑是有直接关系。

循环，特别是对周期性循环的把握，在人类认识发展上是有重要意义的。因为我们大自然的整个生命都取决于循环的存在。地球按照自己轴心自转带来日夜交替，地球环绕太阳公转形成四季的寒来暑往。怀特海《数学导论》称：“整个大自然的生命都取决于周期性事件的存在。”① 而内含在大尝祭内的三种循环，它们分别拥有象征意义而又相互关联。这一事实同时告诉我们，大尝祭是一个如何经过严谨排列的仪式。在这样排列严谨的仪式中，从国栖到隼人的排列是有内在秩序的，它们之间是有一定关联性的。这一秩序与关联性建立在中国古代文化的符号体系这一基础上的。建立于东亚特有的跨越时间和空间界限的古代时间文化知识之上的“践祚大尝祭”，是一种“有意味的”排列，和大尝祭本身太阳的循环、老天皇到新天皇的循环以及四季的循环一样，以国栖开始以隼人结束的仪式次第，同样是大尝祭中循环观念的一个特殊展开。

---

① 参见〔英〕简·艾伦·哈里森《古代艺术与仪式》，刘宗迪译，三联书店，2008，第28～29页。

幕末絵本読本の思想的側面

——鶴峯戊申校・歌川貞秀画『絵本朝鮮征伐記』を中心に

〔日〕井上泰至*

【摘　要】 江户时期产生了数量众多的“朝鲜军记物”，本文以作为娱乐性读物的历史故事“绘本读本”为对象，确认了在其初创时期的思想萌芽，同时，以“启蒙”性质的政治性迅速表面化的嘉永期（1845～1885）的《绘本朝鲜征伐记》为例，通过确认作品的形式，考察了这一类型作品的思想性之侧面。

刊行的军书形式为：大本蓝表纸、汉字与片假名混合文、无插图、汉文序，具有准汉文史书的形式。自十七、十八世纪以来，这类军书在作为娱乐性历史读物的同时，向一般大众渗透了源氏将军史观。而在十九世纪，又新出现了作为“名所图会”历史读物化的“绘本读本”，对海外形势的关心和国学的国粹思想是其“启蒙”性的两大支柱，由此可以看出用假名叙述历史这一形式、以及颠覆汉文史书价值的可能性。

【キーワード】絵本読本　国学　水戸学　橋本玉蘭

問題意識

書物の流通と社会の変容は相互に影響しあう。特定の書物によって語られる思想史に留まらない思想史が成り立ちうるとすれば、それは通俗的な

---

* 井上泰至，日本防卫大学教授，文学博士，日本传统俳句协会理事。专攻近世文学及近代俳句。主要研究课题涉及军记、军书、上田秋成、人情本、正冈子规。

書物の流通が、一般の人々の意識を変容させ、定着させる点にあるだろう。社会の変化に大きな影響を与えた、書物の流通の問題は、文学研究でも歴史学研究でも残された課題である。

私は、十七~十八世紀前半にかけて、一般の歴史意識に通俗軍書の影響があることを課題として発表してきた①。そこで語られ、さらに派生した演劇等によって、より浸透したのは、源平交代の武家政権の神話性に基づいた徳川政権の神話化であった、というのが私の見方である②。

では、十九世紀はどうなのか。通俗歴史読み物としては、名所図会から派生した「絵本読本」が注目される。近世小説史では、軍書の図会化という、創作に乏しい派生商品に過ぎないとの位置づけからか、重視されてこなかったこのジャンルが、大坂を起点にした商業出版によりジャンルの創生とその刊行数から注目されつつある③が、思想史的に見れば、このジャンルはその始発の時点で、本居宣長の(一七三〇~一八〇一)国学が影を落としている。

本稿では、主に娯楽として読まれた、歴史読み物たる絵本読本の、始発における思想の芽を確認すると共に、その「啓蒙」的政治性が一気に表面化する嘉永期(一八四八~五五)の作品を取り上げ、その様態を確認することで、このジャンルの思想的側面を考える端緒としたい。

1. 前史—絵本読本始発時における宣長学の影響

「絵本読本」とは、地誌の絵本化をした「図絵」の流行を受けて、漢字片仮名交じりの本文で挿絵のない通俗軍書を題材に、本文を整理して平仮名にし、絵をふんだんに配した通俗歴史読み物のことであり、十九世紀の歴史読み物を代表する様式の出版物である。このジャンルの読書の記録については少なく、これまであまり指摘されたことがなかったが、紀州藩士で本居大平門下、日清戦争を主導した陸奥宗光(一八四四~九七)の父である、伊達千広(一八〇二~七七)の『随々草』上に次のような記述が確認できる。

---

① 井上泰至『近世刊行軍書論』(笠間書院、二〇一四年)。

② 井上泰至「「いくさ」の時代のイメージ形成」(「文学」(岩波書店)二〇一五年三・四月号。

③ 国文学研究資料館編『読本事典』(笠間書院、二〇〇八年)「Ⅰ－ⅱ上方=・絵本もの・読本の広がり」「Ⅰ－ⅲ『絵本太閤記』」。

> おのれ幼きころは学問を好まずして、七歳の年より師につきて読書を習ひしかど、十ばかりまで四書を四たびまでくり返し読みたれど、ただ同じさまに忘れがちにて、はかばかしく読みつづくる事も無かりける。さるからに軍物語など好みて、七つの年はじめて絵本太閤記を読みしより、盛衰記・太平記などはいふも更なり、漢楚軍談・三国志などのから物語、その余り、書肆の持ちくる小説草紙大かたの書どもも見ざるはなく・・・①

江戸時代の分権日本、地方政府であった「藩」の重役となるべき家に生れながら、それに必要な漢文が少年時代頭に入らず、娯楽歴史読み物に夢中になった過去を反省しつつ回顧している文章である。そこでは、漢字片仮名交じりの通俗軍書に加え、絵本読本の初作『絵本太閤記』(岡田玉山画、武内確斎作、一七九七 ～一八〇二年刊) が挙げられている。「書肆」とは、江戸の書籍流通に大きな役割を果たした貸本屋のことを指すのだろう。この分野の本は、買い取って自宅に保存するよりも、賃料を払って読み捨てにするか、近しい者に読み聞かせをさせるか、いずれにしても一過性の娯楽読み物であった。

しかし、そのような娯楽読み物の絵本読本にも、思想性のあるものは存在し、その読み方が異なるケースもあった。真木和泉 (一八一三～六四) は、久留米水天宮の神職の家に生まれ、闇斎学・国学を学ぶも、やがて水戸学に傾倒、水戸で会沢正志斎と面会。藩政改革派の粛清で十年蟄居するも、脱藩して島津久光上洛を画策、寺田屋事件にかかわり、その後長州と接近、禁門の変で敗れて天王山で自決する、幕末の典型的な政治活動家であり、命がけで欧米人の排撃 =攘夷を主張するその矯激な思想と行動は、さながら現代のテロリストを彷彿とさせる存在である。彼は父左門に、絵本読本『絵本楠公記』(一八〇二～九年刊) を紹介され、手元に買い取って何度も読まされた影響で、南北朝時代、命がけで天皇への忠誠を全うした楠正成を敬慕すること一方ならず、毎年楠公祭を挙行した。志士仲間からは、「今楠公」と呼ばれた彼の辞世歌は、

---

① 明鏡書肆、明治九年刊。

大山の峯の岩根に埋めけりわが年月の大和魂

というものだが[1]、それは真木和泉の自決した天王山が、楠正成が死を覚悟して戦いに向う中、息子の正行に教訓をした場所として有名な桜井に近かったからだろう。彼の思想は「何傷録」(一八六一年)の次の記述に端的に示されている。

> 吾とても天照皇の御裔にて、衣冠礼儀に久しう浴し侍りしものの、夷賊腥羶の賤きに役使せらるべくもあらねば、一門子弟、一人も残らず討死し、久しき皇恩に報い奉らんとこそ、おもひ侍れ。されば楠公の闔族、三世数十人、天朝の為に死に給ひし事こそ、ならひ侍るべけれ。保臣がごときかずならぬものにても、一門挙つて死に侍らば、天下にはさりとも雄々しき死様かなとて、見習ふ人もあらんに、夷どももいかがせん。義勇烈しき国なりとて、むげにしげなうはし侍らじ。[2]

ここで披露されているのは、一家一門が攘夷のために死ぬことで、それを見習う人々も後続して出現し、外国勢力の襲来を除くことができる、という過激思想である。その時、モデルとなっていたのが、親子二代で天皇に死の忠誠を尽くした、楠正成・正行だったわけである。

幕末、維新の志士たちの公的な慰霊祭が定期的に行われたのは最大の死者を出した長州藩であったが、他藩において行われた招魂祭も含め、多くは幕末に盛んになった楠公崇拝と直結しており、楠公の弔祭に合わせてまま行われた。

さかのぼれば、一八三四年に書かれ、一八五二年に刊行された会沢正志斎(一七八二~一八六三)の『草偃和言』は、新たに祭日を設け、広く庶民までが祀るべきとして、五月二十五日の楠の忌日を挙げていた。会沢は、徳川光圀(一六二八~一七〇一)が建立し、朱舜水が銘文を撰した湊川の「嗚呼忠臣楠子之墓」を紹介しつつ、この祭日について次のように述べている。

---

① 山口宗之『真木和泉』(吉川弘文館、一九六三年)。

② 『真木和泉守遺文』(有馬家修史所、一九一三年)。

　千古忠臣の第一等にして、人倫の模範となり、天下後世までも、義士の気を励ますべき故也。されば貴賤となく、此日に遇ては、殊に同志の友を求て、相共に義を励し、其身の時所位に随て、国家に忠を尽さむ事を談論思慮して、風教の万一を助け奉るべき也。

　こうした会沢の説く顕彰の意義の背景をなす精神が、以下に挙げた水戸学の思想的リーダー藤田東湖の「正気歌」と同根であったことは言うまでもない。この詩は宋代の忠臣文天祥の「正気歌」を意識しつつ、天皇と媒介する存在として楠正成と赤穂浪士を挙げた。

或は桜井の駅に伴ひ　遺訓何ぞ殷勤なる
或は天目山に狥ひ　幽囚君を忘れず
或は伏見城を守り　一身万軍に當る
承平二百歳　斯の気常に伸を獲る
然ども其の鬱屈するに当りては　四十七人を生ず
乃ち知る人亡すと雖も　**英霊未だ嘗て泯びず**
長く天地の間に在りて　凛然彝倫を敍づ
孰か能く之を扶持す　卓立す東海の浜
忠誠皇室を尊び　孝敬天神に事ふ。

「文天祥の正気歌に和す」（『東湖遺稿』巻五）

　今日の靖国神社に祀られる人々を「英霊」と呼ぶのも、この詩に由来するのだが、安政の大獄（一八五八～五九）以降、国事殉難者が増えるに従い、その慰霊祭がこの楠の忌日に営まれるようになる。維新の志士の思想的先鞭をつけた吉田松陰（一八三〇～五九）にも、政治犯として江戸へ捕縛され向かう際に詠んだ「正気歌」があるが、そこでは、天皇への忠誠の「触媒」として、楠や赤穂浪士に加え、外征の「英雄」としての豊臣秀吉も詠まれている。

赤水佳談を伝へ　桜は義士の血を留む（中略）

墓には悲しむ楠公の志　城には仰ぐ豊公の烈（中略）
嗟此の数君子　大道を分裂に補ふ（中略）
最たり是平安城　仰ぎ見る天子の尊
神州万国に臨む　乃ち是れ大道の根
墨夷の事起りてより　諸公実に力めず
既に妖教の禁を破り　港を議す洲の南北
「文天祥の正気歌の韻に和す」（吉田松陰「縛吾集」）

会沢の影響を学問上強く受けた久留米の神官真木和泉は、吉田松陰亡きあとの、長州攘夷派の精神的支柱であったが、真木はやはり楠崇拝でならした寺田屋事件の殉難者有馬新七（一八二五～六二）ら八名の霊を慰めるべく、一八六二年の楠公祭の日に大坂で招魂祭を行っている。翌年は中山忠光（一八四五～六四）・久坂玄瑞（一八四〇～六四）と、さらに翌年には、周防で三条実美（一八三七～九一）ら長州落ちの五卿とそれぞれ楠を祀り、禁門の変を計画していたこの年の楠公忌日には、長州藩主毛利敬親（一八三六～七一）が祭主となって、山口明倫館で初の楠公祭を挙行、吉田松陰ら殉難者十四名の慰霊も併せて行われている。先に述べたように真木は禁門の変に敗れて天王山で自刃するが、その後長州藩では楠公祭の日に国事殉難者の慰霊を行うことが定着してゆく。

長州だけではない、隣藩津和野は、藩主亀井兹監（一八二五～八五）が国学に熱心だったこともあり、平田派国学が流行、大国隆正（一七九三～一八七一）や福羽美静（一八三一～一九〇七）といった新政府の王政復古のイデオローグとなる人物を輩出するが、一八六七年には楠公祭が藩主の手で挙行されている。佐賀でも楠公祭は、義祭同盟として盛んであり、副島種臣（一八二八～一九〇五）・江藤新平（一八三四～七四）らも参加している。

なかでも、大きな影響力を持ったのは尾張である。藩主徳川慶勝（一八二四～八三）は水戸家出身で、藩内にあって楠公祭を営むにとどまらず、湊川神社の創建を再三朝廷に建白、主導的役割を果たす。

以上のような幕末の動きを受けて、慶応四年（明治元年、一八六八）、京都東山に国事殉難者を招魂社に祀るに当たり、豊臣秀吉・楠正成に次

いでこれを祀るものとし（五月十日太政官布告）、墓所に接して招魂社を建てるその方法は楠祭のそれに沿ったものであった。王政復古を唱えて新政府樹立のために命を失った殉難者は、こうした招魂の慰霊祭により、ヒトガミとなってゆくのだが、天皇と彼らを結ぶシンボルとして楠正成や豊臣秀吉が「触媒」の役割を果たした事情とは以上のようなものであったのだ①。

絵本読本の歴史において、こうしたナショナリズムの思想が宣揚されるのは、このジャンルの当初からのことであった。

『絵本太閤記』に続く『絵本楠公記』『絵本忠臣蔵』（寛政一二年・一八〇〇、後編＝文化五年・一八〇八）の序者は、公家および地下官人であり、序文は和文、宣長に近い妙法院関係者であることが明らかにされている②。この三作の主役こそ、東湖や松陰が天皇と結びつく「触媒」の役割を果たしていた。

本稿のテーマである豊臣秀吉に話を絞ろう。秀吉への評価が、源平将軍交代の狭間という位置づけ（林羅山・鵞峯『豊臣秀吉譜』）から、幕末の皇国史観・帝国史観からの英雄視云“転す”る分水嶺に当たるのが、『絵本太閤記』である。特に、朝鮮の役を語る七編の冒頭で、貝原益軒（一六三〇～一七一四）の秀吉貪兵論（和刻本『懲毖録』序）を批判し（武内確斎序）、秀吉の神像を掲出する点（図1）、五編序（諸太夫松井永喜）で、秀吉の神が神功皇后以来の武威の復古を遂げたと評価する点に確認できるのである③。

たとえば、『絵本太閤記』第五編序の執筆者の松井永喜は公家の庶務を扱う諸大夫である。宣長学が朝廷周辺に浸透する契機となった妙法院門跡真仁法親王（一七六八～一八〇五）への宣長の『古事記伝』の献上は、その父永昌を通して行われている。その序文にはこうある。

---

① 井上泰至「軍神を生み出す回路」（井上編『近世日本の歴史叙述と対外認識』勉誠出版、二〇一六年）。

② 飯倉洋一「濫觴期絵本読本における公家・地下官人の序文」（「江戸文学」四〇、二〇〇九年五月）。

③ 井上泰至・堀新編『秀吉の虚像と実像』第10・14章文学編（笠間書院、二〇一六年）同「帝国史観と皇国史観の秀吉像一『絵本太閤記』の位置」（前田雅之ほか編『幕末・明治』二〇一六年）。

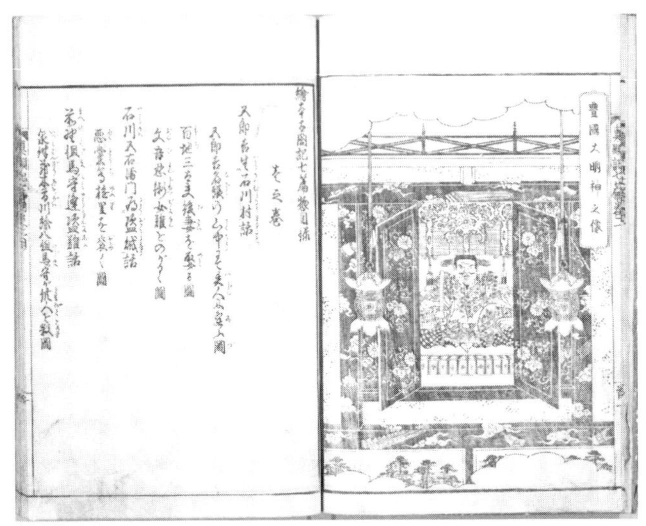

図1　『絵本太閤記』七編口絵「豊国大明神神像」(国文学研究資料館蔵)

いはまくもあやにかしこきは、**豊臣の神のみいつ**になも有ける。そのかみ葦原のいやみだりに乱りにたるを、焼鎌の利鎌もて、かり払うて、平均（ことむけ）ませるはては、**から国までひたなびけになびけ玉ひし、やまとたましひの生（あし）のまにま、ちはやびたるみ功を、即皇国風の仮字にかきうつして、修飾（かざらひ）なくものしたるこそふさはしともふさはしけれ**、ことさへぐ漢学（からまなび）の徒、あかぬわざになあはめそしりそ、玉纏（たままき）のま楫かけなべたる船も、岩たたむ高ねに漕のぼざむには、絶てえあらぬわざになむ、海はやうみ、山はや山の幸こそあらべ

すめらぎのおほ宮ところ古へにかへしそめたる神ぞそのかみ

外征の神たる豊臣秀吉の「偉業」を、「皇国風の仮字」で記すという点に、宣長学の影響は濃厚である。本来、漢文学習の初歩として、漢字片仮名交じり文で書かれるのが通俗歴史読み物たる軍書の基本的様式であった[①]。それをあえて仮名で書くことに意義を見出し、「漢学の徒」からの

① 井上泰至『サムライの書斎』(ぺりかん社、二〇〇七年)「Ⅷ　蘇る武士道　岡谷繁実」。

批判を逆に批判するところに、思想内容はもちろん、その文体まで漢字漢文を排した宣長の徹底ぶりを受けたものであろう。秀吉については、その神学的外交論『馭戎慨言』(一七七八年成立、一七九六年刊行)下巻の次の記述が象徴的である。

> そもそもこの**豊国神**の。てうせんの国をうち給ひしは。後陽成天皇の御世にして。文禄元年より事始まりき。(中略)さるをはじめより。いささかもいさめる心のたゆまざりしは。加藤主計頭清正ぬしにて。**ひたぶるに明の国まで**。**うちたひらげずはかへらじと**。**かたく思ひさだめて**。かのまぎらはしかりけるむつびのすぢをも。さらにさらにうべなはず。**太閤の御ためにも**。**大かた皇国のためにも**。**いといとまめなりしは**。**此ぬしになん有ける**。(中略)かくのみ**たけくすぐれたる皇大御国のひかりをかがやかしおき給ひて**。**こまもろこしの後の代まで**。**いみしかりける事に**。**かたりつたへかきつたへたるは**。**さはいへど**。**此豊国神の御いさをになん有ける**。かくて東照神御祖命の。天の下申給ふ御代になりてよりこなた。あぢきなきもろこしのむつびをば。きよくたちはて給ひて。いよいよますます皇朝をあがまへ尊み奉り給ひて。いとも有がたき御めぐみに

こうした「皇国」の「ひかり(武威)」の観点から、本書は下巻すべての記述が、文禄・慶長の役に割かれていた。さらに、宣長の道歌集『玉鉾百首』(一七八七年刊)の末尾の「あまり歌(詠史歌)」は、『馭戎慨言』と対応して、中国に朝貢した足利氏と対比する形で、秀吉を「外征」の観点から評価している。宣長の養子本居大平(一七五六~一八三三)の『玉鉾百首解』では、以下の豊臣秀吉を詠いた歌について「『馭戎慨言』にも委くしるされたり」とパッケージでこれを紹介してもいる。

> かしこきやすめらみくさにいむかひてなやめ奉りしたぶれあしかが
>
> からくににこびてつかへてあしかがのしこのしこ臣御国けがしつ

まつろはぬ国らことごとまつろへて朝廷（みかど）きよめし豊国の神

とよ国の神の御いつはもろこしのからのこくしもおじまどふまで

との『玉鉾百首』が画期的なのは、中身と書の関係である。古道論を載せる器として、万葉書が相応しいのだという認識を結果として作った。『玉鉾百首』以前に版本の形でこれだけまとまって、古道論と万葉書とを結合させた事例は皆無である。この本は、大平が注釈書『玉鉾百首解』を刊行し、弟子に講義をしたりして非常に広く読まれた。結果としてその後、かつて万葉書が持っていたような多種多様なあり方というのは失われていき、『玉鉾百首』的な政治のイデオロギーを表現するための万葉書が多くなっていくという現象が見られる。特に真木和泉のような幕末の攘夷運動に身を投じた人々にそれが顕著だった①。

以上、十九世紀初頭、揺籃期における絵本読本の主人公たちが、後の攘夷派志士のテロ行動の「触媒」となっていたこと、これら絵本読本については宣長学の影響下にある人物が序文を記し、秀吉の対外戦争についていうならば、宣長の歴史観の下に、それまでの狂気・貪欲の戦争という評価から、国威発揚の「偉業」として評価した視線が確認できることを、まずは前史として確認した。

2. 嘉永期の絵本読本の「啓蒙」

さて幕末期の絵本読本については、濱田啓介の先駆的業績②があり、その特徴を、海外情報と国粋思想についての「啓蒙」と概括している。以下に、十九世紀の絵本読本でそのような政治性の濃いテーマを扱ったものをリストアップしてみた。

文化元年（一八〇四）　○『繍像国姓爺忠義伝』初編
（岡田玉山画作・篠崎小竹序）大坂・柏原屋清右衛門

① 一戸渉「和歌の万葉書」（「斯道文庫論集」五十、二〇一六年二月）。
② 濱田啓介（「幕末読本の一傾向」（「近世文藝」六、一九六一年五月）。

文政四年（一八二〇）	○『楠正行戦功図絵』前編 （山田案山子作・西村中和画・西浦武孝序） 大坂・河内屋源七郎
文政七年（一八二三）	『楠正行戦功図絵』後編 （山田案山子作・西村中和画）大坂・河内屋源七郎
天保五年（一八三四）	『繍像国姓爺忠義伝』後編 （好華堂野亭作自序・岡田玉山画）大坂柏原屋源兵衛
天保六年（一八三五）	『絵本豊臣琉球軍記』 （東西庵主人作・岡田玉山・松川半山画・序和文）大坂天満屋安兵衛
天保十二年（一八四一）	『神功皇后三韓退治図絵』 （瀬川恒成作・葛飾戴斗画・西椹生生生序） 大坂河内屋茂兵衛
嘉永二年（一八四九）	○**読本『海外新話』（嶺田楓江作自序・橋本玉蘭画か）** **嶺田氏蔵版・江戸菊屋幸三郎刊か、重版あり**
嘉永二年（一八四九）	『扶桑皇統記図絵』前編 （山田案山子作・柳斎重春画・松亭金水序・仮名）大坂岡田屋嘉兵衛
嘉永三年（一八五〇）	『扶桑皇統記図絵』後編 （山田案山子作・柳斎重春画・松亭金水序・仮名）大坂岡田屋嘉兵衛
嘉永六年（一八五三）	**『絵本朝鮮征伐記』前編→** **（菊池春日楼作・鶴峯戊申校序・橋本玉蘭画）** **江戸菊屋幸三郎**
安政元年（一八五四）	**『絵本朝鮮征伐記』後編** **（菊池春日楼作・鶴峯戊申校・橋本玉蘭画）** **江戸菊屋幸三郎**
安政六年（一八五九）	『本朝錦繍談図絵』（池田東籬作）京山城屋佐兵衛
万延元年（一八六〇）	○『大日本開闢由来記』 （平賀元良作凡例・歌川国芳画）江戸和泉屋金右衛門

○がついているのは、国文学研究資料館データベースで二〇本以上あるもの。太字は、『絵本朝鮮征伐記』の絵を描いた、歌川貞秀こと、橋本玉蘭がかかわったものである。アヘン戦争を扱って発禁処分となった『海外新話』に象徴される対外情報への関心と、国学の影響を受けたナシナリズムを教化するものが目を引く。近年では天野聡一[①]が『大日本開闢由来記』について、

1. 著者の平賀元良は、両国の開業医ながら、宣長についてはその著書から、大国隆正からは直接のその講義を通して影響を受けていた。

2. 自序には、天皇が天照大神の子孫であることで、諸外国より日本が優位にあることを主張し、神剣・神鏡が国家を鎮護したその霊験のあらたかなることを、蒙古襲来の撃退まで語って明かすとし、記紀の他諸書を参照し、修飾を加えない本書は、「その体裁（すがた）の稗史小説（つくりものがたり）に類似たるを以て、同観（ひとしなみにみる）ことなかれ」と言う。

3. 本書の構成は

巻一　スサノオの八岐大蛇退治からオオクニヌシの国作りまで
巻二　オオクニヌシの国譲りからウガヤフキアヘズまで
巻三　神武天皇の東征
巻四　神武天皇の橿原宮造営からヤマトタケルの熊襲征伐まで
巻五　ヤマトタケルの東征から神功皇后の三韓征伐まで
巻六　蘇我馬子の弑逆と仏教の流布から元寇までで神剣の神聖性と対外関係の神学的解釈が骨格。

と概括できることを報告して、排外思想の神話的根拠を絵解きした書物であり、背景には宣長学があったことを明らかにしている。

本稿の主題である『絵本朝鮮征伐記』の序文は、宣長学を発展的に継承した平田篤胤（一七七六～一八四三）の思想の影響下にある人物である鶴峯戊申（一七八八～一八五九）が執筆しているが、その内容は以下のようなものである。

---

① 天野聡一「神代を描いた読本—『大日本開闢由来記』と宣長・隆正—」（「アナホリッシュ国文学」三、二〇一三・六月）。

冒頭、東方より皇帝が出、人倫・文化を伝えたというのは日本神話のことを指すので、日本は世界の中の君主の国であるとするが、これは平田篤胤の『赤県太古伝』の説を受けたものである①。

続いて、序文は次のよう言う。この理にのっとって、国威を発揚したのが秀吉の外征である。また、この外征の先例は神の教えを奉じた神功皇后の三韓征伐であり、これが朝貢の始めであるのに、朝鮮正史の『三国史記』や『東国通鑑』に載せられないのは不審である。秀吉の外征の意味を真に理解していたのは加藤清正であり、これを阻んだ小西行長は「国体を汚す」もので、清正にこの外征を任せたならば、朝鮮はおろか明もその手に落ちたであろう、と。これは明らかに宣長の『馭戎慨言』で、小西行長が明側に送った文書に、日本から中国への朝貢が絶えたと述べる部分を問題にして、「そのうへかかる詞は、後の世まで御国のひかり（国体）をおと（損）すことなれば、たとひかりそめのはかりことにもあれ、必いふまじきわざなり」と批判した部分を受けたものであろう。

これはすでに述べたことだが、『絵本朝鮮征伐記』は文禄・慶長の役の物語に入る前に、神功皇后の三韓「征伐」を中心に、古代の記述が一定の分量を割いて描かれている②。それまでの朝鮮軍記には見られない現象である。つまり、序文の論理が本文で具現化されていたわけである。

3. 画者橋本玉蘭（歌川貞秀）の活動

先に見たように復古的な思想に立脚する『絵本朝鮮征伐記』ではあるが、その絵と画者の存在は、絵本読本としては、新しい側面をもたらしていた。画者歌川貞秀（一八〇七～七三）は、橋本玉蘭の名で地図製作と出版にも携わっていた。

江戸時代における地図出版の状況を概略すると、その始まりは十七世紀初期にさかのぼり、その世紀末の元禄期を境にその量が増大する。さらに十八世紀後半の安永期を経て、多種多様大量の地図類が刊行流布す

---

① 遠藤潤『平田国学と近世社会』ぺりかん社、二〇〇八年)。

② 井上泰至・金時徳『秀吉の対外戦争』(笠間書院、二〇一一年)「8 転化していく戦争のイメージ」。

る。十八世紀後半の安永期以降は日本図や世界図、各町図・国図、道中案内図、名所図会の類が、主として江戸の版元から大量に出回り、地図類の普及と活用はおそらく現代と同じような感覚だったと想像される①、という。これを受けて、十九世紀には、より精細な地図が制作され、幕末期になると世界図も出まわるようになる。この地図的ワイドビューの俯瞰の視点を、浮世絵に取り込んだのが玉蘭であった。以下は、その活動の略年譜である。

嘉永二年(一八四九)『海外新話』嶺田楓江作・橋本玉蘭画か。
この頃、最初の富士登山(「三国第一山之図」)
嘉永三年「大内合戦之図」「前太平記筑紫合戦図」、発禁処分。
嘉永六年『絵本朝鮮征伐記』菊池春日楼作・鶴峯彦一郎(戊申)校正(~七年)
『御江戸図説集覧』山崎北峰説、『赤穂義士一夕話』山崎美成作(~七年)
(六月ペリー来航)
嘉永七年『義経蝦夷勲功記』(永楽舎一水作)、「蝦夷闔境輿地全図」
安政二年(一八五六)『利根川図志』(赤松宗旦著・橋本玉蘭ほか画)
『北蝦夷図説』(間宮林蔵述・秦貞廉編、巻一・四 橋本玉蘭画)
『大日本分境図成』巻一『赤穂義士随筆』(山崎美成作)
安政三年「武蔵国全図」(**菊池武辰**編・橋本玉蘭画・**菊屋幸三郎**版)
「万国地球分図」(橋本玉蘭ら作画)
安政四年「大日本富士山絶頂之図」『蝦夷葉那志』(松浦武四郎編)
「摂州一之谷写真 附源平古戦之図」
安政五年『大成和漢年代記』(**鶴峯彦一郎**作・**菊屋幸三郎**版)
安政六年「御開港横浜大絵図」「御開港横浜之全図」(六月横浜開港)
安政七年『唐太日記』(鈴木重尚作 松浦武四郎評注)
文久元年(一八六一)「下野国全図」(**鶴峯彦一郎**作・**菊屋幸三郎**版)
『東蝦夷夜話』(大内余庵作)「横浜交易西洋人荷物運送之図」
文久二年『横浜開港見聞誌』「肥前崎陽玉浦風景之図」
文久三年「右大将頼朝公参内之図」『英名百雄伝』(近沢幸山作、慶応四年まで)

---

① 三好唯義「江戸時代の地図出版」(「地理」四七、二〇〇二年六月)。

文久四年『海陸道中画譜』『京都一覧図絵』『大日本海陸名所図会』
元治二年(一八六四)『絵本孫子童観抄』(中村経年編)
「西国内海名所一覧」「大阪名所一覧」「東海道名所一覧之図」
慶応二年(一八六六)パリ万博出品浮世絵画帖制作の絵師総代となり、「江戸名所風景十図」を画く。
慶応四年「甲斐国全図」(**鶴峯彦一郎**作・**菊屋幸三郎**版)
「新刻函館全図」「新刻松前全図」「奥州一覧之図」「大日本国郡名所」
刊年不明「常陸国常州十一郡全図」(**鶴峯彦一郎**作・**菊屋幸三郎**版)①

一覧して色刷りで俯瞰図の地図製作が切れ目なくなされていたことがまず確認できる。**太字で示したように**、地図の版元であった菊屋幸三郎、測量に携わって地図の情報を与えた鶴峯戊申は、『絵本朝鮮征伐記』の版元と序者・本文校正者であった。見返し（表紙裏）には「鶴峯彦一郎校正・橋本玉蘭画図」と地図と同じ名前で挙がっているのも注目される。つまり、『絵本朝鮮征伐記』とワイドビューで精細な地図制作と刊行は一続きのものであったことが見えてくる。

歌川貞秀の名で描く浮世絵も、力感あふれるダイナミックな構図と、ワイドビューの俯瞰性がその特徴である。それは、『絵本朝鮮征伐記』においても言えることであった。例えば、冒頭に色刷で付される「朝鮮国全図」(図2) は地図制作の鶴峯・橋本コンビのイメージを背負った趣向であったろうし、朝鮮軍記物の冒頭に地図が付されるのは常套とはいえ、色刷で立体的、かつ情報が詳しいその内容は、先に年譜で示した玉蘭の活動に、異国・異域・異人への関心が反映されていたことと無関係ではないだろう。さらに、力感あふれる秀吉の行列（図3）や軍船（図4）などの描写は、「右大将頼朝公参内之図」や「横浜交易西洋人荷物運送之図」といった、歌川貞秀の名で描かれ出版された彼の代表的な浮世絵の世界と通じるものである。

---

① 匠秀夫『日本の近代美術と幕末』(沖積舎、一九九四年)「二 横浜錦絵と五雲亭貞秀」、高橋伴幸「橋本玉蘭斎が描いた都市鳥瞰図の空間構成」(「茨城地理」六、二〇〇五年)、神戸市立博物館『特別展ワイドビューの幕末絵師貞秀』(二〇一〇年)。

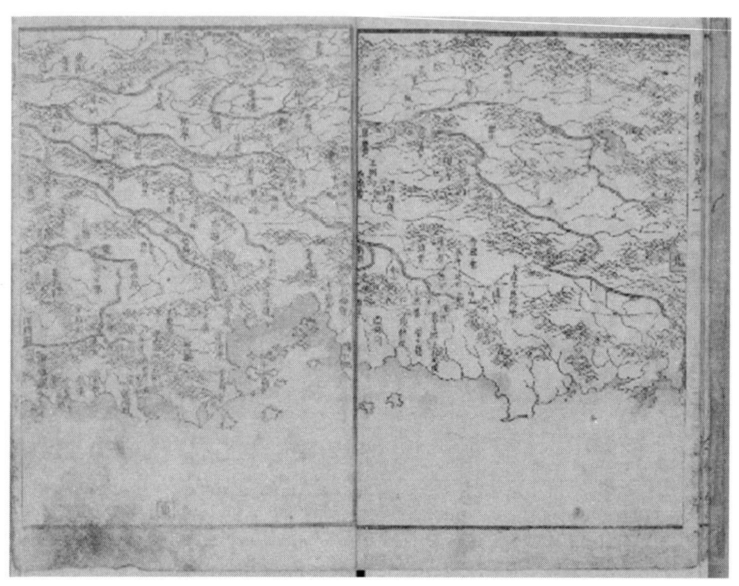

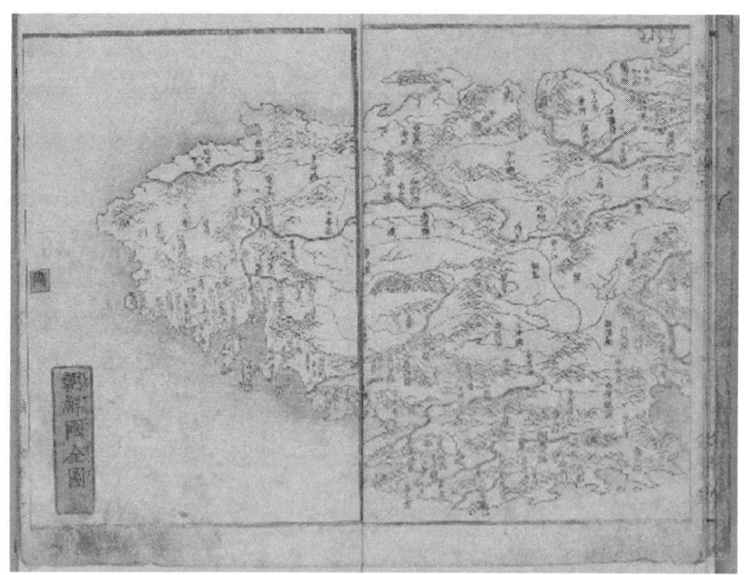

図2　『絵本朝鮮征伐記』口絵「朝鮮国全図」（広島大学図書館蔵、以下同）

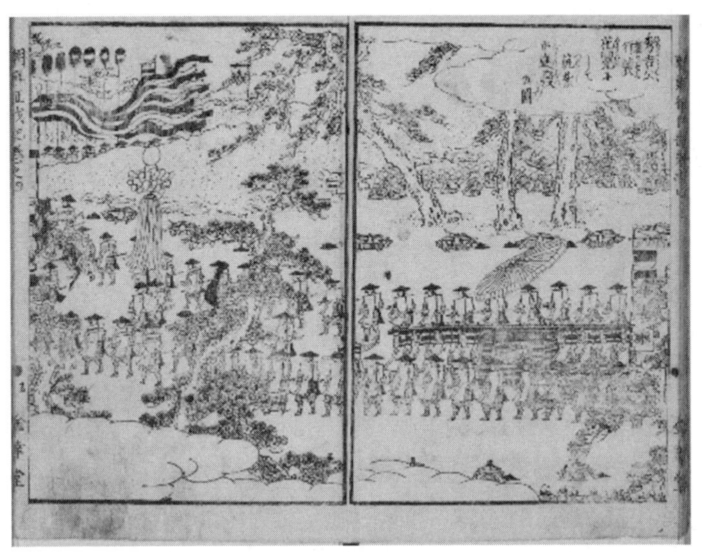

図3　『絵本朝鮮征伐記』巻四 14 丁ウ～15 丁オ

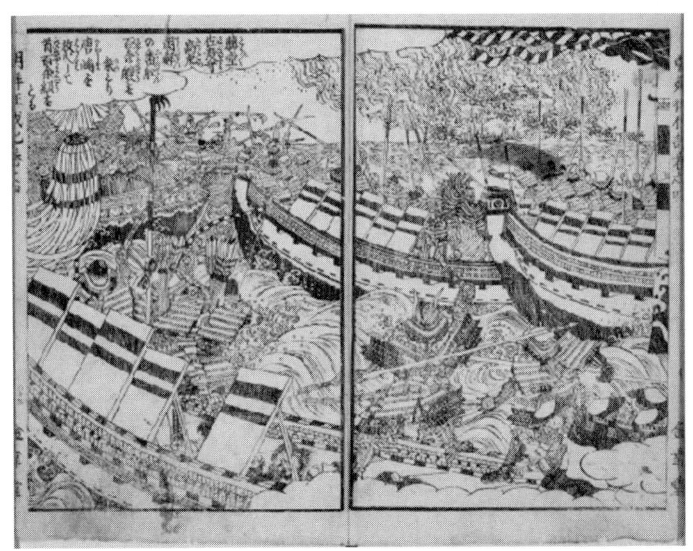

図4　『絵本朝鮮征伐記』巻四 18 丁ウ～19 丁オ

そのような玉蘭の絵の背後には、洋画の存在があったようである。依田学海「俗画師歌川貞秀の言を記す」（「洋々社談」七二、明治十四年二月）によれば、嘉永から安政のころ、評判の玉蘭のアトリエには、洋画が模本としてあったことが証言されている。

> 一日何某を伴い、貞秀が本所の草庵を訪いしに、其の家は亀戸天神社の前にありて膝を容るるばかりの狭き住居なり。流石に庭の草木なども、程よく裁なして、主人は窓の下に画をかきて居たりしが、余等が来りしを見て、筆をとどめて物語す。其頃は西洋画というものは、世に多からざりしが、貞秀は、いかにして蓄けん。帖に作りたる洋画を多く出して、余等に示し、且いへらく、和漢の書を多く見たれども、洋画ほど世に妙なるはあらじ、文雅学士の画は、委しく知り侍らねど、和漢の俗画、多くは一種の偽体ありて、すべて画を見る人の為にのみ、前面を画き、其の人物山川の向背に心を附すものなし。殊に我国の俗画は、皆戯場俳優の所為のみ旨とし画くをもて、婦女の形容に至りても、多く戯場の身振ということを写して、尋常居動には、あるべきようもなき形のみ多し、戦闘の状に至りては、其弊甚しく、英雄、豪傑、奮勇苦戦の形状をして、俳優戯子の所為と異なることなからしむ。実に笑うべく、嘆ずべきの至りなり。

玉蘭の絵が戦闘場面を描いても、旧来の役者絵の型を破ってリアルに描けたのには、洋画の写実の技法に学んだことが大きかったようである。その意味で復古的な思想を背景に持ちながら、『絵本朝鮮征伐記』には、新しい洋画に波をいち早く敏感に吸収した「新しさ」が確かにあったのである。

4. 秀吉と明の使節—記述の変化を追って

さて、一連の朝鮮軍記物の記述の中で、思想史上重要になるのは、先の宣長の言説にもあるように、中国と朝貢関係を結んだか否かの問題で、文禄の役の和議交渉における、明からの日本国王への冊封と秀吉の対応が焦点となる。

以下は、今日の史学の成果①に照らして確認しておくのだが、日本史上、中国皇帝から王号を授与された人物は、懐良親王・足利義満・足利

① 米谷均「破り捨てられた・冊封文書」(井上泰至・堀新編『秀吉の虚像と実像』笠間書院、二〇一六年)。

義持・足利義教・豊臣秀吉の五人しかなく、うち、正式の冊封の手順を通して王号を授与され、受諾した例は義満・秀吉だけである。一九五六年十二月二十八日付、長崎発信のフロイス年報補遺[①]によれば、以下のような状況だったようである。

> 九月一日の引見の晩、秀吉は沈惟敬の宿所を訪れ、「シナ国王が予に対して非常に立派な礼を尽くしてくれた」ので、秀吉の出す返書においては、明皇帝の助言と判断に従う旨を記さねばなるまい、と述べた。
>
> 九月五日、堺に戻った冊封使は、秀吉の使僧の歓待を受けた後、「日本軍は朝鮮国内の陣営を撤去し全面撤退すべき」との書状を使僧に託した。これを大坂で読んだ秀吉は、明側の真意を理解し、頭上に湯気が立つほど激怒した。

つまり、秀吉は明からの冊封を快く受けていたが、四日後の明側からの書状で、日本軍の朝鮮半島からの全面撤退という意向を知って激怒したというのが実態だったようだ。秀吉としては、文禄の役で朝鮮の南半分は手に入れた認識であり、国内向けの褒賞と名誉の観点からも明側の意向は受け入れられるものではなかったのである。実際、明からの冠服・勅書・誥文・金印は日本に現存しており、後で触れるような文書の破却というのは全くの虚構であった。

では、秀吉の冊封文書破却の言説について朝鮮軍記物とその周辺資料を追っていこう。

①林羅山・鵞峯編『豊臣秀吉譜』(一六五八年刊行)

明主、我を封じて日本国王と為すと。固より是れ憎むべきの殊に甚だしき者なり。我は武略を以て既に日本に主たり。何ぞ彼の力を籍りるか。前日行長曰く、大明は我を大明国王に為すと。故に我これを信ず。・・・即ち大明餽(おく)る所の冠服を解いてこれを著(き)ず。誥命を唐捐して復た見ず。(原漢文)

②堀杏庵『朝鮮征伐記』巻五「於伏見城饗応大明両使事」(一六五九

① 松田毅一監訳『十六・十七世紀イエズス会日本報告集』第一期第二巻。

年刊）

太閤大きに怒つて宣はく、大明より我を日本国王に封ずべしといふは、言語同断の曲事なり。我自ら日本国王たり。彼何ぞ我を許さんや。大明王に封ずべしと小西申せしに依りて、人数を引き取りぬ。小西を呼び出せ首を刎ぬべしと罵り給ふ」（この後西笑承兌長老の説得あり）

③宇佐美定祐『朝鮮征伐記』（一六六二年成立）巻十「大明封号の儀相違に依り秀吉公再び朝鮮征伐を催す」

即ち大明の贈物の冕服を脱ぎ、冠を脱ぎて庭上に抛ち踊上り踊上り怒り給ふ。諸大臣以下色を失ひ、手に汗を握り、唾を呑み・・・（兌長老の説得）

④山鹿素行『武家事紀』巻十一（一六七三年序）

（①もしくは②の秀吉の逆鱗の記事の後）乃ち明よりをくる衣冠を捨、その冊書をなげうつ（兌長老の説得）

⑤釈姓貴『朝鮮軍記大全』（一七〇五年刊）巻二十七「太閤怒大明冊使」

乃ち大明より贈るところの冠服を尽く解きすて、大明よりの書翰をも引散し棄て復びとり上て見だにせず（兌長老の説得なし）

⑥馬場信意『朝鮮太平記』（一七〇五年刊）巻十七「明帝勅書幷秀吉公立腹事」

大明より贈る所の冕服を脱、勅書と共に取て庭に抛捨玉ひ、怒り甚し（兌長老の説得）

⑦本居宣長『馭戎慨言』（寛政八、一七九六年刊）下之下

其の詞かねておほしけるにはいたくたがひて、すべていみしくおごり高ぶり、いはんかあなくゐやなきうへに、封爾為日本国王といへる言あるをきこしめして、俄かに御かほの色かはり、いみじくいかり給て、かの王われを明の王になすよし、申せしによりてこそ、朝鮮の王子どもをもゆるし、軍をも釜山よりしりぞかせつれ、日本国王にとは、いかなるたはふれ言ぞ、吾何のよしにかは、かれがよさし（冊）をうけん、おれ行長、明王に心をかよはし、から人共とかたらひて、われをあさむける罪、いはんかたなしとて、いみしき御けしきにて、たてまつれる冠さうぞくも此の書も何も、ひろ庭になげすて給ひしは、まことにさも有りぬべき物なりけり（兌長老が小西に詔書の内容を変更して読むよう説得さ

れながら、それを実行しなかった事のみ記す）

⑧武内確斎『絵本太閤記』七編（享和二、一八〇二年刊）巻五「太閤怒大明璽書話」

去る程に霊三和尚、爰ぞ我が学才をかかやかさんと、璽書を取上げ封を披き、大音に読み上げける。（中略）早く行長を引き出し、明の両使と倶に首を刎ねよ、我みづから軍勢を引て明朝鮮を一踏に踏みつぶさんと、踊り上て怒り給ふ。（摩恵多年家の、異国の使者の前で、家臣を斬ることの非の忠告と、行長らの身柄を預かることで、その場は一旦収まる）

⑨頼山陽『日本外史』（文政十、一八二七年成）「徳川氏前記豊臣氏下」

「爾を封じて日本国王に為すと曰ふに至り、秀吉色を変じて、立ちどころに、**服**を脱して之を地に抛ち、冊書を取りて之と扯裂し、罵つて曰く、吾日本を掌握す、王たらんと欲すれば王たらん。何ぞ髯虜の封を待たんや。且つ吾にして王とならば、天朝を如何せん・・・承兌も亦これを救解し、事纔に止むを得たり。（原漢文）

⑩『絵本朝鮮征伐記』後編巻十五「太閤大明の冊使を怒り給ふ事」

「秀吉公是を聞き給ひ、行長が案にたがはず目を怒らし、大音に呼はつて、明王何ぞ吾を封じて日本国王とする事を受べけんや、誠にもつて推参なる云ひごとや、我自らの武略を以て日本の王となる、何ぞ彼等が力によらん、（行長が前日、明が秀吉を明王にすると言った嘘を怒り、行長を手打ちにすると述べた後）即ち大明より送れるところの冠服をことごとく解きて、大明よりの書翰をも引きさきて捨てさせ給ひ、其怒気甚だ盛んなり。」（兌長老の諫言なし）

使節と対面して「日本国王に任ず」との文言に秀吉が激怒し、冠服を脱ぎ、文書類を見ようとしなかった、という①の記事が基本線となっている。③から⑥、及び⑧は、兵学者山鹿素行の記事を除いて娯楽作品であり、秀吉の怒りの表現が具体化されている。⑦は明らかに、明側が「冊封」を命じる「無礼」に焦点を当てており、そこに宣長の関心のありかがあったことが見て取れる。

⑨は十九世紀最も読まれた史書で、幕末期の攘夷派志士にも必読の書であったが、注目すべきは⑤の記述を受けてか、秀吉は文書を引き裂き、

中国人をなまず髭野郎と侮蔑し、自分が日本国王となるなら「天朝」、すなわち天皇の存在はどうなるのかと発言している点が注目される。中国人への侮蔑的視線と、天皇の絶対化を読み取りうる表現がここには確認できる。頼山陽（一七八〇～一八三二）自身は、過激な尊王攘夷派ではなく、欧米勢力に対抗すべく朝廷と幕府が手を携えて挙国一致を行うべきとの松平定信（一七五九～一八二九）に近い思想を持っていたが、アジテーション的な大げさな表現で、敵味方をオルタナティブに分節するわかりやすさが、山陽の言説を誤読しかつ浸透させていく要因であった[①]。

⑩の『絵本朝鮮征伐記』は、冊封の無礼を「推参なる云ひごと」という武家における無礼をとがめる言葉で表現している点、宣長以来の文脈が確認できるとともに、文書を引き裂く点は、『日本外史』を受けたものであったのだろう。

以上、明の冊封をめぐる秀吉の対応の記述の変化にも、宣長と山陽という、十九世紀ナショナリズムの代表選手の思想と記述が、『絵本朝鮮征伐記』に流れ込んでいたことが確認できるわけである。例えば、同時期活躍した攘夷運動の過激派として知られる水戸藩の天狗党の義挙の檄文には以下のようにある。

> 尊王攘夷は神州之大典たる事、今更申迄も無之候得共、赫々たる神州開闢以来、皇統目綿々御一姓天日嗣を受嗣せられ、四海に君臨ましまし、威稜之盛なる実に万国に卓絶し、後世に至ても北条相州之蒙古を鏖にし、豊太閤之朝鮮を征する類、是皆神州固有之義勇を振ひ、天祖以来明訓を奉ぜし者にして、実に感ずるに余りあり[②]。

十三世紀の蒙古の撃退とともに、秀吉の外征は、排外・国威の発揚の先例として、アジテーションの核に据えられるものとなった。これは尊王の勢力だけの意識ではない。幕府寄りの仙台藩の学者大槻磐渓『近古史談』（一八六四年刊）巻二豊編第二「征韓之役」には、こうある。

---

① 濱野靖一郎「『日本外史』執筆の意図と誤読」（井上泰至編『近世日本の歴史叙述と対外認識』勉誠出版、二〇一六年）。

② 『水戸藩史料』下編巻十三（吉川弘文館、一九一五年）。

太閤征韓の役、世議する者多し。余則ち謂へらく、蓋世の雄を以て、無事の朝に立てば、咄咄髀肉の生ずるに堪へず。則ち外征して兵を耀かすも、亦た勢ひの必ず至る所なり。特に主将其の人を得ず。加ふるに地理に暗きを以てし、而して公の齢も亦た従つて頽せり。仮し其の事をして五六年前に在りて、公自ら親征の労に任ぜしめば、則ち転瞬に韓を滅ぼし、旦暮に江を渡り、明社の覆へるは、未だ必ずしも覚羅氏の先に在らずんばあらざるなり。故に余嘗て宇内の英雄を歴論し、定めて四傑と為す。曰はく、『豊太閤』曰はく、『忽必烈』曰はく、『歴山王』曰はく、『那波烈翁』と。而して秦皇漢武は与らず。猗与、偉なるかな。」と。(原漢文)

秀吉は外征の観点から、日本最大の英雄として評価され、フビライ・アレキサンダー・ナポレオンといった帝王になぞらえられている。そこで秀吉も同様に、始皇帝や漢の武帝より上であるとする論議の背後には、アヘン戦争後、その評価が著しく下がった中国への視線[①]（22）が確認できるのである。

結論と今後の課題

大本藍表紙・漢字カタカナ交じり本文・挿絵なし・序文は漢文という、漢文の史書に準じる様式を持った刊行軍書が、十七・十八世紀を通じて、歴史読み物として娯楽を提供すると同時に、源氏将軍史観を一般にもたらしたが、十九世紀には、名所図会の歴史読み物化をなした絵本読本が、新たに加わり、特にその「啓蒙」性には、海外情報への関心と国学の国粋思想が柱にあり、仮名で歴史を綴る様式、及び価値の反転が、生じた可能性が見えてきた。

今回取り上げなかった同傾向の幕末絵本読本の内実を、今後より深く掘

① 三谷博『明治維新とナショナリズム　幕末外交と政治運動』（山川出版社、一九九七年）「第二章　十九世紀前半の国際環境と対外論」、眞壁仁『徳川後期の学問と政治　昌平坂学問所儒者と幕末外交変容』名古屋大学出版会、二〇〇七年。

り下げるべきであると同時に、同時期の漢文で書かれた、頼山陽や後期水戸学の史書、それに武将伝を漢文で作文して修身の用に立てる教育方法とそのテキストとの関係が、一般の歴史意識と歴史読み物の関係において、今後追究さるべき大きな課題であることが浮かんできた。

〔後記〕本稿は二〇一八年二月二七日に北京外国語大学日本学研究センターで行った「国文学研究資料館第4回古典セミナー、朝鮮軍記と出版文化」」において「朝鮮軍記研究の現状と課題」と題して行った講義の一部を活字化したものである。なお、「1 前史—絵本読本始発時における宣長学の影響」については、2以降の本論の序論的位置づけにあり、33頁注①③に挙げたこれまでの拙論の要約であることをお断りしておく。

热点问题

安倍经济学的超级量宽政策对金融与投资市场的影响

〔日〕关户孝洋　平松诚基　田中隆祐 著
于瑛琦 译*

【摘　要】2013年以降、日本の量的・質的金融緩和が始まり、前例ない資金供給が実行された。2013年4月～2017年12月の月次データを用いてVAR分析を行い、大規模な量的金融緩和がもたらす物価・金融市場・投資フローに対する政策反応をみたところ、金融緩和効果は当初に大きく発現し、5～10ヶ月程度で低減することが分かった。また、銀行や保険会社といった投資家主体や株式・債券といった対象商品により反応は異なった。今次金融緩和の成否について最終的には歴史の判断に委ねるほかないが、政策実務の観点から高頻度のデータ解析、財政・金融システム要因の検証について研究余地がある。

【关键词】量化质化宽松　安倍经济学　VAR分析　金融　投资

1. 问题意识

量化质化宽松政策是本次安倍政权所实施的“安倍经济学”的核心内容，也是历史上鲜有的大规模货币宽松政策。在“安倍经济学”指导下，日本银行承诺要实现2%的通胀目标，明确了以摆脱通缩、刺激经济、推进结构改革为目标的经济政策运营方针。尤其是大规模的宽松政策和基础货

* 关户孝洋：三菱UFJ银行日本投资策略师；平松诚基：三菱UFJ摩根士丹利证券策略师；田中隆祐：三菱UFJ银行外汇策略师。于瑛琦，三菱UFJ银行（北京）。

币投放的增加对物价和通胀指标产生了较大影响，给日本国内金融市场乃至跨境资本交易的价格形成和资本流动都带来巨大变化。

本文首先回顾第二次安倍组阁后货币金融政策的变迁。进入安倍第二次政权时期以后，日本的物价、金融市场、国际收支都发生了很大变化。安倍经济学已经实施了 5 年，明确在此期间的经济与金融交易结构的变迁有一定意义。虽然这 5 年间物价和国际收支的变化并非全部源于安倍经济学，但安倍经济学的政策涉及规模之大足够对金融市场和资产价格的形成产生巨大影响，这一点毋庸置疑。

另外，对于此次货币宽松的政策反应，我们还利用数据测算了政策生效到反应发生的时滞并根据测算结果对政策反应的特性和效果进行了分析。在明确各个变量之间因果关系和变量相关状态稳定性的基础上，用 VAR 对数据进行分析。通过对各变量的影响和反应时间的数据分析结果，可以测算出汇率利率价格、金融市场参与者的资本流动对客观经济政策的反应。以数据分析结果为基础，我们对本次宽松政策的效果进行了分析。

本文数据分析的特征在于：测算并评价了安倍经济学量化质化宽松政策对资本流动、汇率利率价格形成所产生的影响。诸多先行研究分析了基础货币供给的扩大对经济指标产生的影响。然而，经济政策的影响最终是表现在金融市场的价格形成上的。由于经济指标中多使用代理变量，存在无法排除样本偏差及其与现实有偏差等问题。而金融市场数据和资本流动更接近实际经济，更能体现经济政策的具体效果，能够反映某个时点上企业和投资者的行为和心理倾向。在本文的分析中，基于宽松政策扩大了基础货币投放、通过物价和通货膨胀引起资本流动和金融市场指标的变化这一思路，考察这些指标对政策的反应情况。此外，文中还整理了大规模宽松政策带来的影响和问题。

2. 先行研究

（1）传统非负约束下的宏观经济理论

日本最初实施量化宽松政策是在进入 21 世纪之后（2001 年 3 月 ~2006 年 3 月）。以传统的 IS - LM 分析为前提，如果利率为零，则货币政策的影响范围和对经济的刺激效果是有限的，货币政策主要以短期利率为调控目标，目的是维持物价稳定。然而，长期以来，学术界的研究对象不仅限于名义利率，还包括实际利率。美国自 20 世纪 60 年代后半期，就率先开始了

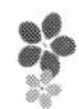

对货币政策中利率调控方面的研究。[①]

（2）20 世纪 90 年代以后的货币政策相关研究

通过操控短期利率进行量化宽松的相关讨论直至20 世纪 90 年代以后才得以具体呈现。进入 90 年代以后，以北美学术界为主，对货币政策的传导路径和路径依存性、传统货币政策的传导路径之外的政策效果进行测算和检验等研究十分活跃。例如，90 年代中期的关于货币政策传导路径的研究，伴随其他学科中计量分析方法的确立，诸多研究开始通过利率、资本价格、银行资产负债表、银行的金融中介与信息制造功能、汇率等对货币政策的传导进行具体分析。[②]

同在 90 年代中期，日本国内也开始针对短期利率和量化宽松目标的合理性进行广泛的争论。当时的日本银行金融研究所所长翁邦雄、岩田规久男（时任上智大学教授，2013 ~2018 年实施量化质化宽松政策的日本银行副行长）之间的争论引发了广泛关注。

（3）90 年代后半期 ~2005 年的投资组合重新配置与信号传递效果的相关研究

90 年代后半期，美国的宏观经济学教材（Romer ［2011］ 的 90 年代版本）中，指出了以 IS 为实际利率、LM 为名义利率的传统 IS - LM 模型的局限性。[③] 另外，精通美国经济政策工作的学者，针对当时深处泡沫破灭和通货紧缩经济困境的日本提出建议，指出名义利率为零、物价上涨、实际利率为负的举措具有刺激经济的效果。[④] 进入 2000 年以后，这种情形依旧持续，即便有短期利率为零的限制，货币宽松政策仍然实现了投资组合重新配置和信号传递效果，证明以上理论是有效的。[⑤]

该时期货币宽松政策的效果主要集中在投资组合重新配置效果和时间

---

① James Tobin ［1969］ A General Equilibrium Approach To Monetary Theory. , Journal of Money, Credit and Banking, Vol. 1, No. 1 (Feb. , 1969), pp. 15 - 29.

② Mishkin, F. S. ［1995］, "Symposium on the Monetary Transmission Mechanism," Journal of Economic Perspectives, 9 (4), pp. 3 - 10.

③ David Romer ［2011］," Advanced Macroeconomics Fourth Edition"

④ Krugman, P. ［1998］," It's Baaack: Japan's Slump and the Return of the Liquidity Trap," Brookings Papers on Economic Activity, 29 (1998 - 2), pp. 137 - 187. Krugman, P. ［2000］," Thinking about the Liquidity Trap," Journal of the Japanese and International Economies, 14 (4), pp. 221 - 237.

⑤ Bernanke, B. S. , and Reinhart, V. R. ［2004］," Conducting Monetary Policy at Very Low Short - Term Interest Rates," American Economic Review, 94 (2), pp85 - 90.

轴信号传递效果上。投资组合重新配置效果指的是货币宽松政策会引起投资家投资行动的变化，正如下文中2013～2017年的具体实例所示，当货币宽松政策达到极限，超出非负约束时，投资家就会为规避负利率、低利率而改变投资行为。时间轴信号传递效果指的是，通过量化宽松使投资家形成一种零利率或低利率还将持续一段时间的预期，从而可以对相应时间内的政策效果有所把握。

（4）2005以后日本银行的研究以保持金融系统健全性效果为主

2005年以来，认可量化宽松政策效果的声音越来越多，认为其有利于维持金融系统稳定，这也是日本银行研究人员的主要观点。90年代以来，日本资产价格泡沫破灭、金融系统动荡、通货紧缩、经济环境恶化的大背景下，日本银行的研究人员回顾了2000年以来的量化宽松政策，尽管还无法测算货币宽松政策在投资、消费等方面的效果，但可以确定的是，货币宽松政策在维护金融系统健全、重建金融系统等方面发挥了相应的作用。

日本银行于2001～2006年在全球率先实施了量化宽松政策，但在泡沫破灭和通货紧缩加重的环境下，最终还是从以短期利率为调控目标的传统方法转向量化宽松方法。日本银行所做的研究是对这个时期经验的总结。

当时日本银行的研究人员在几种不同的问题意识之下展开了活跃的研究活动。关于这一点可能有不同的看法，但我们认为，为防止对作为经济政策之一的量化宽松政策的过度依赖和出于政治目的的货币政策滥用，有必要对此进行理论分析和研究。

具体说来，作为金融政策的实务负责人，有必要总结一下在量化宽松政策的实行过程中所遇到的实务层面的问题。另外，量化宽松与传统的以短期利率作为操控目标的金融政策的政策效果不同，适用的经济金融环境也不同，作为经济政策的一种选择，其理论验证未必完备，我们的目的之一就在于论证这一情况。

此外，当时脆弱的金融系统限制了金融政策的实施，维持物价稳定、保证金融体系的健全发展的重要性有所提高，也是当局将货币政策从传统的利率调控加深到量化宽松的一个动机。当时，对于日本银行作为“最终贷款人”应该发挥怎样的作用，进行了多方面探讨。这是因为日本刚刚确立存款保险制度，金融机构破产和重建的相关手续方面的实务经验尚不充分，日本银行在维护金融系统稳定中的作用和重要性有所提高。与此同时，有关全球金融规则的建设和强化的相关讨论也在这个时期起步。在此背景

下，日本银行的作用已经超越了传统金融政策的框架，不仅在维护金融系统稳定中发挥作用，并且可能在经济政策的制定过程中承担更多的责任。当时，日本围绕维持物价稳定和保持金融体系健全性方面的政策目的不一致性、政策传导路径引起的政策效果差异的问题进行了讨论。

（5）不限制传导路径的实证研究

回顾2005年后的量化宽松政策效果，可以发现：货币政策的传导路径极为复杂，许多研究者倾向于在不限制传导路径的条件下来评价量化宽松对经济活动的影响。当时在其他学科中的计量分析手法和分析工具系统实现了巨大进步，这也成为实现实证分析的一大助力。量化宽松的政策影响很大，而且经济变量之间具有很高的依存度，会通过多个路径对政策效果产生影响。

下面将会针对基础货币投放的增加通过物价对汇率、利率、资本流动产生的影响进行定量验证分析。实际上，金融市场利率之间的相关程度相当高，活跃的套利交易正是交易汇率、利率、股市之间的强相关性的表现。另外，资本流动是引起利率与汇率变化的一个原因，而且，利率与汇率的变化在很多情况下也会引起投资行为的变化。由于金融市场的各个变量之间具有强相关性，所以本文采用VAR分析方法，对政策效果进行客观的分析。

3. 脉冲响应函数分析：货币、物价、金融市场、投资的政策反应

（1）VAR分析的方法和特性

本文使用货币变量、物价变量、资本流动变量和货币、物价/通货膨胀、金融市场（具体见后文）3个变量进行了脉冲响应函数分析。对货币进行一定刺激（强化货币宽松）时，通过改变物价/通货膨胀预期，来测算对金融市场和资本流动的影响程度与对政策的反应时间。

本文中，将上述所有变量选取1等差进行ADF单位根检验。另外，随着变量顺序的变化，政策反应的结果也会有所变化。本次采用货币变量、物价变量、资本流动变量、金融市场变量的顺序进行数据分析，并使用施瓦兹准则来确认时滞。

下文里表示相应函数的计算结果的图表中，纵轴表示对应变量影响程度的高低，横轴表示月数。虚线表示±2标准差的范围，对应95%置信区间。

本文将用VAR模型来测算和考察量化宽松对物价和金融市场造成的影响、效果和传导路径。

（2）VAR分析的对象数据变量

为验证量化宽松政策的效果，我们具体使用了以下数据变量作为分析变量。本文通过对3个变量的VAR分析，由货币到物价对资本流动和金融市场指标产生政策效果（投资组合重新配置效果和信号传递效果）为前提，观察政策反应。

表1 分析变量：货币统计、物价和通货膨胀指标、资本流动、汇率和利率指标

数据属性	数据名	出处
货币	基础货币，长期国债，短期国债	日本银行
物价	居民消费价格指数（核心），通胀掉期	总务省、Bloomberg
资本流动	［对外证券投资］对外证券投资，投资家类别（银行、人寿保险公司、信托银行（年金）、投资信托），金融商品类别（股票/投资基金、中长期债券、短期债券） ［对内证券投资］对内证券投资，金融商品类别（股票/投资基金、中长期债券、短期债券）	财务省
金融市场数据	美元日元汇率，日元名义有效汇率，日元债券利率（3M、2年、10年、20年），日元利率掉期价格（2年、5年、10年、20年），美元日元掉期价格（3个月、5年），美元日元远期（3个月、6个月）	Bloomberg、日本银行

分析分别使用3个变量模型，货币统计、物价统计、对外证券投资动向和货币统计、物价统计、金融市场数据（汇率、利率）。数据中仅有居民消费价格指数使用了季调数据，其他金融市场变量取其对数进行分析。

（3）3类变量的VAR模型数据分析

为明确量化宽松政策的效果，本文使用VAR模型进行分析，利用最简洁的3类变量进行数据解析。VAR模型是在考虑变量之间相互影响的前提下，评价变量之间相互关系的统计方法。分析区间定为2013年4月~2017年12月。

（4）物价对基础货币供给量的政策反应

如下图所示，基础货币供给量对消费者价格指数、通胀掉期产生的政策反应。纵轴表示政策反应的程度，横轴表示时间。随着基础货币供给量增加，物价的政策反应最强的时段是政策开始后的2到3个月，第6个月至第8个月期间物价对政策的反应明显减弱，政策反应会在10个月以内趋于减弱。消费者价格和通胀掉期之中，通胀掉期利率的政策反应时间相对较早，且效果减弱的时点也较早，政策效果在10个月之内趋于减弱。

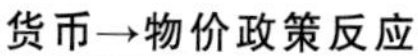

货币→物价政策反应

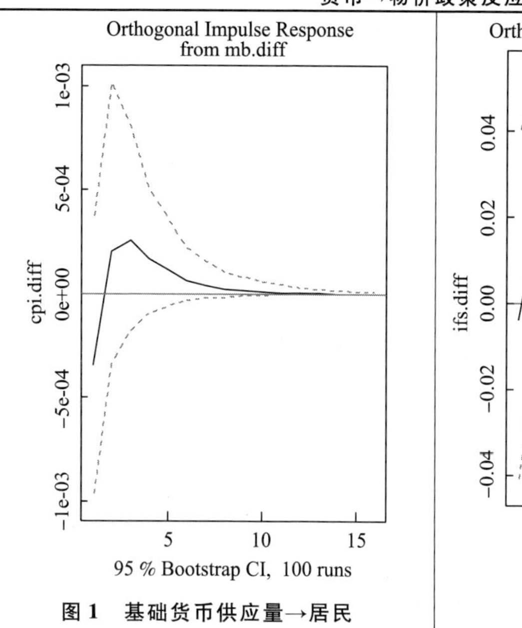

图 1　基础货币供应量→居民消费者价格指数

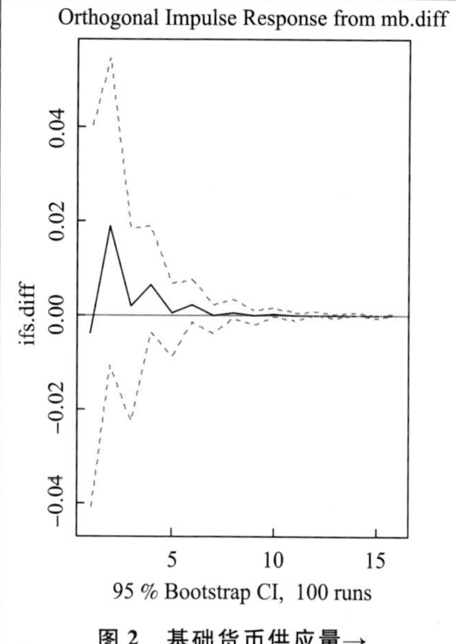

图 2　基础货币供应量→通胀掉期（5 年）

（5）国内投资家行为对物价（居民消费价格指数）的政策反应

接下来观察同一时段内日本不同类别的投资家对对外证券投资动向的政策反应。

居民消费价格指数→对外证券投资的政策反应

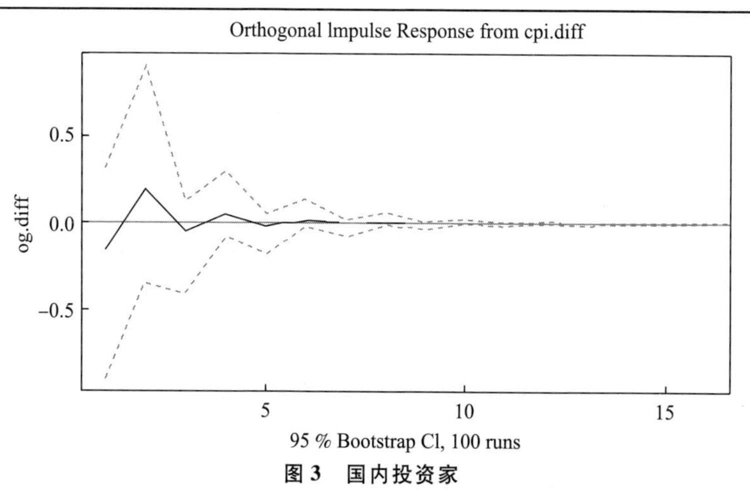

图 3　国内投资家

续表

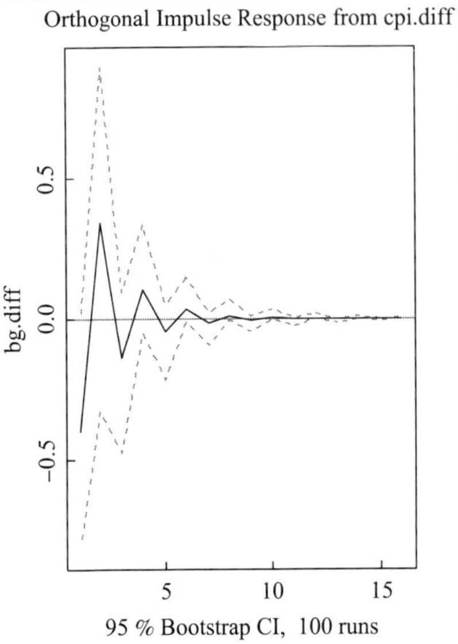

Orthogonal Impulse Response from cpi.diff bg.diff 95 % Bootstrap CI, 100 runs **图 4 银行**	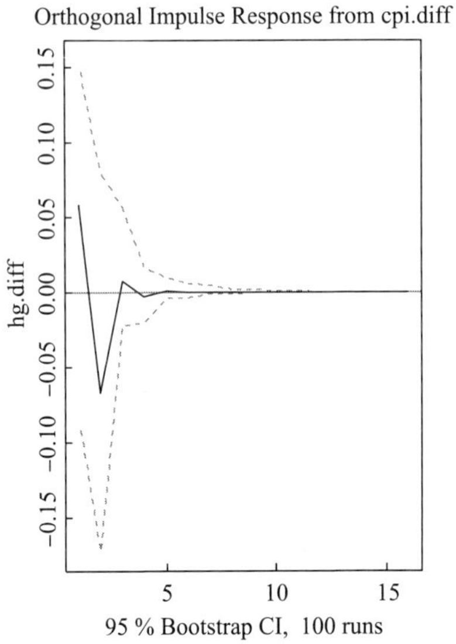 Orthogonal Impulse Response from cpi.diff hg.diff 95 % Bootstrap CI, 100 runs **图 5 保险公司**
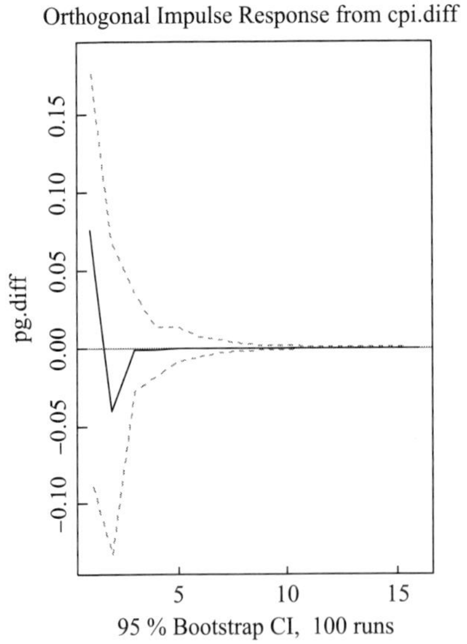 Orthogonal Impulse Response from cpi.diff pg.diff 95 % Bootstrap CI, 100 runs **图 6 银行**	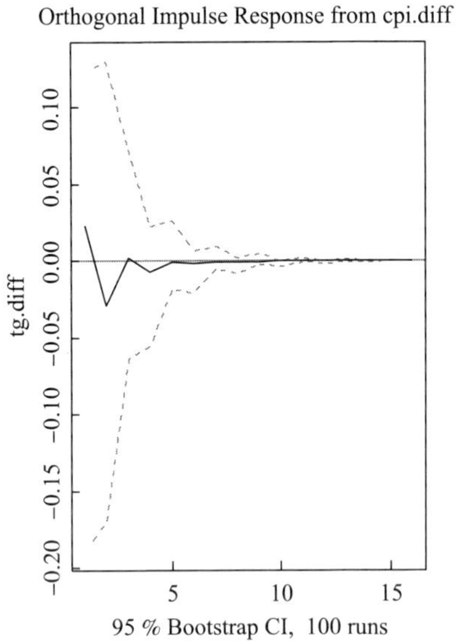 Orthogonal Impulse Response from cpi.diff tg.diff 95 % Bootstrap CI, 100 runs **图 7 投资信托**

从以上分析可以确认，基础货币供应量的增加通过物价影响对外证券投资的效果有：①5 个月左右效果显现，②银行、保险公司、年金等不同种类的最终投资家所表现出的反应时点也有所不同。③最终投资家会对政策做出明显的反应。由此可以断定，量化质化金融宽松对投资组合重新配置的效果显著。

日本投资家的对外证券投资中，从股票/投资基金、中长期债券、短期债券等几种不同金融商品的政策反应可以看出，股票/投资基金的反应整体较小。银行和保险公司的反应也有所不同。银行、信托（年金）在基础货币供给量扩大之后，都增加了股票/投资基金的对外证券投资，而保险公司则没有类似的反应。在扩大基础货币供给量的约5个月后，可以观测到正向的政策反应，而投资信托则呈现负向的政策反应。由此可以看出，扩大基础货币供应量并不一定会促进投资信托公司的对外证券投资行为。

居民消费价格→对外证券投资（股票/投资基金）的政策反应

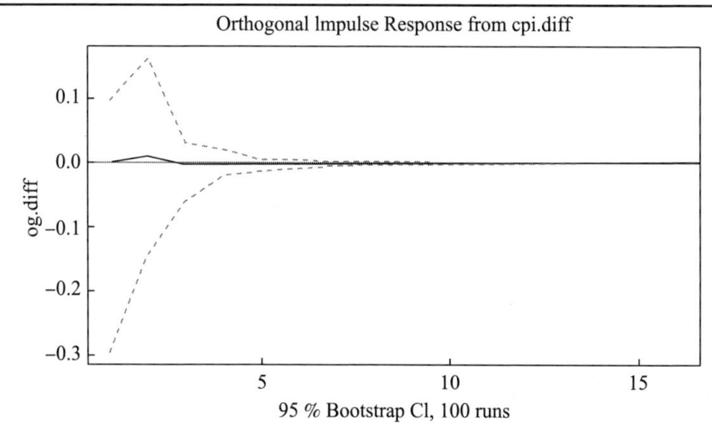

图 8　国内投资家

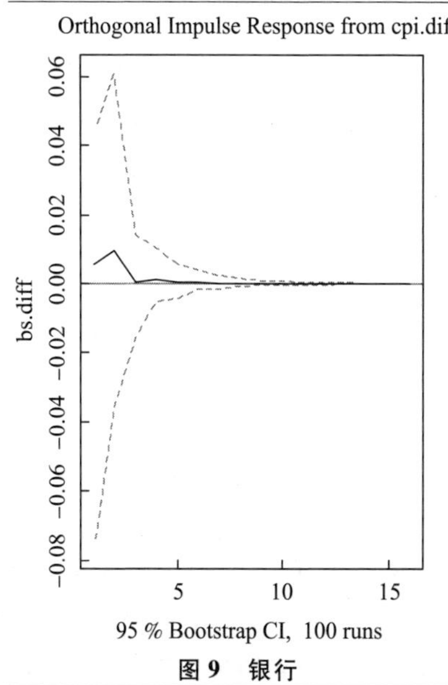

图 9　银行

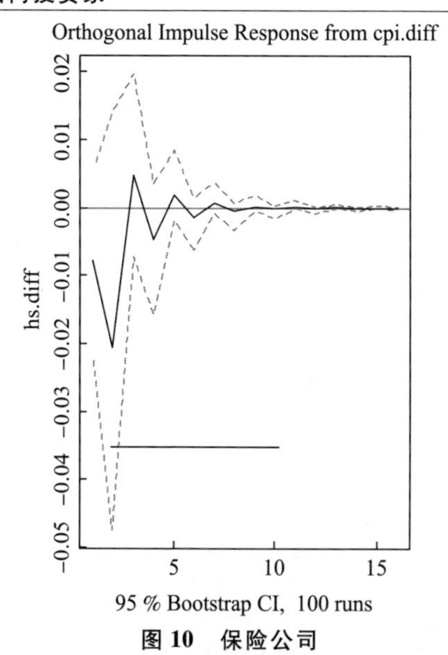

图 10　保险公司

续表

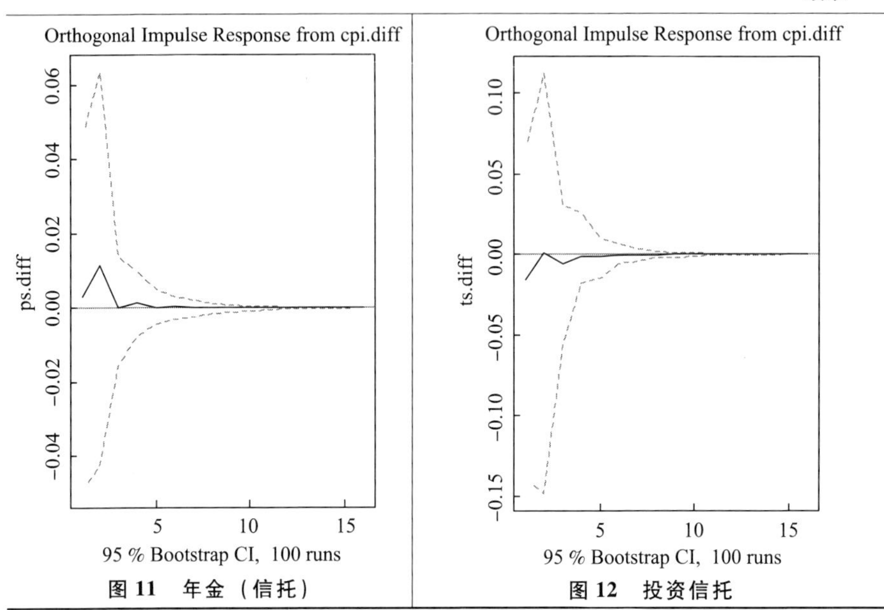

图 11　年金（信托）

图 12　投资信托

此外，通过分析还可以看出，中长期债券对消费者价格的政策反应与对外证券投资的整体趋势相吻合。银行和保险公司的动向则相反。另外，可以看出银行的中长期债券的对外证券投资受影响时间最长。

居民消费价格→对外证券投资（中长期债券）的政策反应

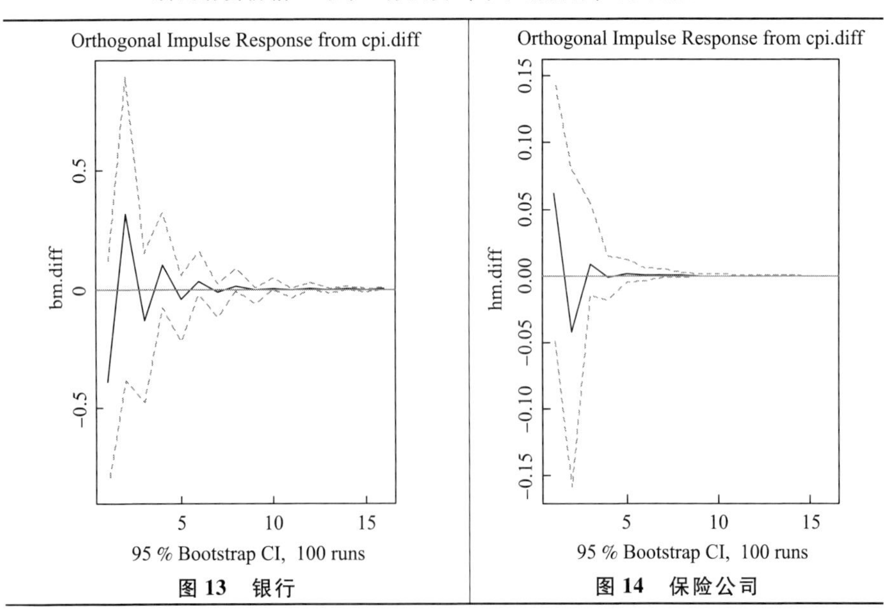

图 13　银行

图 14　保险公司

（6）海外投资家对物价（居民消费价格）的政策反应

同一时期中，通过不同类别金融商品看海外投资家对日本证券投资动向的政策反应。

居民消费物价→对内证券投资的政策反应

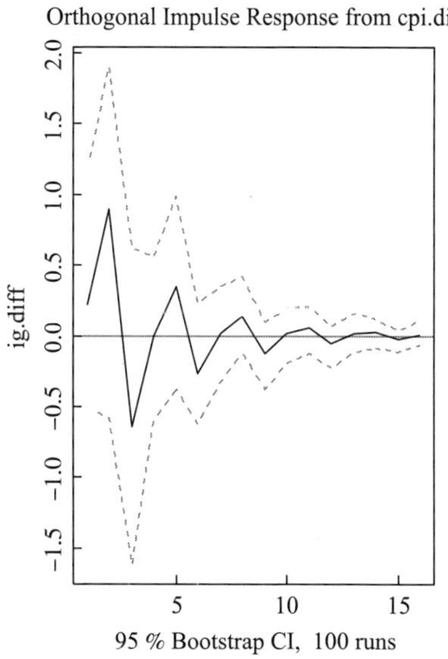

Orthogonal Impulse Response from cpi.diff

ig.diff

95 % Bootstrap CI, 100 runs

图 15　海外投资家

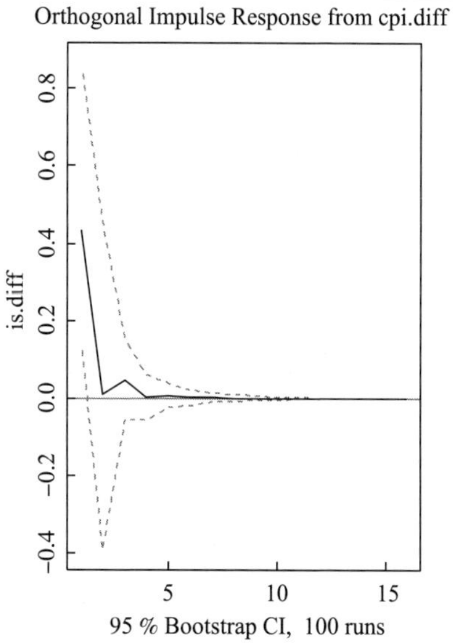

Orthogonal Impulse Response from cpi.diff

is.diff

95 % Bootstrap CI, 100 runs

图 16　股票/投资基金

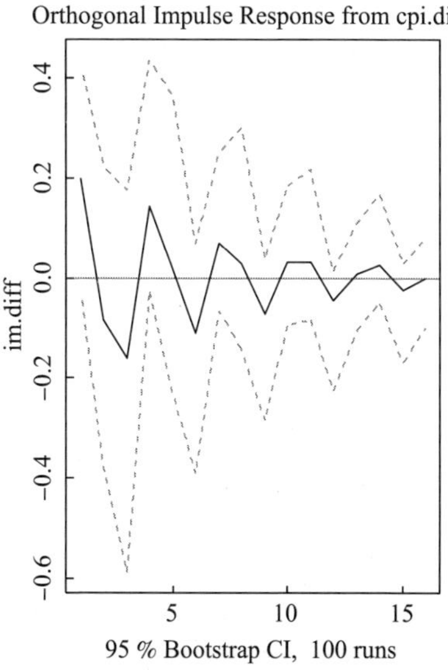

Orthogonal Impulse Response from cpi.diff

im.diff

95 % Bootstrap CI, 100 runs

图 17　中长期债券

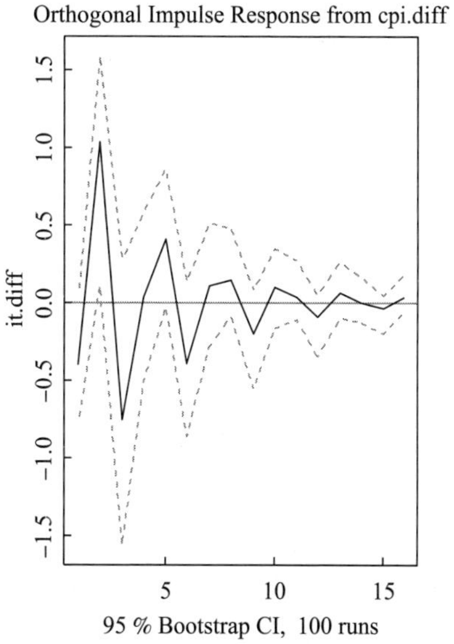

Orthogonal Impulse Response from cpi.diff

it.diff

95 % Bootstrap CI, 100 runs

图 18　短期债券

与国内投资家的对外证券投资相比，海外投资家的对内证券投资对政策的反应时间更长。反应时间最长的是短期债券，其次是中长期债券。股票/投资基金中的日本股票投资在初期对政策的反应很强，但在 5 个月以内趋弱。

短期债券和中长期债券的对内证券投资反应趋势相反。中长期债券的对内债券投资迅速增加，而短期债券显现反应则在 2 个月之后。超过 10 个月以后，短期债券和中长期债券都开始呈现正向的政策反应。这种现象与同时期的美元日元掉期、远期汇率（约定汇率）的巨大变化有关，详细分析将在后文中阐述。量化质化宽松的政策效果是拉低日元利率，而实际上伴随美元日元掉期和远期交易成本的降低，促进海外投资家买入日元债券的反应更明显。

一直以来，海外投资家对收益率甚低的日元债券交易投资兴趣不大。但是，自 2013 年的量化质化宽松政策实施以来，日本投资家考虑到日元利率稳定在低位，受到量化质化宽松的信号传递效果影响，便开始进行规避低利率的投资活动，进而引发了投资组合重新配置效果。这导致美元日元掉期点数和远期点数明显上涨，意味着日本的企业和投资家购买美元的成本有所上升。但是，在低利率和负利率的大环境下，日本企业和投资家宁可花更大成本也选择加大美元计价的海外投资。

在世界整体处在低利率时期，美元日元掉期和远期交易成本下降，对于海外投资家来说是一个前所未有的实施跨境交易的好时机。其主要影响因素有以下几点：①全球低利率，②日本的负利率，③国内外企业和投资家的剩余资金，④国内外企业和投资家有旺盛的跨境投资需求和交易动机。

本次跨境套利交易规模的扩大备受瞩目，因为它是在量化宽松和低利率政策达到冲破非负约束的负利率情形之下，金融市场功能发生变化的一个体现。也就是说，传统金融政策所提出的“在非负约束环境下，政策效果不易被发现”的结论不一定合理。我们得出的结论是：负利率政策冲破非负约束，诱发了国内外两方面的资本流动，促进了新型跨境金融交易，并使国际金融市场发生了结构性改变。

本次政策效果的影响路径，使得海外投资家的日本国债持有比率急剧升高，由原来的不到 10% 提高到了 12%。这并不是量化宽松所要达到的政策效果，不如说，日本国债的国际化是与量化质化宽松政策完全无关的领域。然而，外汇远期交易和外汇掉期市场里国际资金交易的活跃化，使得量化质化宽松政策产生了意料之外的政策效果。

4. 今后的研究课题

本文用VAR分析了资金、物价、金融市场数据、国际收支、投资动向的政策反应。之前我们阐述了根据数据分析得到的考察结果，下面将介绍在数据分析中还可以追加的一些分析对象和新的分析角度。

（1）数据分析：用高频度数据验证市场功能

本文中使用了阅读数据进行VAR分析，并对分析结果进行了考察，实际上还可以用日数据或一天之内的高频交易数据进行分析。尤其在验证和评价市场功能时使用日数据会非常有效。利用基础货币的日数据得出每日物价的代理变量，比如，利用通货膨胀掉期对市场功能进行更加细致的分析。

（2）金融政策：对宽松政策的强化和调整所产生的影响进行精密检验

量化质化宽松开始以后，经历过几次修订和强化。有必要对这几次修正和强化的政策效果进行深入探讨。尤其是对长短利率调控的政策效果进行进一步研究，是非常有必要的。由于2016年9月以后的可获数据有限，所以本文中没有对长短利率调控的政策效果进行分析和考察。日本的货币政策从短期利率调控转变为量化宽松，进而将长期利率定为调控目标而开始的长短利率调控，这在世界上可以说具有先驱性和试验性。

（3）财政政策：财政与货币政策共同的政策反应

本文并未对财政因素进行分析。但是，安倍经济学的三支箭中之一的经济政策中，财政政策和货币政策是密不可分的。在此期间，通过大规模的货币宽松政策，日本银行的国债买入金额达到了国债实际发行总额的一半以上。

进入2018年，日本在制定和实施经济政策时，需要注意年金资金的运用方法和对经济财政的中期评定。年金财政和保证中长期财政收支的稳定性，是日本经济政策的重要课题。在老龄化的背景下，公债对名义GDP比率超过了250%，很难说财政收支具有稳定性。在检验量化质化宽松的政策效果时，也需要对其他经济政策领域的改革进行检验。

具体来讲，2013~2018年的经济政策中，对积极财政政策、提高消费税、变更年金基金的基础投资组合等政策的效果进行探讨是很有必要的。这类经济政策的变化在很大程度上与日本银行的大规模货币宽松政策互为表里，相互之间联系密切。当财政政策和年金资金运营的操作规模足够大时，有时会制约日本银行的货币政策运行。经过了前所未有的大规模货币宽松之后，更有必要将货币政策和财政政策当作一个整体来考察。从这个角度来看，有必要调整对象变量，对政策效果进行更细致的检验。

（4）金融行政：强化监管与金融行政业界重组的影响

日本银行的研究人员在2006年后，对2000年上半期至2006年的量化宽松政策进行评价时，主要从保护金融系统稳定性的角度来考察量化宽松的政策效果。而本次的量化质化宽松政策与之前的不同，并不存在类似金融机构破产等撼动金融系统根本的问题。

外汇远期和掉期交易规模之所以扩大，其中的一个原因就是当局加强了金融监管，强化风险管理，进行金融行政主导的产业重组。这些措施使得原来的风险选择灵活性有所降低，结果就是市场对外汇互换交易的需求有所增加。本文没有具体描述，但可以认为，2017~2018年间主要货币的外汇远期和掉期交易利率发生扭曲的原因之一，就是今年来的监管强化。随着监管框架的变化，金融机构对市场风险变化的敏感度比原来有所提高（有时甚至过度敏感）。

像这样，金融监管与审慎政策和货币之间的密切关系一直从2000年延续到现在，甚至有所加强。从这个角度上来说，有必要将金融行政、审慎政策和货币政策作为一个整体进行更加细致的探讨。

（5）经济政策：证明了进行综合政策制定与检验的必要性

从金融市场交易实务的角度来看，金融行政的运营与金融监管对金融市场交易产生影响，因而对货币政策效果也会产生一定影响。有必要保证货币政策运营的独立性。然而，就像本文中所提到的，金融政策所带来的政策反应与其他经济政策的影响之间的关系越来越强。通过本文对数据分析结果的考察，可以看到，在制定和实施经济政策时，非常有必要对金融行政、金融监管、财政政策、年金运用等方面的因素进行综合考虑。

国别和区域

东南亚地区的中日经贸与投资格局分析

丁红卫　杨倩倩*

【摘　要】 東南アジア地域は我が国が推進している「一帯一路」構想の重要な構成部分であり、日本政府が注力している「自由で開かれたインド太平洋戦略」の重点地域でもある。この地域において、日中両国の貿易・投資が著しい競争関係を呈している。一方、両国の比較優位産業や投資分野が異なるため、日中が東南アジアで連携することは双方の利益と合致している。本稿では、日中が東南アジア諸国との経済貿易や投資を分析し、特に日本の多国籍企業がこの地域における投資の実態を明確にし、第三国における日中連携のルートを探る。

【关键词】 一带一路　东南亚　经贸投资　综合商社

随着全球化的不断发展，经济一体化水平以及新兴国家的影响力不断提高。日本开始调整其对外经济开发与援助的策略，其中针对中国“一带一路”、凸显日本竞争意识的 ODA 预算调整以及外交举措不断出台。特别是“自由开放的印太战略”，范围包括从太平洋到印度洋的广大区域，其重点地区与中国提出的“一带一路”倡议中的“21 世纪海上丝绸之路”高度重合，中日间存在显著的竞争关系。同时，安倍政府也意识到日本参与“一带一路”的战略与经济意义，明确表示了其参与支持的态度，并积极寻求中日两国在“一带一路”沿线国家开展合作的可能性。

---

* 丁红卫：北京外国语大学日本学研究中心副教授，教育部国别和区域研究基地北京外国语大学日本研究中心常务副主任。
杨倩倩：现就职于北京大森国际投资有限公司，北京外国语大学日本学研究中心 29 期生。

1. 中日两国与东南亚各国的经贸往来

2010 年 1 月 1 日，中国—东盟自由贸易区正式建成后，中国超越日本成为对东南亚最大出口贸易国。2016 年，中国对东南亚十国出口贸易额为 2.198 亿美元，日本为 8090 亿美元，不及中国的二分之一。[①] 中国是马来西亚、越南、新加坡、泰国、菲律宾和印度尼西亚六个国家的第一产品进口国，其中越南来自中国的进口占其总进口额的比重达 34.7%，其余国家自中国的进口占总进口额的比重平均也在 15% 左右。中国和东盟双边贸易额在 1991 年是 79.6 亿美元，到 2015 年双边贸易额达到 4721.6 亿美元，年均增长 18.5%，双边贸易额占中国对外贸易额的比重由 1991 年的 5.9% 上升到 2015 年的 11.9%。2012 年以来，中国对东盟的贸易收支由逆差转变为顺差，目前除新加坡外，中国对东南亚各国的出口均呈现增加态势。中国是东盟第一大贸易伙伴，东盟也是中国第三大贸易伙伴，第四大出口市场和第二大进口来源地。

图 1 是中国和日本 2016 年对东南亚各类出口商品占总出口额的比例。2016 年，日本向东南亚出口最多的商品为电子产品，出口额为 191.5 亿美元，占总出口额的 20.05%。其次是一般机械，出口额为 187.4 亿美元，占比 19.62%；以钢铁、有色金属、金属加工品、纤维制品等为主要内容的原料加工品出口额为 174.8 亿美元，占比 18.3%；运输类机械出口额为 130.4 亿美元，占比 13.65%，其中汽车及零部件占总出口额的 11.49%；化学制品出口额为 84.6 亿美元，占比 8.86%；光学仪器出口额为 18.5 亿美元，占比 1.93%。

2016 年中国对东南亚出口最多的商品为其他类产品，包括轻工业产品、服装、日用品等，占总出口额的 45% 以上；其次为电子产品，出口额为 519.3 亿美元，占比 20%；一般机械及零部件出口额为 359.6 亿美元，占比 13.85%；钢铁出口 143.6 亿美元，占比 5.54%；矿物燃料、矿物油等出口额 88.8 亿美元，占比 3.42%；钢铁制品 75.6 亿美元，占比 2.91%；车辆及其零部件出口 74.9 亿美元，占比 2.87%；光学仪器等出口 63.6 亿美元，占比 2.45%。

对比中日两国向东南亚市场出口的产品构成可以发现，虽然中国是东

① 数据来源：AJC compilation，based on UNCTAD，UNCTADstat（2017），http：//unctadstat.unctad.org/EN/Index.html。

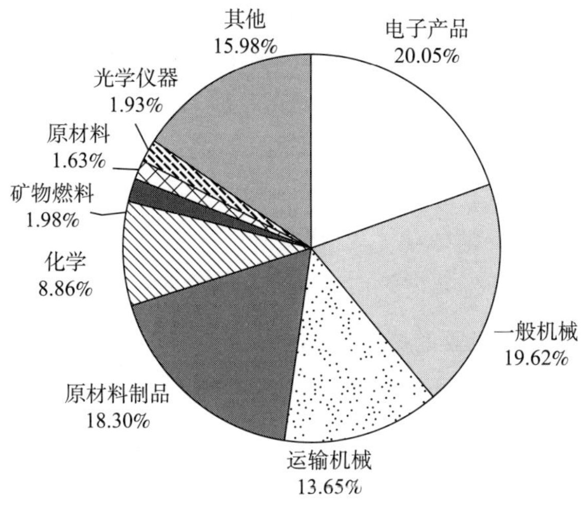

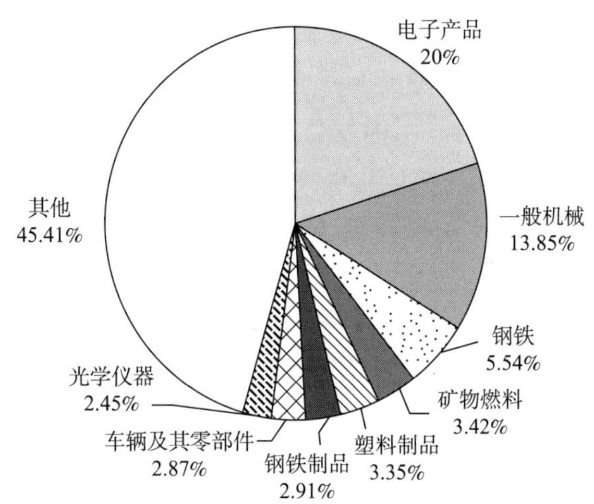

图 1　2016 年日本对东南亚出口商品构成

资料出处：AJC compilation，based on UNCTAD，UNCTADstat（2017），http：//unctadstat. unctad. org/EN/Index. html。

南亚地区最大的贸易进口国，但中国的出口产品多集中在衣物、家具、纺织品、以 PC、手机等终端产品为主的电子产品与一般机械等，偏重劳动密集型、较低附加值产品的出口。随着东南亚经济的不断发展，其作为消费市场的重要性凸显，在贸易方面中国领先其他发达国家越来越成为东南亚重要的贸易伙伴。

日本对东南亚出口商品中，电子产品主要以半导体、集成电路为主要构成，占全体比重超过 12%；一般机械中，动力机、离心机占比最大；运输机械中以汽车及零部件为主，占比近 9%。

在中国的对外出口产品中，高科技产品占 42%，中等科技产品占比 23%，低科技含量产品占比 35%；而日本的这一比例为 55%、32% 和 14%。从整体贸易结构上来说，相较于日本，中国仍处于价值链的下端。[①] 未来，伴随着东南亚十国市场的成熟，高附加值产品市场也会随之扩大。中国应抓住机遇，在提供符合现有需求商品的同时，争取向更高端产业链发展。

2. 中日两国在东南亚的投资格局

东南亚市场同时是中国在一带一路沿线国家中最大的投资市场。2016 年，中国对东南亚市场投资 87 亿美元，占中国在沿线国家直接投资总额的 50% 以上。在中国投资最多的沿线 10 个国家中，有 6 个东南亚国家名列其中。同时，东南亚也是日本重点的投资市场，在日本政府的鼓励和引导之下，跟随商社和大企业的海外投资脚步，提供零部件和中间产品的配套性中小企业在东南亚市场的投资也较成熟。2016 年，东南亚市场共引进外资 967 亿美元，其中，来自日本的投资达 135.38 亿美元，占总额的 14%，日本是东南亚最大的投资来源国。尽管东南亚是中国在一带一路沿线国家中投资最多的区域，但同期中国对东南亚的投资仅占 9%，低于日本的 14% 和美国的 12%。[②] 由于早年开始在东南亚投资建立海外生产基地并形成产业集群等，日本在东南亚的投资模式相对成熟；中国与东南亚之间的贸易往来较为频繁，但投资合作水平相对较低。

2016 年 5 月底，中国与东盟双向投资额累计金额超过 1600 亿美元，东盟是中国企业在国外投资的主要目的地，中国企业投资主要涉及贸易、物流、建筑、能源、制造业和商业服务等很多领域。随着亚洲基础设施投资银行的成立与发展，中国与东盟国家在产能合作、产业园区建设等方面的合作正不断得以推进。

从中日两国在东南亚地区各国的投资并购可以观察两国在该地区的投资特征。图 2 是一带一路实施以来 2013 年 1 月——2018 年 3 月期间中日两

---

① Deloitte 2016 世界製造業競争力指数 or（テ ロイト トウシュト ーマツ リミテット 、米国競争力協議会、2016 世界製 業競争力指数、UNCTAD テ ータに基つくテ ロイト の分析）。

② AJC compilation, based on ASEAN Secretariat, ASEAN Foreign Direct Investment Statistics Database (2017).

国在东南亚各国进行的投资并购累计数量。

分析中日两国对投资国家的选择偏好可以看出，日本投资较多的东南亚国家依次为新加坡（157）、泰国（145）、印尼（130）、马来西亚（100）、越南（88）、菲律宾（38）、缅甸（34），在柬埔寨与老挝的投资甚少；中国投资较多的国家依次为新加坡（184）、马来西亚（90）、印尼（49）、泰国（47）、越南（36）、柬埔寨（13），缅甸与老挝较少。

中日两国对新加坡的投资位居两国在该地区投资的首位。2013 年到 2018 年间，中国企业对新加坡的投资达 187 件，超过日本的 157 件。新加坡是典型的外贸驱动型经济，以电子、石油化工、金融、航运、服务业为主要产业，高度依赖美、日、欧和周边市场，外贸总额是 GDP 的 4 倍。自 1960 年新加坡工业化以来至今，已有超过 6000 家跨国企业在新加坡投资，其中 800 多家企业在新加坡开展面向全球市场的经营活动。新加坡还拥有世界上最繁忙的港口，是太平洋地区重要的金融和地区贸易中心。综合考量基础设施、宏微观经济环境、教育程度、人口、金融市场、技术条件等 12 个指标表明，新加坡的全球竞争力位居全球第 2，仅次于瑞士。[①] 良好的营商环境、完备的基础设施条件和先进的营商模式吸引着更多外国企业去往新加坡进行投资活动。

中国在马来西亚的投资并购累计 90 件，水平接近日本的 100 件。近年来，中国加快了对马来西亚的投资活动，未来中日两国在马来西亚的投资竞争将会加剧。除新加坡、柬埔寨、老挝三个国家，日本对泰国、印尼、越南、菲律宾、缅甸的投资并购件数均超过中国，凸显早年 ODA 对扩大民间资本投资的引导意义与重要性。印尼和泰国都属于经济体量大、市场潜力大但工业基础差，接纳外来投资较少的国家。对于海外发展经验尚不丰富的中国企业来说，在这两个国家进行产业布局有一定困难。日本早在 20 世纪 70 年代便利用这些国家廉价的劳动力加大投资，并通过政府开发援助（ODA）方式参与当地基础设施建设。90 年代，日本在扩大欧美市场同时，进一步利用亚洲各国的资源与劳动力优势，加大对亚洲投资并在亚洲布局产业链。截止到 2015 年，日本已经是泰国和印度尼西亚最大的投资国。在对泰国和印度尼西亚的直接投资存量中，分别有 36% 和 26.4% 来自日本[②]。

---

① Klaus Schwab, World Economic Forum, The Global Competitiveness Report 2016 - 2017, Insight Import.

② 不包括东南亚国家的区域内投资。

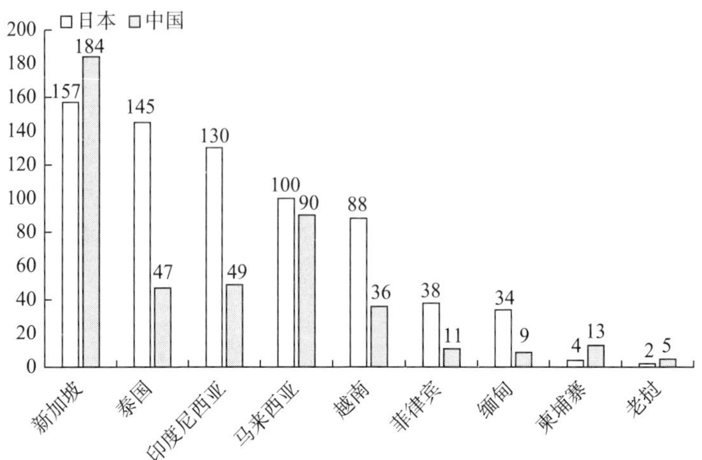

图2 2013～2018年3月中日两国对东南亚地区国别并购件数

其次，从行业角度分析中日两国对东南亚地区的投资偏好。图3是2013年1月至2018年3月，中日两国对新加坡不同行业的投资并购存量。从并购件数看，中日两国对新加坡的投资行业主要有广告通信、物流、建筑不动产、金融和能源领域；对这些领域的投资，中日存在较大竞争性。与日本相比，中国对新加坡在机械电子、公司法人服务领域的并购投资较为突出。这期间，在机械电子领域，中国对半导体、集成电路制造等领域的并购活动尤其显著。2017年9月30日，苏州鑫鹏投资有限公司以20亿

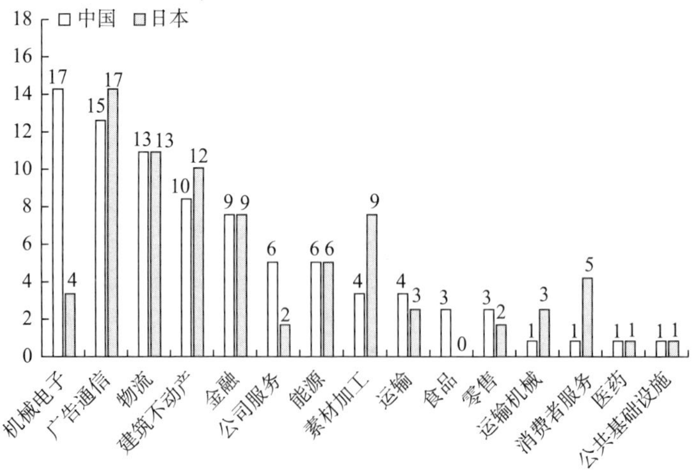

图3 2013～2018年3月中日对新加坡行业并购件数

元的收购价全资收购新加坡半导体测试设备制造公司 JCET - SC（Singapore）Pte Ltd 和 STATS ChipPAC Ltd。而日本则在原料素材加工、运输机械和以旅行、教育等为主要内容的消费者服务领域较中国更活跃。

图 4 是中日两国在除新加坡以外的东南亚市场进行投资并购的数量。可以看出，由于东南亚地区的资源禀赋，日本在原料素材加工领域的并购较为集中，达 62 件。此外，日本资源匮乏，东南亚是日本重要的食品供应地，日本对东南亚地区的食品行业投资并购件数达 35 起。日本在食品、建筑不动产、广告通信、运输机械、机械电子、物流、金融等领域均有企业投资合作。经过多年的投资，日本已经在东南亚地区形成较为成熟的投资格局，对产业链上、中、下游的行业投资较为均衡。

与日本相比，中国在建筑不动产、能源和公共基础设施方面的投资并购活动较为突出。其中，建筑不动产是中国对东南亚并购最为活跃的领域，2013 年到 2018 年的五年期间共有 20 件并购活动。此外，中国在公共基础设施和能源方面的并购件数分别为 12 件和 9 件，超过日本的 5 件和 6 件。我国的建筑业和能源开发在中国崛起的数十年里积累了大量经验，是我国的优势产业。而部分东南亚国家工业水平低，亟须基础设施建设、普及并提升工业水平。因此在建筑业和能源开发方面中国与东南亚各国可以形成良好的产业互补。但中国在广告通信、运输机械、电子产品、金融等高附加值产业的投资并购仍然处于较低水平，尤其是在以汽车为主的运输机械领域，中国的并购件数只有 4 件，同日本的 29 件相比还有巨大差距。

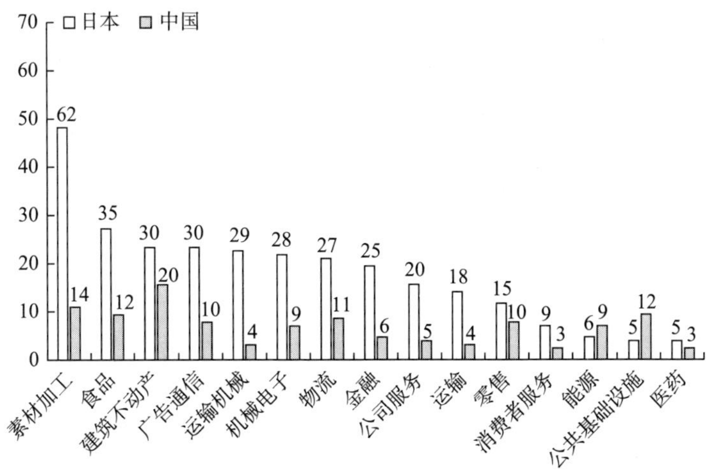

图 4　2013 年至 2018 年 3 月中日两国对东南亚（除新加坡）行业并购件数

通过上述分析可以发现，日本在东南亚借助多年ODA等经济外交手段构建了在东南亚的投资与产业价值链，其对东南亚的投资更为深入。除了新加坡这一成熟市场外，日本对拥有巨大市场潜力的泰国和印尼市场也有深耕。中国对东南亚的投资主要集中在投资条件较好的新加坡和马来西亚。中日两国对新加坡的投资主要集中在广告通信、物流、金融、建筑不动产领域，中国对新加坡机械电子领域的并购活动比较突出。在新加坡以外的市场，中日两国的并购行业选择有较大不同，日本的投资主要集中在原材料加工、食品、广告通讯、运输机械、电子产品等领域；而中国在这些领域的投资并购水平较低。中国对建筑业、能源、公共基础设施方面的投资并购活动显著，凸显中国同东南亚地区的产业互补优势。此外，日本自20世纪70年代以来，通过持续援助投资与周边国家建立起密切的经贸联系，在对外交往的规模、广度与深度上具有先发优势。中国在柬埔寨、老挝和马来西亚等国家的投资占据领先地位，今后应积极考虑在这些国家和地区的后发优势的发挥。

3. 综合商社在东南亚的投资情况

近年来日本政府支持扩大对外基础设施投资的力度加大并为此设定了具体数值目标。2013年6月，安倍政府推出的“日本再兴战略”由日本产业再兴、战略市场创造和国际开拓战略三大计划组成。其中，基础设施出口成为重要策略，为此日本政府制定了“基础设施系统出口”战略，旨在扩大包括设计、设备、建设、运营、管理的全套系统出口，计划将日本的基础设施出口从2010年的10万亿增至2020年的30万亿日元。日本承接的印度高铁项目、泰国城市铁路工程、缅甸与越南的港口信息通信处理系统等被认为是日本“基础设施系统出口”的标志性项目。

日本六大综合商社是日本ODA等对外援助以及对外投资的主要实施主体，它们在亚洲基础设施投资领域耕植多年，拥有产业多元的综合优势，业务横跨能源、金属、化工、机械、基础设施、农业、生活等诸多领域，融合贸易、产业、投资、金融、信息等复合功能，大多可通过内设部门或子公司“一站式”解决大型项目建设。综合商社的各类业务贯穿产业链的上游、中游与下游，通过对外投资在全球布局其产业链与价值链。不仅如此，许多商社有集团内部金融机构，可为其提供优惠融资等支持，融资方面有明显优势。

本文根据日本各大商社公布的数据信息，对各大商社2011至2017年在

东南亚所参与的投资项目进行整理分析。首先，有必要整体把握日本综合商社在“一带一路”沿线的整体投资情况。日本六大商社在“一带一路”沿线区的投资项目共计413个，具体分布情况见表1。

从地区分布看，东南亚东盟各国是各大商社投资最多、势力最集中的地区，共计256个投资项目，占总数的60%以上。南亚与西亚次之，分别是52个、50个。中东欧地区的投资项目最少，仅有5个。从投资项目总数来看，六大商社在“一带一路”沿线地区的投资实力略有差异。住友商事与三菱商事被称作“资源商社”，与资源能源开发相关的项目投资也最多，因此总数也达到80个以上；丸红与双日居中，分别是75个和61个；三井物产与伊藤忠商事稍逊，均不足60个，但三井物产的项目规模较大。

表1　2011～2017年日本六大综合商社在“一带一路”沿线地区投资项目地区分布情况

	住友商事	三菱商事	三井物产	伊藤忠商事	丸红	双日	合计
东南亚	57	53	26	32	49	39	256
南亚	9	9	12	4	8	10	52
中亚	2	4	0	2	3	1	12
西亚	11	9	8	8	9	5	50
蒙古&独联体	5	8	7	6	6	6	38
中东欧	1	1	2	1	0	0	5
合计	85	84	55	53	75	61	413

从投资领域看，各商社的投资集中于电力、水务、交通（铁路、公路、机场、港口、桥梁）、天然气、核能等基础设施与能源领域，体现日本“一站式”系统服务的特点，批发零售、金融保险、物流等服务业投资也较多。机械设备、金属加工、化工、油田开采等重化工业领域也是日本商社的优势领域；此外，住宅、商业地产、产业园区、综合地产开发等项目也呈现增加态势。轻工业、农林牧渔、食品加工、服装纺织等生活消费品、碳排放权交易、研发等项目也开始增加。

（1）住友商事在东南亚地区投资情况

住友商事在中工业领域、特别是金属（钢材、钢管、精制铝）、运输与建筑机械（船舶、汽车、建筑机械贸易）领域有较大优势；第三产业中的媒体、信息系统也是其擅长的领域。能源资源以及基础设施领域的投资优势主要集中在发电、有色金属、煤炭等领域。

住友商事在东南亚地区的最大投资对象国是印尼，占其在东南亚投资总数的三分之一，其次为越南、缅甸、泰国等。在印尼的投资也以基础设施为主，同时在贸易等第三产业的投资件数也较为突出。

表2　2011－2017年住友商事在东南亚地区的投资

东南亚（57）	新加坡	1
	马来西亚	7
	印尼	19
	缅甸	8
	泰国	6
	柬埔寨	2
	越南	10
	文莱	2
	菲律宾	2
	基础设施	18
	地产开发	12
	农林牧渔	2
	轻工业	8
	重工业	4
	第三产业	7
	其他	2

（2）三菱商事在东南亚地区的投资情况

三菱商事2016年度位居日本六大商社盈利首位，业务领域广泛，各业务部门的收益较为均衡，是日本商社中能源、金属等资源领域的领头羊。其在全球各地机场以及运营等基础设施领域的投资比重也较高。同时，收益中的非资源领域占比也在不断增加。机械领域的五十铃汽车海外业务、食品零售领域（罗森、肯德基）等不断增长。三菱商事的全球海外布局整体较为均衡，但在东南亚地区则集中在基础设施和房地产开发领域。

印尼和缅甸是三菱商事在东南亚的主要投资对象，其次为菲律宾、越南等。

表 3　2011～2017 年三菱商事在东南亚地区的投资

东南亚（53）	新加坡	5
	马来西亚	2
	印尼	14
	缅甸	13
	泰国	4
	越南	6
	文莱	1
	菲律宾	8
	基础设施	8
	地产开发	4
	农林牧渔	1
	轻工业	4
	重工业	4
	第三产业	5

（3）三井物产在东南亚地区投资情况

三井物产是资源能源领域的首强，是商社中拥有能源资源开采权最多的，与欧美能源大企业的合作关系密切；基础设施领域中，港口、电力、水务业务业绩突出；生活产业领域中，与拥有亚洲最大医院运营网络的 IHH 合作，且拥有电视购物等独特业务。

六大综合商社中，三井物产在东南亚的投资件数最少，主要集中在新加坡、印尼两国。

表 4　2011～2017 年三井物产在东南亚地区的投资

东南亚（26）	新加坡	6
	马来西亚	4
	印尼	6
	缅甸	4
	泰国	3
	柬埔寨	1
	越南	1
	菲律宾	1

续表

东南亚（26）	基础设施	6
	地产开发	1
	农林牧渔	1
	轻工业	5
	重工业	3
	第三产业	15
	其他	1

（4）伊藤忠商事在东南亚地区投资情况

伊藤忠商事是综合商社中非资源领域业务收益能力最强的，纺织服装是最具传统的业务且规模业界第一，在食品、住宅、信息（ICT）、机械（基础设施类、船舶、飞机、汽车流通）、合成树脂贸易等领域的投资优势也较为显著。但在"一带一路"沿线的海外投资中，其对能源领域以及基础设施领域的投资比重较大，凸显日本综合商社对能源领域的重视。

伊藤忠商事在东南亚的投资呈现集中在印尼一国的特征。此外，对第三产业的投资超过基础设施投资。

表5　2011～2017年伊藤忠商事东南亚地区的投资

东南亚（32）	新加坡	3
	马来西亚	2
	印尼	13
	缅甸	1
	泰国	5
	越南	5
	菲律宾	3
	基础设施	6
	地产开发	1
	农林牧渔	1
	轻工业	5
	重工业	3
	第三产业	15
	其他	1

(5) 丸红在东南亚地区投资情况

与伊藤忠商事呈现相同的特征，丸红株式会社的最大优势在食品、粮食贸易领域，其粮食交易量居所有商社的首位；但东南亚其投资则更集中在能源与基础设施领域。丸红在电力领域的优势也较为显著，拥有日本最大的独立发电企业（IPP）。此外，有色金属原料、原油与天然气开发、通信系统等均有投资业务。

丸红在印尼、缅甸、泰国等国家的投资件数相对均衡。

表 6　2011～2017 年丸红在东南亚地区的投资

东南亚（49）	新加坡	3
	马来西亚	3
	印尼	11
	缅甸	9
	泰国	8
	柬埔寨	1
	越南	6
	菲律宾	8
	基础设施	29
	地产开发	2
	农林牧渔	2
	轻工业	4
	重工业	3
	第三产业	9

(6) 双日在东南亚地区投资情况

双日是六大综合商社中规模最小的一家。与其他商社不同，双日在东南亚各国家和地区的投资中第三产业比重最大，汽车贸易、飞机代理、信息系统、生活相关产业领域等业务发展较快。其次为煤炭、金属、环境基础设施等领域的投资，增加对火力发电以及可再生能源发电等 IPP 项目的投资也是今后的发展方向。

双日在东南亚的投资集中在越南和印尼两国，是六大商社中对越投资件数最多的综合商社。

表7 2011～2017年双日在东南亚地区的投资

东南亚（39）	新加坡	1
	印尼	11
	缅甸	4
	泰国	4
	柬埔寨	2
	越南	13
	菲律宾	4
	基础设施	5
	地产开发	6
	农林牧渔	2
	轻工业	6
	重工业	3
	第三产业	17

通过观察各综合商社的投资地区与投资领域可以发现，日本的综合商社领衔对外基础设施投资，项目多集中于电力、水务等稳定收益领域。日本对东南亚地区的投资历时较久、有一定基础，在该地区的中日产业布局竞争更为激烈。近年，日本在该地区的道路、铁路、机场等交通项目也开始增加，电力、基础设施等领域已成为综合商社的重要利润来源。当前，日本推行电力体系改革，国内竞争加剧，日本商社与大企业对外建设发电设施的迫切性加大。

此外，综合商社的盈利情况受资源、能源价格的影响非常大，三菱商事是第一家从事液化天然气开发的商社，其天然气供给占日本的三分之一，三井物产的铁矿石在日本占近40%。近年能源类投资占比较大的三菱商事、三井物产、住友商事等纷纷提出向非能源类转型的经营目标。从商社投资的地区特点看，三菱商事最早在文莱开发天然气，与东南亚各国的经贸关系密切；三井物产则在南美巴西有大规模投资。伊藤忠商事与中国中信集团的合作中，出资6000亿日元。

日本的综合商社自身通过在产业链的各个环节布局、形成了贯穿产业链的业务布局并积累了丰富的知识、信息以及人才，是其他国家难以短期内模仿或构筑的日本独特的、已经成为日本在全球投资与产业布局的战略性商业模式，今后仍将发挥重要作用。

4. 日本其他跨国企业在东南亚的投资

在对“一带一路”沿线国家的投资建设中，除自带产业链的综合商社外，日本的大型基建、化工、机械、石油等集团企业也发挥着重要的作用，虽然投资数量规模尚不及综合商社，但这些集团企业在其深耕擅长的领域构筑了自己的品牌，在沿线国家有一定市场基础，正呈现不断增长的势头。

根据日本相关机构与企业提供的信息，本文选取以下六家在东南亚国家投资基建、能源、地产、研发以及综合系统的企业进行分析，分别是大成建设、大林组、小松制作所、IHI、日挥与千代田化工建设。其中，大成建设与大林组以建筑、基建为主业，小松专注于机械制造领域，IHI、日挥、千代田化工建设虽各在机械、化工、化工建设领域有自己的主业，但各自的业务内容涉及能源、资源、基础设施、环境、城市开发、交通系统、宇宙、航天等，是日本仅次于商社的大型综合性对外投资与建设主体。

六大企业在东南亚区域的投资达 100 件左右。大林组的投资最多，达 35 件，主要是在东南亚的产业园区与地产建设，这两项投资就超过 30 项，多是为其他日本生产厂家建设园区与综合性厂房，如在泰国的永旺购物中心综合商业地产、本田、丰田在当地的生产园区以及高科技园区等。IHI 与日挥均在 30 件上下，千代田化工建设 15 件；前两家企业的投资也集中在东南亚地区，后者则东南亚与西亚相对均衡。大成建设 10 件投资中，海底隧道、机场交通建设以及咨询服务较多。小松制作所的投资件数相对较少，主要为东南亚的生产销售以及人员交流培训等。

六大企业的部分能源与基础设施项目是与综合商社共同开展的，因此，其投资区域与行业领域格局与综合商社有相同之处，即偏重东南亚、偏重能源与基础设施领域。特别值得注意的是，这些企业在沿线国家和地区开展的综合性“一揽子”项目较多，如大成建设在承包工程的同时为投资国提供建筑咨询服务，IHI 在双方的合作工程中从设计阶段开始推广日本的经验与质量标准，并提供工程管理服务等，还在东南亚开设了两个研发中心。此外，小松制作所与千代田化工建设等企业还与沿线国家开展人员培训等交流活动。日挥不仅在主业的化工领域与沿线国家开展合作，还在东南亚开设医院，不断扩大其投资经营领域。

5. 中日两国在“一带一路”沿线的竞争格局与我国的应对

日本自 20 世纪 70 年代以来，通过持续援助投资与周边国家建立起密切的经贸联系，在对外交往的规模、广度与深度上具有先发优势。2015年，安倍政府又推出“高质量基础设施合作伙伴计划”，拟提供2000亿美元资金，旨在督促他国提高基础设施项目稳定性并延长生命周期，为本国企业的海外投资“保驾护航”。

解读日本政府援助、综合商社与大型企业的投资可以发现，日本在东南亚地区的援助与投资有一定基础，尤其在基建投资方面有较大优势，后来的中国力量遭遇到的对抗情绪也会较为强烈，日本的“零和”心态在其对高铁的投资等领域暴露无遗。目前，东南亚9国中，日本在6国的交通基础设施建设投入超过中国，而中国在柬埔寨、老挝和马来西亚则占据领先地位。我国应积极考虑在这些国家和地区的后发优势的发挥。

日本企业对“一带一路”的关心程度正在不断升高，中日双方民间层面的合作已经启动。对日本企业而言，在基础设施领域与中国企业合作能够获得更大利益；同时有利于降低双方的投资风险。在一些专业领域，中日两国也有合作的空间和可能。如产业园区这一模式是中资企业抱团走出去和开展国际产能合作的重要载体。日本综合商社与大林组等企业拥有较多建设与运营经验，两国企业开展园区建设与运营方面的合作将会是一个双赢的选择。

我国作为对外援助与对外投资的后发国家，应该在汲取他国经验的基础上发挥自己的优势，提早从制度、人员、机制等多层面进行完善，采取推动“一带一路”取得预期效果的综合性措施。

（1）“一带一路”沿线投资是一项系统性工程，需要国家与企业之间统筹协调，凝聚优势，积极作为。面对国际竞争，国家应建立起服务企业“走出去”的整体支持机制，尤其在金融与信息等短板领域加大扶持力度。目前海外基建市场很多采用投资主导型的独立制造商模式，中标方需自筹资金、参股项目、长期运营，日本商社的自带金融功能和日本政策性机构的优惠资金成为日企竞争的护航利器。为避免中国企业遭遇融资难、融资期限短、手续繁杂等瓶颈约束，我国应加强综合性政策协调机制的构建。

（2）应积极调动整合官方与民间力量，建立合理统筹协调方式，系统、深入开展沿线国家的信息收集与跟踪调研工作，建立起全面、准确、及时的信息获取、研究与分享机制，为企业出海提供坚实、有效的信息与智力保障。

（3）我国企业也应充分关注当地政经生态与社情民意，重视文化融合，

深化中外文化的相互理解，努力树立中国企业的良好形象，增进人文交流，增强软实力。

（4）中国企业需持续提升自身技术及管理能力，特别应在新能源等未来重点领域树立中国品牌声誉。中国企业长期比较适应“承包主导型”劳务输出为主的基建合作模式，在成本控制、建设效率、资金人员组织等方面具有优势，但在核心技术、综合管理、长期运营等方面与国际水准尚有不小差距。中国企业今后应提高自主创新能力，打造核心技术实力，提升运营管理水平，提升竞争力与不可替代性，实现更高附加值的基础设施建设全产业链输出。同时将基建与周边沿线开发与产业集聚相结合，实现彼此利益的更加长期深度融合。

（5）在加大对“一带一路”沿线国家投资布局的同时，应重视企业的品牌建设，重视水平投资，增强企业的国际竞争力，谋求下一步的产业升级。同时，“引进来”和“走出去”在产业结构上要有差异，形成互动以相互促进。要制订“引进来”发展的重点产业战略，特别是现代服务业，以支持国内整体增长和发展；要规划“走出去”重点产业，形成进出产业的基本差异式结构与相互促进关系。

（6）当下，产业园区已是中资企业抱团“走出去”和国际产能合作的重要载体。我国部分大型国有企业已经在马来西亚、老挝、蒙古、印尼等沿线国家加大产业园区建设的力度，未来这一态势仍将持续。在该领域中日两国企业间合作将有利于实现生产能力的最优化。

加强中日两国在第三国的合作不仅有利于按照国际惯例、结合第三国情况开展企业活动，也有利于中日企业间互相学习、增进理解，同时可以降低双方在第三国投资的风险，是双赢的举措。

日本语言与教育

中国高校日语学习环境的现状研究（1）

——基于问卷调查的分析结果

曹大峰　费晓东*

【摘　要】本研究は、中国の日本語教育の現状を把握し、その質的発展を導くために、大学の日本語学習環境の現状を調査しその背景と原因を考察した。結果として、学生（大学入試、専攻選び、留学機会、就職）と教師（学歴、教員構成、教育資源、教育負担）と大学（政策、企業や日本の教育機関との連携）の3つの側面から、中国国内の日本語学習環境の現状を把握できた。特に、多くの大学では今までの日本語人材養成方針を更新し、新時代にふさわしい人材の育成に積極的に取り込んでいる中、中日関係の不安定、学生募集の規模縮小傾向、教師の教育と研究の両立の困難点、大学政策上の日本語専攻への支援不足、大学間の教育条件の不均衡などの問題もあることを指摘し、その原因分析を通じて対策への提言を提示した。

【关键词】高校日语专业　学习环境　学科建设　合作办学

1. 引言

日语，是联合国非通用语种（less commonly taught languages），也被

* 曹大峰，北京外国语大学北京日本学研究中心教授、博士生导师。专业方向：日语教育学研究、日语语言学研究、日语教材编撰与研究。
费晓东，北京外国语大学北京日本学研究中心讲师，硕士生导师。专业方向：日语教育学、第二语言习得、认知心理学。

称为小语种。但是，纵观国内高校外语专业设置，不论是专业规模还是招生人数，日语仅次于英语稳居第二位（田雁[①]）。日本国际交流基金会海外日语教育机构的调查结果显示，中国国内的日语学习者人数2012年跃居世界第一位（超过100万人），2015年虽然减少了8.9万人，但仍超出第二位的印度尼西亚（745125）20万余人。因此，全面了解我国高校日语学习环境现状及其变化的背景原因，研究相应的对策，尽快适应新时代我国社会发展的需求，是摆在我们面前的一个重要课题，意义重大。

本论文基于北京日本学研究中心实施的科研项目的成果，根据问卷调查的数据，对国内高校日语学习环境的现状及其原因进行分析和考察，期待为我国高校日语教育与研究的发展提供一定的参考建议。

2. 前期研究及相关研究综述

中国日语学习者人数跃居世界第一，与高校日语学科的迅速发展密不可分。据曹大峰等的调研数据显示，2002 年至 2013 年的 11 年间，我国新开设日语专业的高校多达 353 所，与 2001 年的统计数据相比增加了近 3 倍。[②] 日语学科数量大幅增长的背后，必然要面临很多问题，因此研究新建日语学科的发展现状和存在的问题也就显得尤为重要。曹大峰[③④⑤]通过对上述新建日语学科调研数据的分析，首先指出，占高校日语学科 75% 之多的新建学科对我国日语教育发展和社会经济发展做出了不可忽视的贡献，然后又指出这些日语学科面临的种种问题和困难，比如招生数量过多、教师结构失衡、学术骨干空缺、学科建设滞后、优秀办学经验的总结推广不

---

① 田雁：《中国日语热的现状与前景》，《日本研究》2011 年第 4 期。

② 曹大峰等：『中国大学新設日本語学科の教育実態に関する研究（報告書）』北京日本学研究中心，2014。

③ 曹大峰、朱桂荣等：『中国大学の日本語科の発展と実態に関する調査研究』中国日语教学研究文集 11. 大连理工大学出版社 . 2015。

④ 曹大峰：《新世纪高校日语教育发展与现状研究》，《日语教学与日本研究》，华东理工大学出版社，2015。

⑤ 曹大峰：《新世纪高校日语专业学科发展与现状研究——聚焦全国及西北地区新建本科日语专业》，《跨文化传播视角下的日本学研究》，浙江工商大学出版社，2016。

足等。论文在此基础上提出今后需要重点研究的课题，如中日关系的变化给学科建设和学习环境带来的影响、原有学科的学科建设与新建学科的对比等。

付泉[①]从专业设立、课程安排以及教材编写三个方面，回顾了国内日语学科的发展历史。通过对1984年、1994年、2011年3年的数据对比分析指出，国内日语专业发展迅速，为社会发展培养了大批优秀人才。研究还指出国内日语教育的对象绝大部分是成年大学生以及社会人，这一点与曹大峰等[②]的调查结果一致。高校日语专业数量的增加和多元化，推进了日语学科建设在国内整个日语教育中的首创性、继承性和辐射性作用的充分发挥。

日语专业的迅速发展虽然取得了很大的成绩，但是如曹大峰等[③]的调查结果所示，迅速发展的同时也面临着诸多问题，因此日语学科的改革也是各高校关注的一个热点问题。郭力[④]从构建国际化日语课程体系的角度，探讨了高校日语教学改革的相关问题。研究指出，日语学科建设要以社会需求为导向，将课程目标、课程设置和课程内容的国际化理念纳入改革方案中，进而培养国际交际能力高的高级日语人才。寻懋梅[⑤]指出，要加强日语学科的国际化建设，国际合作办学将发挥重要作用。掌握国内高校的国际合作办学现状也是我们面临的一个重要课题。

促进高校日语学科发展和学习环境的建设，还离不开学校层面的政策扶持。王永萍[⑥]指出，高校跨专业课程体系的设置、与企业间的合作、与国外高校的交流等，都与高校教育制度的改革密切相关。特别是在教育国际化发展迅速的今天，如何促进我国高校日语专业的国际化发展，也是我们需要探讨的一个重要的研究课题。

---

① 付泉：《论我国高校日语专业教育的特点和职能》，《日本学习与研究》2014年第1期。

② 曹大峰等：『中国大学新設日本語学科の教育実態に関する研究（報告書）』北京日本学研究中心，2014。

③ 曹大峰等：『中国大学新設日本語学科の教育実態に関する研究（報告書）』北京日本学研究中心，2014。

④ 郭力：《国际化背景下高校日语专业课程体系建设的研究》，《无锡职业技术学院学报》2015年第14期。

⑤ 寻懋梅：《应用日语专业国际交流合作探索与实践》，《群文天地》2011年第10期。

⑥ 王永萍：《高校日语教育国际化的显示困境及其突破》，《教育与职业》2015年第27期。

3. 研究目的及课题

针对上述研究中指出的重要课题，为了研究和把握高校日语专业的发展和学习环境的现状，我们在新建日语学科研究的基础上将研究视野扩展至上世纪创建的高校日语专业，对日语学科建设和日语学习环境的现状进行调查，围绕下列研究课题进行分析和考察，并为推进今后的日语教育发展提出参考性建议。

研究课题1：调查国内高校日语学习环境，掌握近年来国内日语教育的现状以及所发生的变化。

研究课题2：依据国内日语教育的现状、需求以及所面临的挑战，探讨符合中国国情的日语学习环境建构对策。

4. 研究设计

4.1 调查对象

研究对象包括20世纪创建的日语学科和21世纪新建的日语学科，以邮寄和电子邮件的方式，向上述高校的日语学科发放调查问卷494份；问卷回收情况如表1和图1所示，虽然回收率较低（66份），但回收学校分布于东北地区、中部地区、东部地区以及西部地区，具有一定的覆盖率，其中新老学科的数量也都接近或超过30个。

表1 回收问卷的地区分布

东部（32）								东北（9）		
北京	山东	浙江	江苏	上海	福建	广东	海南	辽宁	吉林	黑龙江
4	4	4	5	2	6	5	2	6（1）	1	2
中部（14）						西部（11）				
河南	山西	安徽	湖南	湖北	江西	内蒙古	陕西	四川	甘肃	云南
3	1	3	3	2	2	1	3	5	1	1

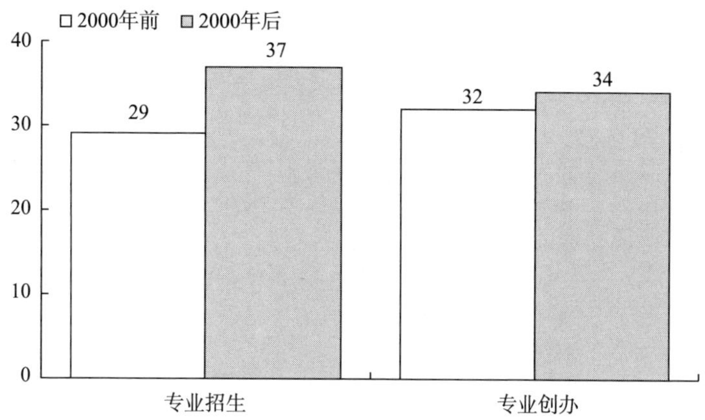

图 1　回收问卷的专业设立时间

4.2　问卷设计

调查问卷共分为三大部分，设计内容参考了曹大峰等①的“中国大学新建日语专业教育现状调查问卷”。问卷的第一部分是关于日语学科基本情况的设问，第二部分是关于专业发展及招生就业等办学状况的设问，第三部分是关于国际交流及校企合作等办学方式发展的设问。

问卷设计完成以后，向国内 4 所高校的日语负责人进行了预备调查。根据预备调查结果以及相关负责人的反馈，对问卷进行了进一步的修改与完善。再次向 4 所高校的专业负责人进行确认后，定稿为正式调查用的问卷。

5. 结果与考察

5.1　学科基本情况

首先，我们分析受访院校的招生情况，具体数据如图 2 显示。招生批次最多的是一本占 55%，其次是二本占 38%，三本只占到 6%。曹大峰等②的调查数据显示，新建学科的招生批次为一本占 11%，二本占 54%，三本占 33%，可见新建学科的招生批次相对较为低档。另外，从图 3 中可以看出，

① 曹大峰等：『中国大学新設日本語学科の教育実態に関する研究（報告書）』北京日本学研究中心，2014。

② 曹大峰等：『中国大学新設日本語学科の教育実態に関する研究（報告書）』北京日本学研究中心，2014。

有超过 50% 的受访院校开设有日语专业硕士点，反映了我国日语学科办学层次的发展。

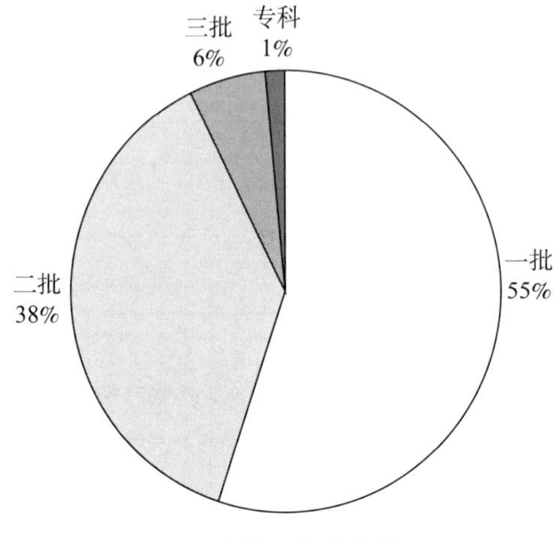

图 2　大学招生批次情况

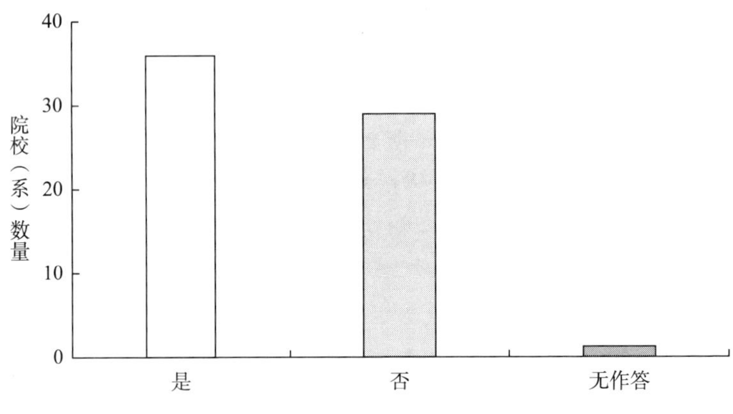

图 3　研究生招生情况

其次，受访院校的日语专业教师结构和师生比的情况，如图 4 数据显示，日语教师的职称结构仍以讲师为主，与 2014 年的调查数据相比没有发生明显变化。另外，从图 5 可以看出，受访院校的日语教师学位比例以硕士学位为主，该数据与 2014 年的调查结果趋势相同。但是在 2014 年的调查中，很多学校表示没有具有博士学位的教师，在本次调查中，具有博士学位的教师占到 30%，这一方面说明原有学科的学位层次较高，另一方面也说明近年来教师学位层次的总体提高。今后，随着海外归国博士以及国内培养博士人数的增加，日语教师的学位层次还将会逐步提高。

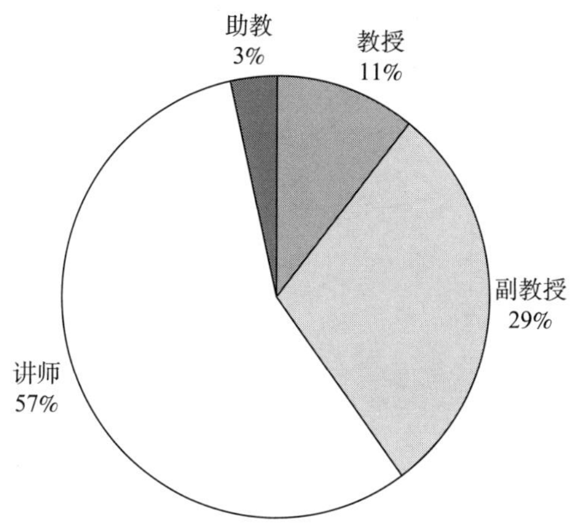

图 4　教师职称比例

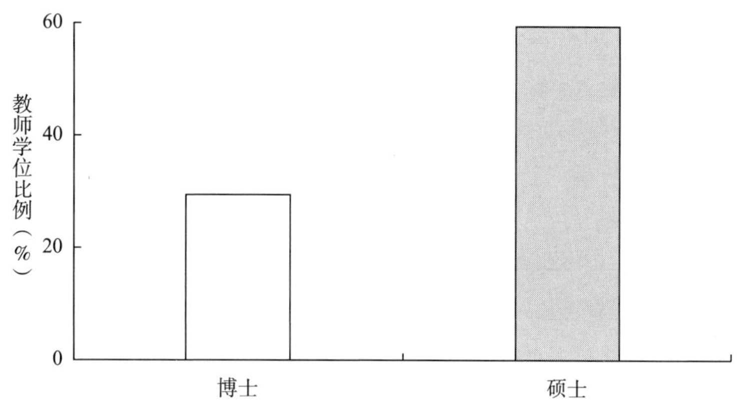

图 5　教师学位比例

教师与学生数比例情况如图 6、图 7 所示，国家评估标准为：1∶14 优秀、1∶16 良好、1∶18 合格。本次受访院校的师生比情况为，1∶14 以下的占 43%，1∶14～1∶18 的占 17%，1∶18 以上的占 40%。其中，师生比情况最好的为 1∶6，最差的为 1∶40。2014 年的调查数据显示，很多二本、三本院校的师生比达到 1∶40 以上，个别院校甚至超过了 1∶100。相比之下，本次受访院校的师生比情况好于前次调查，但是仍有 40% 的院校没有达到国家评估标准，这也反映出了招生规模扩大所导致的师资力量薄弱的突出问题。

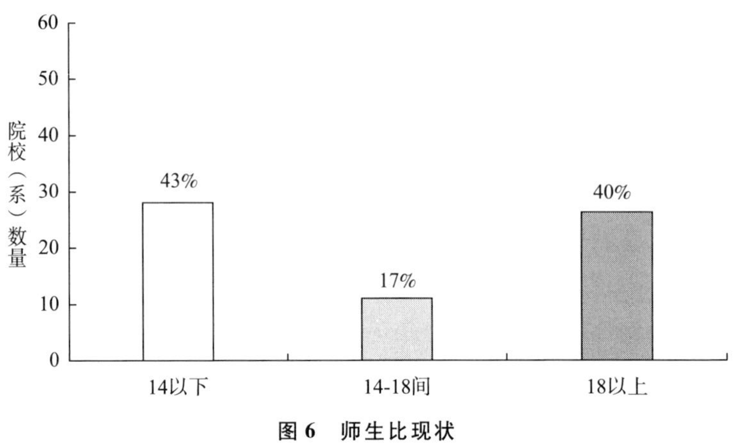

图6 师生比现状

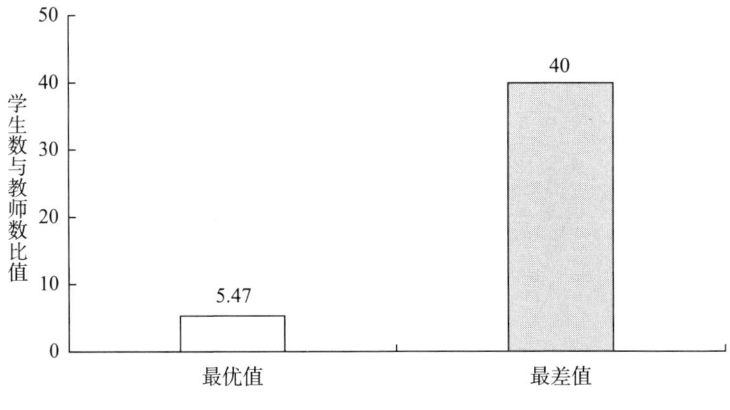

图7 师生比值差距

5.2 专业发展及招生就业状况

5.2.1 人才培养对象及类型

首先，我们分析受访院校日语学科的人才培养对象情况。如图8的数据所示，受访院校日语专业目前所针对的培养对象主要是本科生，半数以上的学科还承担研究生教学和公共日语课程的教学，之外还有近三分之一的学科承担第二外语以及面向社会人的相关课程。

图9为受访院校本科人才培养类型定位情况，我们可以看到，目前各院校的日语学科在人才培养类型定位上以应用型为主，复合型较多，研究型较少。为适应社会需求，很多学校增设了日韩或日英双语专业和翻译方向、开设了跨境电商、对日软件外包、电子商务和外贸等课程，更加重视

培养适应新时代发展的、适应日语以外的相关工作的应用型复合型日语人才。

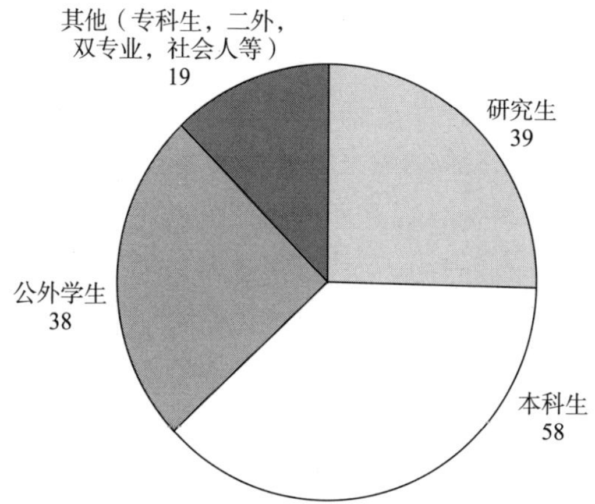

图 8　受访高校所针对的教学对象

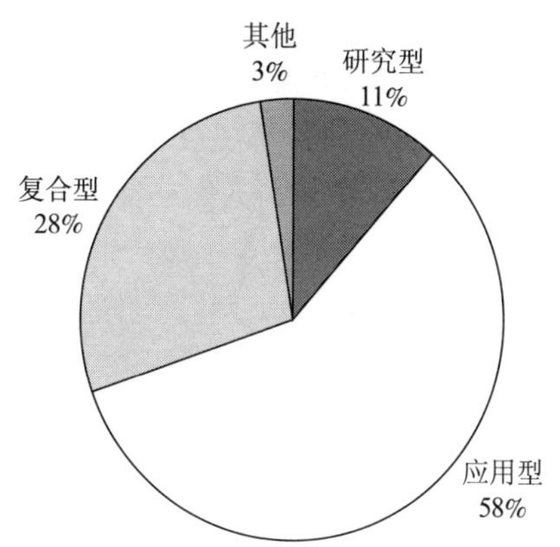

图 9　本科人才培养类型定位

其次，分析受访院校的学科建设情况，如图 10 所示，本次受访院校中，只有三分之一的院校日语专业是所在省市或者学校的重点学科。从该结果中我们可以推测，日语学科在高校的外语学科建设中受重视程度较低，日语学科的建设与发展任重而道远。

日语专业的建设与发展的资金来源情况如图 11 所示。几乎所有的受访日语学科的专业建设与发展资金都来自学校配套，正如图 10 所示，大部分学校的日语专业并非所在省市的重点学科，因此学科建设的资金来源于政府拨款的情况相对较少。另外，有少数院校的日语学科建设与发展资金来自于学科自筹与科技合作，主要是依托自身的优势学科（例如机械或者软件等），与企业合作获取学科建设所需经费。

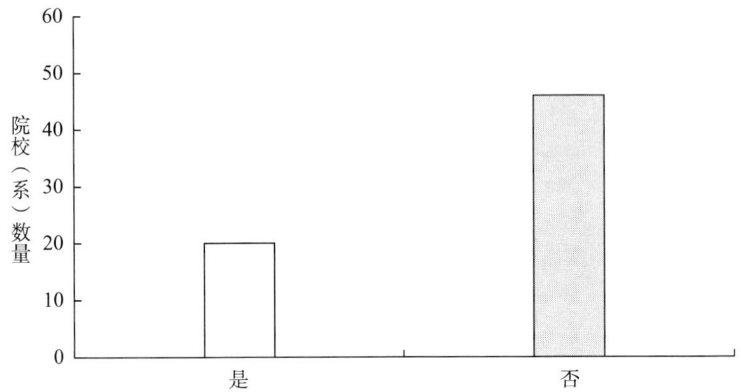

图10 所在省市或者学校重点学科情况

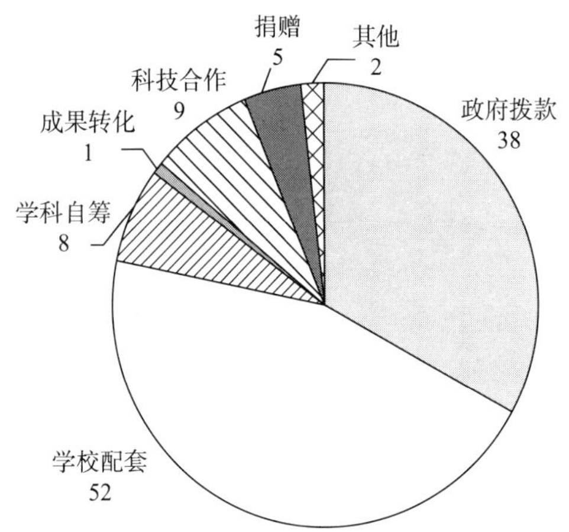

图11 日语学科建设的资金来源情况

近年来日语专业招生计划数量整体变化情况如图12所示。招生情况基本没有发生变化的院校占55%，日语专业扩招的院校仅占8%，招生缩减的院校占到34%，甚至3%的院校表示已经停止招生。从中可以推测出，国内高校日语专业学生人数处于一个下滑的状态。日本国际交流基金会2015年的调查数据显示，国内日语学习者人数与2012年相比减少了近10万人。本次国内高校的调查结果，与日本国际交流基金的调查结果表现出了相同的变化趋势，34%的院校日语学习者人数减少，这也说明国内高校日语学科的招生规模进入了缩减期。

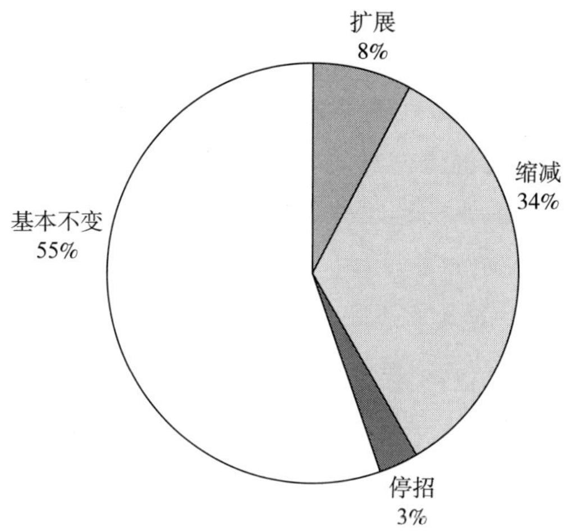

图 12　近年来招生数量整体变化

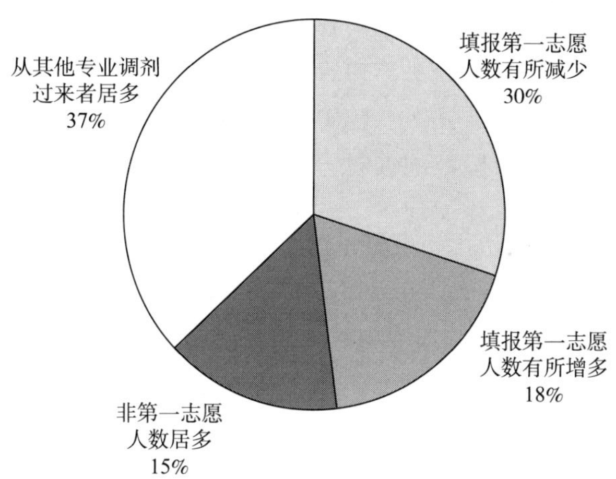

图 13　报考志愿的变化

招生缩减或者停招的院校提到的主要影响因素有中日关系紧张、第一志愿率低、就业情况不乐观、师资力量跟不上、入学后转专业情况明显等。其中，大多院校都提到了中日关系的不稳定性会对招生计划产生一定的负面影响。但是，值得注意的是有 3 所院校提到，招生紧缩是为了达到小班化授课、精英培养的目的。由此可见，招生紧缩还可能是一种招生过度的自然回归，并不都意味着日语学科的发展受阻，也不全是中日关系的影响所致。如何客观看待和积极应对学习者人数下滑的局面，是当前需要冷静思考和解决的一个重要问题。

另外，从学生填报的报考志愿来看，其变化也是值得注意。如图13所示，有30%的院校表示，将日语作为第一志愿填报的考生数量减少；有37%的院校表示，从其他专业调剂到日语专业的学生居多。这种现象预示学生的学习积极性较以前偏低，对培养具有扎实的日语语言基础的应用型复合型人才造成一定的困难。这也是在当前需要我们面对并解决的一个重要问题。

5.2.2 教材使用情况

教材的水平往往可以反映学科建设的水平和学习环境的状况，我们对受访院校日语专业主干课目前主要使用的日语教材情况进行了调研分析，如表2所示。初级阶段的综合日语课主要使用的是北京大学出版社、上海外语教育出版社、外语教学与研究出版社、高等教育出版社的教材。初级阶段的听力、会话课主要使用的均是外语教学与研究出版社、高等教育出版社的教材。初级阶段的作文课主要使用的是高等教育出版社、外语教学与研究出版社、日本引进的教材。初级阶段的翻译、国情（概况）课主要使用的是外语教学与研究出版社、上海外语教育出版社及其他版本的教材。

外语教学与研究出版社的教材，在基础阶段的各主干课上都有较高的使用率。听力、会话、作文课上，日本引进教材的使用比例增大。翻译与国情课上，其他版本的教材使用比例增大，其中翻译主要使用的是大连理工大学出版社的教材，国情主要使用的是南开大学出版社的教材。列入国家规划出版的两套教材（北大社版、高教社版）已经受到许多学校的关注和采用。

表2 基础阶段主干课教材使用情况

	高教社版	外研社版	上海外教社版	北大社版	华师大社版	日本引进	其他
综合	13%	21%	29%	32%	2%	0%	3%
听力	23%	35%	10%	4%	4%	14%	10%
会话	15%	46%	8%	11%	0%	10%	10%
作文	27%	22%	7%	9%	0%	22%	13%
翻译	2%	17%	42%	5%	0%	2%	32%
国情	2%	40%	20%	0%	5%	5%	28%

表 3　高级阶段必修课教材使用情况

	高教社版	外研社版	上海外教社版	北大社版	华师大社版	日本引进	其他
综合	4%	15%	56%	13%	2%	6%	4%
视听	7%	28%	12%	5%	5%	14%	29%
翻译	5%	20%	41%	0%	0%	2%	32%

其次，受访院校日语专业高级阶段必修课目前使用的主要的日语教材情况如表 3 所示。高级阶段综合日语课主要采用使用的是上海外语教育出版社的教材，外语教学与研究出版社与北京大学出版社的教材也占有一定的比例。高级阶段视听课主要使用的是外语教学与研究出版社以及其他版本的教材，日本引进与上海外语教育出版社的教材也占有一定的比例，其他版本教材主要以教师自选为主。高级阶段翻译课主要使用的是上海外语教育出版社、外语教学与研究出版社以及其他版本的教材，其他版本教材所占比例较大，主要是以大连理工大学出版社的教材为主。

上海外语教育出版社与外语教学与研究出版社的教材，在高级阶段各必修课上的使用率较高。高级阶段视听与翻译课的教材选择上，教师的自主性较强，自备教材的使用率较高。

从表 2、表 3 的信息中可以看出，不同的课程所使用的教材也不尽相同。我们可以推测，各院校日语专业在教材选择上考虑了授课年级、每门课程的特点、各出版社教材的优势等问题。近年来，国内几个主要出版社相继推出了新版的日语教材，极大地提高了日语教材的整体水平，为日语学科的建设与发展提供了重要的条件保障。这些教材的理念、内容体例和知识体系有不少共同点，也有各自的特色和长处，为各院校根据自身的办学特点和发展需要提供了多种选择的可能。

日语教材的整体水平得以提高，但是各院校的日语图书资料的储备情况却不尽相同。如表 4 所示，36% 的受访院校表示拥有日本原版图书 5000 册以上，29% 的院校表示不足 1000 册，还有 10% 的高校没有日本原版图书。国内出版的日语图书资料情况相对较好，但是表示拥有 5000 册以上图书资料的院校仅占 25% 。各院校所拥有的日语图书资源情况差距较大。

表4 受访高校日语图书资料储备情况

	日本原版图书	国内出版图书
5000 册以上	36%	29%
1000 - 5000 册	25%	44%
1000 册以下	29%	27%
没有	10%	0%

5.2.3 特色学科建设及就业情况

首先，我们来看特色学科的建设情况。如图14所示，33%的受访院校表示，日语专业开设有区别于其他院校的特色鲜明的学科。主要表现为开设日英、日韩复语专业，开设日语+簿记、日语+商务礼仪、日语+计算机信息管理、日语+机械专业课程，认定日本企业实习学分等。另外，值得注意的是，有67%的院校表示，没有开设有别于其他院校的特色鲜明的学科。在日语学习者人数整体下滑的状态下，高校日语学科的进一步改革已是迫在眉睫了。

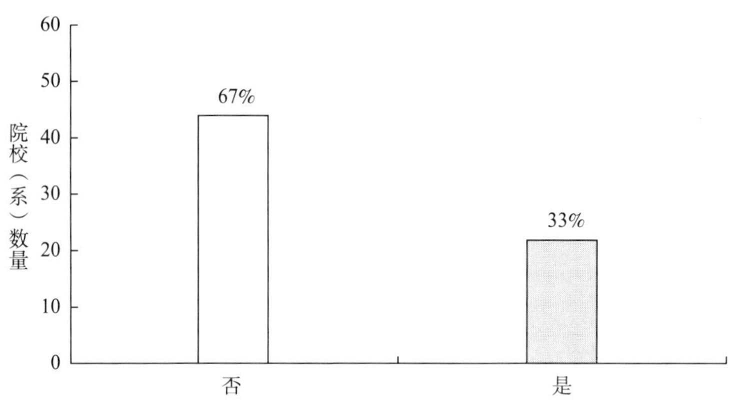

图14 是否开设有特色学科

如图15所示，45%的受访院校表示，建立了针对日语专业学生的辅修机制或双学位制度。与特色学科设置情况大体相同，主要表现在日语+外语专业，日语+经贸、财会、金融、计算机专业。也有部分院校表示，学校全面支持双学位制度，只要学生有能力，学校大多数专业均可作为双学位专业进行辅修。这些措施会在一定程度上，提高日语学科毕业生的就业率以及高考志愿填报率。

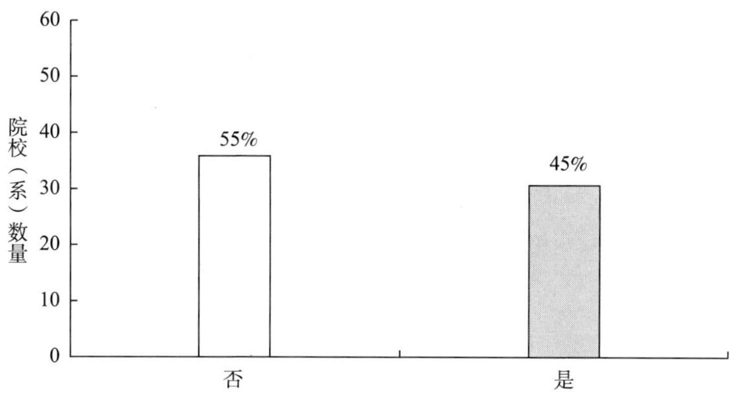

图 15　是否建立辅修或双学位机制

比较图 14 与图 15 的数据我们可以看出，虽然大多数院校都建立有辅修机制或者双学位制度，但是有部分院校并不认为这些举措是优越于其他院校的特色学科。这也提醒我们，在日语学科的改革过程中，必须全面考虑如何改革、改革的目标是什么等关键性问题，建立具有独自特色的优势学科。

其次，我们来看学生考级通过率和毕业生的就业情况。表 5 显示的是各院校日语专业学生考级通过率情况。几大日语能力等级考试，有的院校通过率达到 100%。然而有的院校的通过率只有 20% 左右。考级通过率在一定程度上反映了日语学科的教学质量水平，对毕业生在日语相关职业的就业率也会产生一定的影响。

表 5　各院校日语专业学生考级通过率

	最高通过率	最低通过率
日语能力考试国际一级	100%	16%
高校日语专业八级考试	100%	20%
高校日语专业四级考试	100%	30%

图 16 显示的是受访院校日语专业毕业生的就业情况。政府事业单位、外贸行业、外资企业、自主创业以及学习教育机构的就业比例不存在较大差异。但是，其中有的院校表示，有 90% 以上的毕业生所从事的工作与日语或者日本有关，而有的院校表示，只有不到 10% 的毕业生所从事的工作与日语或者日本有关。由此可见，如何调整人才培养定位，提高专业教学

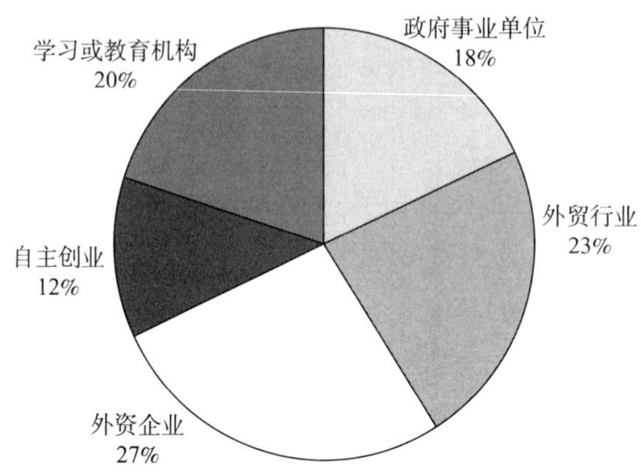

图 16 日语专业毕业生的就业情况

水平，改善日语学习环境，加强毕业生在就业中的竞争力，是日语学科改革的一个重要的参考指标。

另外，毕业生中有很多学生选择考研继续深造。其中，有 41% 的院校表示，考取非日语专业研究生的人数要多于考取日语专业研究生的人数。也就是说，有一部分学生在考研时，放弃日语专业而选择了新的专业。依托日语语言基础，获取一个其他专业的研究生学位，可以在一定程度上提高将来就业时的竞争力。但是，也不乏因对日语失去兴趣而选择其他专业的事例。因此，对这部分学生的深入调查，也会为日语学科改革提供有用的参考信息。

5.3 国际交流及合作办学情况

首先，本次调查中，92% 的受访院校表示，与日本的大学建立了或者正在洽谈校际交流合作关系。主要的校际交流项目如图 17 所示。

其中，互派学生短期访学或者实习所占比例最大，其次是双学位留学制度。负责人定期互访、共同举办学术活动和互派教师讲学也占有一定的比例。86% 的院校表示，学生在校期间有机会去日本大学进行交流学习，以半年或者 1 年的交换项目为主，也有少数利用寒暑假进行短期互访的项目。赴日交流学习所需费用主要有来自日方提供部分经费和学生自筹全部经费两种形式，由日方提供全部经费的项目只占很小一部分。

随着中日两国大学的国际化发展的推进，两国大学合作办学项目也越来越多。本次调查中了解到的日语专业国际合作办学项目主要有 3 +1 项目、

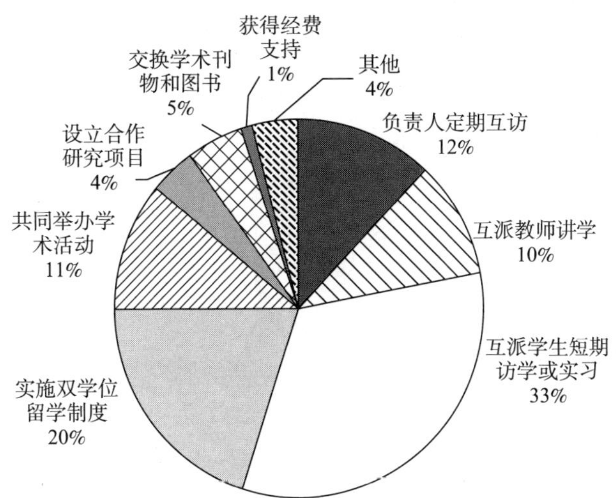

图 17　与日本大学建立的校际交流合作项目

2 +2 项目、3.5 +0.5 项目，还有与研究生教育相结合的 3 +1 +2 项目、4 +2 项目以及研究生双学位项目等。国际合作办学的形式多样，为学生提供了很多可选的机会。

但是，42% 的院校表示，目前没有与日本大学建立合作办学项目，主要原因如图 18 所示。缺乏相关的信息和渠道以及政策层面的制约，成为两大主要制约因素。如何获取相关信息，并打通与日方高校进行合作的渠道，是国内部分高校在专业改革中所要解决的一个重要问题。

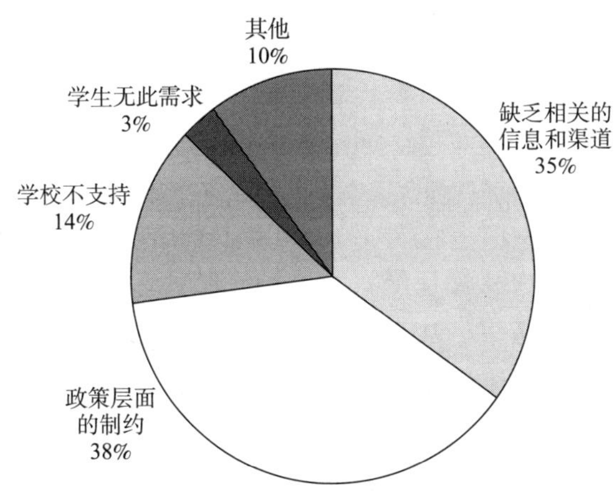

图 18　制约国际合作办学的因素

其次，本次调查中，57% 的受访院校表示，与国内外企业以及其他机构有专业共建的合作项目。主要的共建合作项目如图19所示。

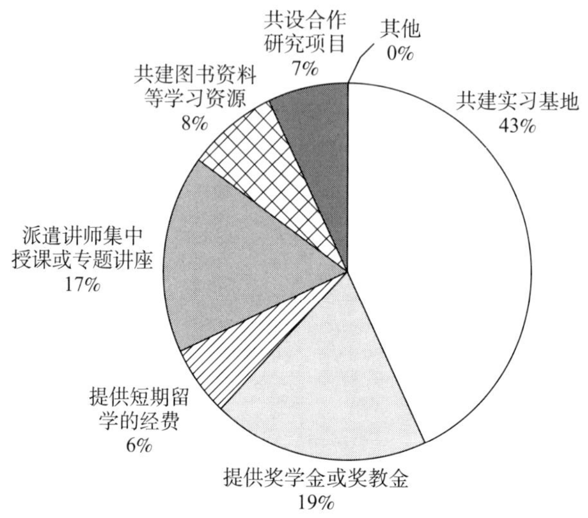

图19　与国内外企业及其他机构的专业共建合作项目

其中，共建实习基地所占比例最大，既可以为学生提供实习机会，也可以在一定程度上增加就业机会。企业为学校提供奖学金或奖教金以及学校向企业派遣讲师集中授课或专题讲座所占比例基本相同，仅次于共建实习基地的比例，学校与企业充分发挥各自的优势，各取所需。加强与国内外企业及其他机构的专业共建合作项目的建设，也可以成为日语专业改革的一个突破口。

6. 综合考察

6.1　日语学习环境现状

本研究调查了国内高校日语学习环境的现状，并对目前日语学科存在的问题点进行了分析考察。从学生层面、教师层面和学校层面考察了国内高校日语学习环境的整体状态。

国内高校日语专业的迅速发展，将我国的日语教育推向了一个新的转型期。为了培养适应新时代社会发展的应用型复合型日语人才，各院校积极推进日语学科的改革进程；积极引进国内外的优秀日语教材，培养学生扎实的日语语言基础以及日语以外的专业技术能力。加强中日及校企合作

办学，为学生提供更多的赴日学习交流的机会；摸索与国内外企业共建日语专业合作项目，为学生争取奖学金并提供更多的实习、就业的机会。

与此同时，日语学科在建设发展中同样面临着各种问题。学生层面主要出现在第一志愿报考人数下滑、从其他专业调剂到日语专业的人数增多、入学后转专业的人数增多、学习积极性不高等方面。教师层面主要出现在师资力量薄弱、职称结构不匀、教学资源不足、教学和科研的压力等方面。学校层面主要出现在日语专业招生规模缩减、学科间教育资源不均、对日语学科支持力度不大等方面。

以上问题的出现主要有以下两方面的原因。一是外部环境的原因，主要体现在近年来中日关系的不稳定和国内教育新政策的推出两个层面。中日关系的不稳定性直接影响着学生的高考专业选择和毕业生的就业，同时也影响到教师对专业发展前景的信心和学校相关政策的制定。国内教育新政策主要有国家对教育质量提升的政策和一带一路相关政策的出台等，这些政策促使日语学科的改革发展，而各种矛盾也随之显现出来。二是内部环境的原因，主要体现在 2000 年以后的扩招所导致的学生多样化与师资不足这对矛盾上。现有的教育资源无法满足急剧扩招所产生的实际需求，使得各种矛盾变得比较突出。

6.2　几点建议

为了及时解决上述问题，各院校都在重新审视现行的日语人才培养方针，积极推进与日本高校的合作关系，培养符合新时代社会发展需要的日语人才。综合本次调查的结果，我们也提出几点建议，以供参考。

第一，全面看待规模缩减，抓住机遇推动学科发展。客观正视招生规模缩减的现实，认清国家发展动向及各种新政策的实质，以此为导向和契机，制定科学合理的培养方案和学科改革方向，为推动学科发展提供强有力的保障。

第二，充分利用本校的优势学科资源，建立特色鲜明的日语学科。在开设辅修机制及双学位制度的基础上进一步明确学科定位和建设目标，建成特色鲜明的优势学科。例如，机械专业最具优势的院校可由机械专业与日语专业共同合作，为学生开设机械与日语相结合的特色课程，提高学生就业时的竞争力。

第三，发挥各自特色和资源，全方位开展合作办学。根据各自情况因地制宜，选择适合本校日语专业发展需求的合作伙伴，开创中日间和校企间的交流合作项目，并逐步提高合作层次和效果，与学科发展紧密结合。

第四，加强高校间的联合，实现最大程度的资源共建共享。针对院校间在师资力量、合作办学、图书文献、教学与科研等教育资源方面的显著差异，加强高校间的联系和地区内的合作，建立相关的联合机制，在相互促进的同时共建共享教育资源，这是最为便捷有效的措施。

7. 结语

本研究调查了国内高校日语学习环境的现状，指出了目前日语专业发展过程中的一些问题，提出了参考性的对策建议。从整体上看，高校日语专业面临新的转型期，各高校正在积极研究适合自身发展的改革方案。对此，我们将选取问卷调查中具有一定特色的院校，对其负责人进行深度访谈，进一步了解国内高校日语学科改革过程中所面临的难题以及成功经验，继续为国内高校日语专业的建设提供参考性的建议。

《新民丛报》（1902～1907）与中日词汇交流

朱京伟*

【摘　要】『新民叢報』は、梁啓超が編集者を務め、20 世紀の初頭に日本で出版されたものにもかかわらず、これまでに日本語からの借用語を研究するためのテキストとして殆ど利用されなかった。そのため、本稿では、『新民叢報』の執筆者と借用語の関わりを探り、各コラムから訳語や借用語に関する内容を抜き出して紹介することで、借用語研究における同新聞の価値を見出そうと努めた。結論として、梁啓超の影響力が随所に見られること、割注や訳語の解釈を通して窺えるように、清末の文人たちがすでに借用語を強く意識していたことなどが明らかになった。

【关键词】新民丛报　梁启超　日语借词　中日词汇交流

戊戌变法失败后梁启超出走日本，不久便于 1898 年 12 月在横滨创办了旬刊《清议报》，到 1901 年 12 月因社址失火而停刊，历时 3 年恰好出满 100 期。在《清议报》停刊仅一个多月之后，梁启超又于 1902 年 2 月 8 日创办了半月刊《新民丛报》，最终于 1907 年 11 月停刊，历时近 6 年共出版 96 期。《新民丛报》页数多内容广，在清末 5 报中部头最大。

据笔者所见，迄今有两部研究《新民丛报》的专著：一是香港学者周佳荣（2005）的专著《言论界之骄子——梁启超与〈新民丛报〉》（香港中华书局）；二是刘珊珊（2010）的博士论文《新民・新知・新文化：〈新民

* 朱京伟，日本学研究中心硕士一期生，现任北京外国语大学日语系教授。专业方向：日语词汇学、中日词汇比较研究、中日词汇交流史研究。

丛报〉研究》（南开大学历史学院）。这两部专著在内容上各有侧重，颇有参考价值。此外，在“中国知网”上可以检索到有关《新民丛报》的研究论文70余篇，视点涵盖思想史、社会史、科学精神以及编辑方法等各个方面，但是尚未看到对《新民丛报》中的日语借词进行研究的论文。本论文的目的是从词汇史研究的角度出发，对《新民丛报》中与日语借词有关的内容进行梳理，弄清《新民丛报》在引进日语借词过程中的历史作用。

1. 主要作者与主要栏目

《新民丛报》是梁启超继《清议报》之后在日本主编的第二种杂志，因为栏目设置和文章体裁等别开生面，赢得了世人的赞誉。与梁氏同时代的黄遵宪曾说过：“《清议报》胜《时务报》远矣，今之《新民丛报》又胜《清议报》百倍矣。”[①] 但是从日语借词研究的角度来看，应该说《清议报》和《新民丛报》各具特色。《清议报》发行在先，大量利用了日语资源，因而引进日语借词的时间早且数量多，而《新民丛报》的特点是梁启超的个人色彩浓重，用词方面不局限于日语借词，国人自造词的数量明显增多。

从作者看，在《新民丛报》上发表过署名文章的作者共有80余人，但发表过重头文章且达到一定篇数的主要作者则屈指可数。据笔者统计，梁启超使用“中国之新民、少年中国之少年、饮冰、饮冰室主人、饮冰子、任公”等笔名，共发表各类文章335篇次[②]，论质论量均遥遥领先。蒋智由以“观云”的笔名共发表文章97篇次位居第二[③]。其他主要作者还有：康有为（明夷）29篇次，麦孟华（蜕庵、佩弦生）19篇次，许定一（定一、咀雪）14篇次，罗普（批发生）13篇次，马君武（君武、马贵公、贵公）12篇次，吴仲遥（仲遥）10篇次等。[④] 可见《新民丛报》的主要作者不但人数有限，而且他们的文章数量加起来也抵不过梁启超一个人。从文章的篇次看，梁启超几乎是在独力支撑《新民丛报》，这种绝对的中心作用是其

① 此言出自光绪二十八年（1902）四月黄公度“致饮冰主人书”，参见郑海麟、张伟雄编校《黄遵宪文集》，日本京都：中文出版社，1991。

② 篇次即连载文章按照连载次数计算的篇数，未署名文章不在统计之列。

③ 蒋智由（1866～1929）字观云。甲午战后，力言变法。1902年冬渡海赴日本，参加《新民丛报》的编辑工作。1903年2月梁启超去美洲游历，同年11月才返回日本。梁氏游历期间无法兼顾编务，委托蒋智由担任主编。

④ 括号内为各位作者在《新民丛报》上刊文时所用的笔名。

他清末报纸所没有的。

在栏目方面，《新民丛报》先后开设过50余个栏目，既有“论说”、“学说”、“学术”等长篇大作的主要栏目，也有“附录”、“杂录”、“寄书”、“名家谈丛”、“政界时评”等内容短小的次要栏目。日语借词通常包含在中日同形词以及各学科术语之中，按照抽词的结果，抽取到50词以上的栏目如表1所示①。

表1　《新民丛报》中抽取到50词以上的栏目及其主要作者

栏目	抽词数	各栏目的主要作者
学说	282	梁启超（中国之新民）、蒋智由（观云）、马君武（君武）
译述	140	梁启超（饮冰）、渊生、遇虎、光益、陈焕章（重远）、吴仲遥（仲遥）、熊知白
教育	132	梁启超（中国之新民）、蒋智由（观云）、麦孟华（蜕庵）、曾志忞、馨心
论说	131	梁启超（中国之新民）、蒋智由（观云）、夏曾佑（别士）
学术	111	梁启超（中国之新民）、马君武（贵公）、章太炎（章氏学）
历史	108	梁启超（中国之新民）、蒋智由（观云）、麦孟华（佩弦生）
论著	90	梁启超（饮冰）、希白、熊知白（知白）、陈焕章（重远）、吴仲遥（仲遥）
时局	76	梁启超（中国之新民）、蒋智由（观云）
地理	68	梁启超（中国之新民）、许定一（咀雪、定一）
传记	62	梁启超（中国之新民）
政治	58	罗普、康有为（明夷）、雨尘子
生计	56	梁启超（中国之新民）、许定一（咀雪）、雨尘子

表1显示，“学说”“译述”“教育”“论说”“学术”“历史”等是含有日语借词较多的栏目，这些栏目的主要作者也是《新民丛报》中使用日语借词较多的人。尤其是梁启超的名字几乎出现在所有的栏目中，足以证明他是引进日语借词的核心人物。

2. 梁启超的文章与日语借词

梁启超在为《清议报》撰稿时就开始大量使用日语借词，《新民丛报》

① 表中所列均为《新民丛报》原有的栏目名称。

中梁氏的署名文章最多，因此有可能具体地描述他究竟使用了哪些日语借词。此外，《清议报》里很少有正面谈论译词或日语借词的文字，而《新民丛报》则不同，其中有梁启超、严复等人对译词和译书问题发表看法的言论，甚至还设有专门讨论译词的栏目，通过这些文字可以窥见清末国人是如何看待日语借词的。

2.1 梁文中借词的含有量

对抽出的词语进行词源考证之后，便可大致把握《新民丛报》里日语借词的轮廓。如果对含有日语借词10词以上的文章进行排序的话，结果如表2所示。在28篇文章中有16篇（近6成）是梁启超的文章，而在日语借词最多的前13篇文章中，除去排在第10位的一篇之外，作者都是梁启超。这足以证明，梁启超是《新民丛报》所有作者中使用日语借词最多的一位。

表2 《新民丛报》中含有日语借词10词以上的文章及其作者

作者/文章题目/连载次数	栏目	借词数
1. 梁启超《论教育当定宗旨》，刊登于第1、2号，连载2次	教育	43
2. 梁启超《新民说》，刊登于第1－72号之间，连载25次	论说	36
3. 梁启超《新史学》，刊登于第1、3、11、14、16、20号，连载6次	历史	35
4. 梁启超《生计学学说沿革小史》，刊登于第7－51号之间，连载7次	学说	31
5. 梁启超《论民族竞争之大势》，刊登于第2、3、4、5号，连载4次	时局	25
6. 梁启超《论中国学术思想变迁之大势》，刊登于第3－58号之间，连载14次	学术	23
7. 梁启超《格致学沿革考略》，刊登于第10、14号，连载2次	学说	22
8. 梁启超《论学术之势力左右世界》，刊登于第1号	学术	21
9. 梁启超《近世文明初祖二大家之学说》，刊登于第1、2号，连载2次	学说	19
10. 日本育成会《欧美公德美谈》，刊登于第30、31、32号，连载3次	译丛	19
11. 梁启超《地理与文明之关系》，刊登于第1、2号，连载2次	地理	18
12. 梁启超《法理学大家孟德斯鸠之学说》，刊登于第4、5号，连载2次	学说	15
13. 梁启超《意大利建国三杰传》，刊登于第9－19号之间，连载6次	传记	15
14. 蒋百里《军国民之教育》，刊登于第22号	军事	14
15. 蒋智由《华赖斯天文学新论》，刊登于第33、34号，连载2次	学说	13
16. 梁启超《进化论革命者颉德之学说》，刊登于第18号	学说	13
17. 蒋智由《中国人种考》，刊登于第35、42－43号，连载2次	历史	13

续表

作者/文章题目/连载次数	栏目	借词数
18. 光益《人格论》，刊登于第 95 号	译述	12
19. 梁启超《教育政策私议》，刊登于第 8 号	教育	11
20. 梁启超《再驳某报之土地国有论》，刊登于第 90、91、92 号，连载 3 次	论著	11
21. 梁启超《中国专制政治进化史》，刊登于第 8、17 号，连载 2 次	政治	11
22. 陈焕章《近世英国商业政策之发展》，刊登于第 95 号	译述	11
23. 遇虎《英国国民之特性》，刊登于第 88 号	译述	11
24. 无署名《新智识之杂货店》，刊登于第 1、18、25 号，连载 3 次	杂俎	11
25. 知白《教育行政法制基本概念》，刊登于第 88 号	译述	10
26. 馨心《中国新教育案》，刊登于第 3、5 号	教育	10
27. 无署名《日本国情》，刊登于第 44－45 合刊号	战记	10
28. 许定一《论托拉斯之利害》，刊登于第 69 号	生计	10

早在《时务报》时期，梁启超就在《论学校七·译书》（1896）一文中提倡翻译日文书籍。自从他流亡日本并创办《清议报》以后，便开始学习日文，编写了《和文汉读法》（1900），同时博览日文书籍，并依据日译本翻译学术著作。梁启超充分利用日语汉字词易懂易记的便利条件，尤其注重吸收日文书中那些表达学术概念的名词。在他撰写的文章中，此类学术名词经常出现，成为梁氏新文体的特色，表 2 也可以印证了这一点。

2.2　梁文中的新日语借词

《新民丛报》中的日语借词可以区分为两类：一类是在《时务报》《清议报》《译书汇编》时已经出现过的，即先期进入汉语的日语借词；另一类是在《新民丛报》中新出现的，即新进入汉语的日语借词①。在区分以上两类的基础上，按照含有日语借词的多少列出词数居前 10 位的文章，其结果如下：

① 这里所说的“已出现”和“新出现”是指清末 5 报范围内的出现情况。笔者的目的是区分日语借词和非日语借词，而不是寻找某个词的最早用例。

表3 《新民丛报》中含有新日语借词居前10位的文章

作者/文章题目	新出现的日语借词（二字词/三字词/四字词）
1. 梁启超《生计学学说沿革小史》（13词）	硬货/改革案、贵金属、货币论、建筑物、民约说、私有权/贸易机关、信用证券、重农学派、重农主义、重商主义、主权在民
2. 梁启超《新史学》（13词）	空间、群体、时间、实现、缩图/航海术、金字塔、历史上、墓志铭、文学史、一元说、宗教史/国家政治
3. 梁启超《格致学沿革考略》（12词）	惯性、力学、弹性/磁气学、加速度、解剖学、椭圆形、植物园/动物标本、形而上学、形而下学、直线运动
4. 梁启超《论中国学术思想变迁之大势》（11词）	地理上、立脚点、世界观、政治史/烦琐哲学、干涉主义、怀疑主义、下等动物、学术思想、哲学思想、自由政策
5. 日本育成会《欧美公德美谈》（11词）	便所、政见/动物园、孤儿院、候补者、疗养所、落选者、食料品、实验所、养育院、阅览室
6. 蒋智由《华赖斯天文学新论》（10词）	冰点、星云、液体/沸腾点、冰结点、排气器、社会中、双曲线、太阳系
7. 蒋百里《军国民之教育》（10词）	国防上、记忆力、结晶体、军国民、忍耐力、商业国/农业立国、社会活动、实力竞争、野外演习
8. 知白《教育行政法制基本概念》（9词）	财务行政、军务行政、立法作用、师范教育、司法行政、司法作用、行政作用、外务行政、专门教育
9. 梁启超《新民说》（9词）	公德、私德/反抗力、方位角、化合物、探险家、一箇人、自由国/废藩置县
10. 梁启超《近世文明初祖二大家之学说》（7词）	代表人、反对派、诡辩家、怀疑派、天然界、学术界、自主的

表3显示，在含有新日语借词居前10位的文章中，梁启超有6篇且占据了前4位，表明在引进新日语借词方面梁启超同样最积极主动。从词语类别看，梁启超使用的日语借词以学术名词为主，涵盖的学科面较广，既有二字词也有三字词和四字词，而其他作者使用的日语借词往往局限于某一专门领域。这些特点反映了梁启超博览和钻研并重的学术态度，比如梁启超在《乐利主义泰斗边沁之学说》（第16号，1902.9.16）一文的末尾留有以下附言和参考书目：

边氏之说博大精深，其著书浩如烟海，……兹将所引用书目列后，学者欲窥全豹，请更就左记各籍而浏览之：

陆奥宗光译《利学正宗》（边沁原著 Theory of Legislation）

中江笃介译《理学沿革史》纲岛荣一郎著《西洋伦理学史》

纲岛荣一郎著《主乐派之伦理说》山边知春译《伦理学批判》
竹内楠三著《伦理学》田中泰麻吕译《西洋哲学者列传》
杉山藤次郎著《泰西政治学者列传》小野梓著《国宪泛论》
冈村司著《法学通论》有贺长雄著《政体论》

由以上书目可知，梁启超平时研读的都是日本人的原著或转译成日文的西方名著，而这些日文书籍中的学术名词正是梁文中的日语借词的主要来源。

3. 梁启超论“东籍”与“东学”

梁启超曾为提倡学日文译日书发表过几篇著名文章，如刊登在《时务报》上的《论学校七·译书》（第 27、29、33 册，1896. 5. 22 – 7. 20）和《读日本书目志书后》（第 45 册，1897. 11. 15），还有刊登在《清议报》上的《论学日本文之益》（第 10 册，1899. 4. 1）。继二报之后，梁氏在《新民丛报》上又发表了这方面的新作《东籍月旦》和《释革》。

3.1　《东籍月旦》：读“东籍”而通“东学”

《东籍月旦》刊登在《新民丛报》第 9 号（1902. 6. 6）和第 11 号（1902. 7. 5）上，“月旦”一词在古汉语里有品评之意，梁启超似乎计划以此为题，分门别类地向读者推介“东籍”（即日文书籍）。第 9 号上刊登了“第一编普通学”的“第一章伦理学”，第 11 号上刊登了“第二章历史”，然而不知何故连载 2 次后便就此中断，日后也未见汇编成单行本问世。《东籍月旦》的主旨在于提倡“东学”（即东洋日本的学问），梁氏在文章开头说：

> 我中国英文英语之见重既数十年，学而通之者不下数千辈，而除严又陵外，曾无一人能以其学术思想输入于中国。……直至通商数十年后之今日，而此事尚不得不有待于读东籍之人，是中国之不幸也。[①]

对于“西学”成效不如“东学”的原因，梁氏指出两点：

---

① 见《新民丛报》第 9 号，原书第 109 页。

> （一）由治西学者大率幼而就学，于本国之学问一无所知，……若治东学者，大率皆在成童弱冠以上，其脑中之自治力别择力渐以发达，故向学之心颇切，而所获较多也。（二）由欲读西文政治经济哲学等书而一一诠解之，最速非五六年之功不能。……若治东学者，苟于中国文学既已深通，则以一年之功，可以尽读其书而无隔阂，……故其效甚速也。[①]

梁氏提倡“东学”，主要基于以上两个原因。与此同时，梁氏也知道“东学”有其局限性，因而把“东学”视为“急就之法”。他指出：“东学之不如西学，夫人而知矣。何也？东之有学，无一不从西来也。……然则以求学之正格论之，必当于西而不于东，而急就之法，东固有未可厚非者矣。”[②] 既然“东学”对国人来说是“急就之法”，于是梁启超提出了速成日语之策，他说：“东语虽较易于西语，然亦非居其地接其人，以岁余之功习之不能。若用简便之法以求能读其书，则慧者一旬，鲁者两月，无不可以手一卷而味津津矣。故未能学语而学文，不学作文而专学读书，亦一急就之法，殊未可厚非也。”[③]

在《东籍月旦》中，梁启超除了列出31种伦理学专著和50种历史专著之外，还对部分著作做了点评。例如，在评价美国人札逊著《十九世纪列国史》的两个日文译本时，梁氏说：“福井与大内所译同一原书，然因文字之优劣，几使人截然不知其为雷同。读大内所译，觉其精神结撰、跃跃欲飞；而福井之本，乃厌厌无生气焉。”[④] 可见梁氏有足够的日文阅读能力，能够品鉴评判译文的优劣。

又如，在谈到有关日本史的书籍时，梁氏说：“国民教育之精神，莫急于本国历史。日本人之以日本历史为第一重要学科，自无待言，但以华人而读东籍，则此科甚为闲著，因其与数千年来世界之大势毫无关系也。故我辈读日本史，第一义欲求知其近今之进步，则明治史为最要。第二义欲求知其所以得此进步之由，则幕末史亦在所当读。”[⑤] 梁氏从为我所用的思

---

① 见《新民丛报》第9号，原书第109－110页。

② 见《新民丛报》第9号，原书第109页。

③ 见《新民丛报》第9号，原书第111页。

④ 见《新民丛报》第11号，原书第110页。

⑤ 见《新民丛报》第11号，原书第118页。

路出发，主张先读明治史，再去读幕末史。在20世纪之初能做出如此点评，充分体现了梁启超以实用为先的治学态度。

3.2　《释革》：清末国人眼中的日语借词

梁启超在第22号（1902.12.15）上发表的《释革》，看似为了厘清词语概念，其实是借题发挥，提出自己的政治见解。文章从讨论Revolution的译法切入，指出“革命”一词的用法来自日语，同时辨析了“革命、改革、变革”的词义，全文的中心论点是：“革命”并不意味着暴力和改朝换代，所以不要惧怕“革命”，中国需要大变革。

梁氏认为，英语Reform与Revolution的含义不同，前者是维持改进，后者是彻底推翻。日本人将前者译为“改革、革新”尚可，但将后者译为“革命”则欠妥，因为“革命”源自古汉语，原义是改朝换代。此段的原文如下：

> “革”也者，含有英语之Reform与Revolution如之二义。Reform者，因其所固有而损益之，以迁于善，英国国会一千八百三十二年之Revolution是也，日本人译之曰“改革”曰“革新”。Revolution者，若转轮然，从根底处掀翻之而别造一新世界，如法国一千七百八十九年之Revolution是也，日本人译之曰“革命”，“革命”二字非确译也。“革命”之名词始见于中国者，其在《易》曰：“汤武革命，顺乎天而应乎人。”其在《书》曰：“革殷受命。”皆指王朝易姓而言。①

梁启超还指出：几年前，中国的仁人志士曾把自己的社会活动称为“改革”，随着内忧外患的加剧，他们认识到只有“变革”才能救中国。所谓“变革”其实含义与英语Revolution一样，但是提倡Revolution的人多半是从日本学来的，由于日本人将Revolution译为“革命”，因此我国也跟着喊“革命、革命”。梁氏的原文如下：

> 中国数年以前，仁人志士之所奔走所呼号，则曰“改革”而

① 见《新民丛报》第22号，原书第1页。

已。比年外患日益剧，内腐日益甚，民智程度亦渐增进，……于是咸知非“变革”不足以救中国。其所谓“变革”云者，即英语Revolution之义也。而倡此论者多习于日本，以日人之译此语为“革命”也，因相沿而顺呼之曰“革命、革命”。①

针对有些人一提“革命”就联想到流血暴力，梁启超说：其实“革命”可以涉及方方面面，日本人有“宗教革命、道德革命”等，中国的进步青年也把“经学革命、史学革命”之类挂在嘴边，其实“革命”的本义就是“变革”，不必害怕。梁氏在这一段中列举了许多日语和汉语中有关“革命”的复合词，摘录原文如下：

夫“淘汰”也“变革”也，岂惟政治上为然耳。以日人之译名言之，则宗教有宗教之“革命”，道德有道德之“革命”，学术有学术之“革命”，文学有文学之“革命”，风俗有风俗之“革命”，产业有产业之“革命”。即今日中国新学小生之恒言，固有所谓“经学革命、史学革命、文界革命、诗界革命、曲界革命、小说界革命、音乐界革命、文字革命”等种种名词矣。……闻“革命”二字则骇，而不知其本义实“变革”而已。“革命”可骇，则“变革”其亦可骇耶？②

梁氏在文中举出的一连串说法是不是真实的日语词呢？经笔者检索明治时期的资料，确认“宗教革命，产业革命”是当时明治日语里存在的，但“道德革命、学术革命、文学革命、风俗革命”则没有出处，有可能是清末国人自造的四字词。在《释革》一文的最后，梁启超疾呼：“呜呼，中国之当大变革者岂惟政治！然政治上尚不得变不得革，又遑论其余哉！呜呼。”

4.《新民丛报》的夹注与日语借词

《新民丛报》刊载的政论文章中有不少夹注，主要是对重要词句作注

① 见《新民丛报》第22号，原书第2页。

② 见《新民丛报》第22号，原书第4页。

解。原本的正文为大字单行竖排，而夹注为小字双行竖排形式，也有少量夹注为大字单行加括号的形式（本论文的示例一律使用单行加括号的形式）。梁启超撰写的文章最多，使用夹注也最多，其中许多与日语借词直接相关。夹注大致可以分为以下几类。

4.1　正文使用日语「漢語」在夹注中做说明

明治日语的汉字新词（即「漢語」）因其构造与汉语词基本一致，很容易被中国人接纳。梁启超经常利用夹注形式介绍和引进日语的汉字新词。这种夹注形式可以细分成两类：一类是正文中使用某个日语新词，利用夹注说明该词是日语词。例如在以下各句中针对“论理学、金融、债权者、债务者”的夹注。

> 然非如阿里士多德论理学之三句法也（按英语 Logic 日本译之为论理学，中国旧译辨学，侯官严氏以其近于战国坚白异同之言译为名学，然此学实与战国诡辩家言不同，故从日本译）。（第 1 号，中国之新民《近世文明初祖二大家之学说》1902.2.8）

> 遂为全地球金融（谓金银行情也。日本人译此两字，今未有以易之）之中心点。（第 3 号，中国之新民《论民族竞争之大势》1902.3.10）

> 而古代法律所以保护债主权利者特重，债权者得没收债务者之财产、子女及其本身（债权者谓有索债之权利者也，即债主也。债务者谓有偿债之义务者也，即负债人也。此二语为日本法律上之名词，今以其确切，故采用之）。（第 19 号，中国之新民《雅典小志》1902.10.31）

另一类是正文中使用某个被日语赋予新义的古汉语词，利用夹注说明该词的新义出自日语。例如，古汉语的“生理”通常意为“生计、生意”，在日语中转指“人体器官的机能”，因此需要用夹注作说明。以下例句中“经济、空间、时间”的夹注也属于此类。

虽然不过生理上（人物体质生生之理，日本人译为生理学）自然之数而已。（第1号，中国之新民《论教育当定宗旨》1902.2.8）

于是经济上（日本人谓凡关系于财富者为经济）之势力范围，遂寖变为政治上之势力范围。（第2号，中国之新民《论民族竞争之大势》1902.2.22）

天下万事皆在空间又在时间（空间时间，佛典译语，日本人沿用之。若依中国古义，则空间宇也，时间宙也。其语不尽通行，故用译语），而天然界与历史界实分占两者之范围。（第3号，中国之新民《新史学二》1902.3.10）

4.2 正文使用日语「和語」在夹注中做说明

日语的「和語」虽然也用汉字书写，但构词方法却与汉语词大相径庭，如果不作说明，中国人难以通过字面理解。此类夹注为解释「和語」而设，如以下例句中针对“叠敷、辨当、手续、时计、觉书、但书”的夹注。

尝有政府所派侦探自匿于某家叠敷（日本席地坐，其室中之席名曰叠）之下七日，夜持辨当（日本有以小薄木匣盛冷饭宿馔以备旅行及工人用者，名曰辨当）以充饥。（第59号，《饮冰室自由书》1904.12.21）

今此规则既以省令布之，苟欲撤回则非履行此手续（日语“手续”之义，言办事照例循行之规矩也）不可。（第71号，中国之新民《记东京学界公愤事并述余之意见》1905.12.26）

身着美丽之西洋服，胸带灿烂之金时计（日本谓表钟为时计，取意甚佳故用之）。（第71号，定一《论道德与法律之区别》1905.12.26）

则“若”字以下，应云后段，如同“但书”（日本法文，其后

段常有用但字者，此名为但书。汉文若但二字，其意亦相仿佛）之规定也。（第75号，希白《上海领事裁判及会审制度》1906.2.23）

当然《新民丛报》中也有正文使用了「和語」却在夹注中不说明是日语词的情况，如以下例句中针对“觉书”的夹注：

有英俄德法美五国调印（画押也）之觉书（觉书者，条约名称之一种，所以证明权利义务互志不忘之意）。（第73号，希白〈上海领事裁判及会审制度〉1906.1.25）

4.3 正文使用日语词但在夹注中不做说明

如果《新民丛报》在使用日语词的地方都附上夹注的话，就没必要费力去辨别日语借词了，然而实际情况却是大多数日语词没有夹注，还有一部分日语词虽然附有夹注，但没有说明该词来自日语。此类夹注非但对辨别日语借词没有帮助，甚至会增加误判的危险，如以下附在“硬货、信用证券、会社、号外”等之后的夹注。

由不知易中之物不必专在硬货（指金银铜等货币），而更有所谓信用证券（指钞币及银行小票等）者。（第13号，中国之新民《生计学学说沿革小史》1902.8.4）

故从卢氏之说，仅足以立一会社（即中国所谓公司也，与社会不同），其会社亦不过一时之结集。（第38－39号合本，中国之新民《政治学大家伯伦知理之学说》1903.10.4））

每逢捷音至，则卖号外（新闻社于日报以外临时得信，则印刷号外发卖，以供众览）之声铮铃甜耳于户外。（第46－48号，观云《日俄战争之感》1904.2.4）

市内之警察出张所（街中小屋警察休憩之地）悉为灰烬，无一存者。……同日颁行新闻纸杂志取缔规则（取缔者管理之意）。……

遍请上下两议院议员之有力者（两大政党首领等）。（第69号，饮冰《日俄和议纪事本末》1905.5.18）

4.4 正文使用非日语词在夹注中做说明

《新民丛报》的夹注并不只针对日语词，也能找到在非日语词之后附有夹注的例句。此类例句一般出现在译自日语的文章里，正文中使用了与日文原著不一样的译词，于是在其后的夹注中特意对日语原词加以介绍，如以下附在“工群问题、乐利主义、租、息、庸”之后的夹注。此类夹注大多出现在梁启超的译文中，因为他通达日语并关注学术名词的翻译，而且对选择译词有自己的见解。

（六）工群问题（日本谓之劳动问题或社会问题）凡劳力者自食其力……（第7号，中国之新民《新民说七》1902.5.8）

于是乎乐利主义 Utilitarianism 遂为近世欧美开一新天地（此派之学说，日本或译为快乐派，或译为功利派，或译为利用派。西文原意则利益之义也。吾今概括本派之梗概，定为今名）。（第15号，中国之新民《乐利主义泰斗边沁之学说》1902.9.2）

若是者名曰租（日本谓之地代），……若是者谓之息（日本谓之利润），……若是者谓之庸（日本谓之赁银）。租息庸三者，物价之原质也。（第19号，中国之新民《生计学学说沿革小史》1902.10.31）

不过，也有正文中使用了与日文原著不同的译词，但是在夹注里不提及日语原词的情况。例如，以下例句中的“利用价格、交易价格”是严复或梁启超自己的译词，日文原著中与之对应的日语原词应该是“使用价值、交换价值”，但在夹注里并没有提及。

斯密论物之价格分为二种，一曰利用价格（物每有利用甚宏，生事所不可无，而不可以相易。空气水土是已），二曰交易价格（物有利权甚大，而利用盖微。珠玑宝石是已）。（第19号，中国

之新民《生计学学说沿革小史》1902. 10. 31）

5. 与日语借词有关的栏目

日语借词开始进入汉语的时间，大约在黄遵宪著述《日本国志》（1887）到《时务报》（1896）创刊之间，若干年后国人才逐渐感受到日语借词的大量涌入。正如《辞源》（1915）卷首的“辞源说略”所说：“癸卯甲辰（即1903～1904）之际，海上译籍初行，社会口语骤变，报纸鼓吹文明，法学哲理名词稠叠盈幅。”《新民丛报》创刊的时间正处在这个节点上，梁启超和部分读者已经意识到译词问题的重要性，因此，在《新民丛报》中出现了谈论日语借词的栏目。

5.1 “问答”栏

此栏目在《新民丛报》第3－39号期间先后刊出14次，其中前6次（第3－11号）有涉及译词的内容，如“社会、经济学”的译法，“金融、要素”的词义，“学说”和“学术”、“民权”和“人权”的区别等。梁启超认为：“日本所译诸学之名多可仍用，惟‘经济学、社会学’二者，窃以为必当更求新名。”[①] 为此，《新民丛报》曾多次讨论“社会”和“经济”这两个日语词的译法，不过梁氏与读者各抒己见之后仍然难有定论。从“问答”栏的讨论可以看出，严复、梁启超等人刻意到古汉语中去寻找译词的复古思路，并不能有效地解决译词问题。笔者认为，在“问答”栏的诸多议论之中，有一位普通读者的提问倒是点出了译词问题的要害处，是本栏目的一处亮点。这位署名“东京爱读生”的读者说：

> 读贵报第一号“绍介新著”一门《原富》条下，于英文之Political Economy欲译为“政治理财学”，比之日本所译“经济学”，严氏所译“计学”，虽似稍确赅，然用四字之名（笔者注：指“政治理财”四字）未免太冗，称述往往不便。如日本书中有所谓“经济界、经济社会、经济问题”等文，以“计”字易之固不通，

① 《新民丛报》第8号，“问答”栏之“（七）答”（原本第99页）。

以“政治理财”字易之亦不通也。[①]

这位读者指出，“政治理财学”和“计学”单用尚可，但是不能用于构成复合词。比如，“经济界、经济社会”不宜说成“政治理财界、政治理财社会”，也不宜说成“计界、计社会”。即是说，拟定译词时不应孤立地只看单独一个词是否合适，还要考虑到复合词甚至一组词。这个提问关乎译词的系统性，即使从现代词汇学的角度看也十分到位。

明治时期的日本人虽然没有严复、梁启超那样深厚的汉学素养，但是对汉字的构词规律却能心领神会，他们选择了一条如今看来颇具远见的路径，即：对于来自欧美的学术性基本概念，不论是借用古汉语的旧词还是另造新词，一般都以二字词去翻译。例如，借用古汉语的“经济”去对译Economy，或另造新词“哲学”去对译Philosophy等。而对于从基本概念派生出的下位概念，则以表达基本概念的二字词为构词成分，利用复合的方式构成2+1型三字词或2+2型四字词。例如“经济+界”、“经济+学”、“经济+社会”、“经济+问题”等。明治时期的日语按照这种梯次复合的构词方式，形成了以表达基本概念的二字词为中心，在周边派生出三字词词群和四字词词群的格局。反观清末时期的术语翻译，不论来华传教士的自然科学翻译，还是严复和梁启超等人的人文科学翻译，几乎无人留意译词的体系性。可以说，清末国人的在学术翻译方面的最大弱点，就是缺乏译词的系统性和构词的梯次性，这也是导致汉语在20世纪初无力阻挡日语借词大举进入的重要原因。

5.2 “新释名”栏

此栏目在《新民丛报》第49、50、51号上刊出过3次，编者在“新释名叙”（第49号）中称：“本编由同学数子分类担任。……本编杂采群书，未经精细审定，……但所采必择名家之书。……本编每条，必将所据某书或参考某书注出。……本编所译诸名，随手译述，未尝编次。……本编于各名词皆附注英文，其非采用日文者则并注之，以便参考。”据此可知，本栏目由几名留日学生编辑，旨在收集和解释各学科的术语。收集译词的方法是以各类日文学术书籍为底本，从中摘译与术语有关的内容。编者原计

① 《新民丛报》第3号，“问答”栏之“（一）问”（原本第103页）。

划要收集“哲学类、生计学类、法律学类、形而下诸科学类”的名词，但只刊出两次（第50、51号)，解释了3个名词（社会、形而上学、财货）之后便再无下文。

从日语借词研究的角度看，“新释名”栏目有两个特点：一是词条均表明出处。如“社会”条标明“英Society、德Gesellschaft、法Societe，采译日本建部遁吾《社会学序说》及教育学术研究会之《教育辞典》”。“形而上学”条标明“英Metaphysics，采译《教育辞典》”。“财货”条标明“英Goods、德Guter，采译日本金井延《社会经济学》”。二是词条的篇幅长。编者从日文原著中摘译的内容相当多，如“社会”条的释义有3页，“财货”条更是长达8页，而每个词条的释义长文中也含有不少日语词。例如，在“社会”条中出现了“个人、观念、人格、物体、意识、义务/刺激的、化合物、集合体、收缩性、有机体/代谢机能、社会意识、下等动物”等。在“财货”条中可以找到“法人、商品、团体/绝对的、美术品、食用品、所有权、相对的”等。当时，汪荣宝、叶澜编《新尔雅》(1903) 刚刚面世不久，“新释名”的编者或许受到该书的启发也想如法炮制，结果很快便夭折了。

5.3 “绍介新著”栏

此栏目先后用过“绍介新著”（第1、4、6、18、22号)、“绍介新刊”（第20号）和“绍介新书”（第25、30、32、36、38－39、40－41号）这3个名称，在《新民丛报》上刊出过12次。其中，“绍介新著”的5次由梁启超执笔，每次篇幅在3.5页至9页之间，共介绍了18本书（日文翻译书7本，国人自撰书11本)。“绍介新刊”仅出现过1次，撰稿人应该也是梁启超，可能是因为该号介绍的《新小说》、《游学译编》和《速成师范讲义丛录》更适合用“新刊”来称呼，所以更换了栏目名称。“绍介新书”的6次刊登于1903年2月至11月之间，正好与梁启超出访美洲到返回日本的时间相吻合。梁氏出国期间委托蒋智由主持编务，自第25号起实行改版，于是更名为“绍介新书”。栏目的篇幅压缩到每次1.5页至4页，变成了单纯的图书广告，6次共介绍了27本书（日文翻译书11本，国人自撰书16本)。

本栏目的亮点在梁启超执笔的“绍介新著”部分，其实是梁启撰写的书评，尤其以谈译书和译词的两篇最有分量。一篇是评介严复翻译的《原富》（第1号），梁氏对严译所做的评论直言不讳，至今仍被人津津乐道，摘录原文如下：

> 严氏在翻译之外，常自加案语甚多，大率以最新之学理，补正斯密所不逮也。其启发学者之思想力别择力，所益实非浅鲜。至其审定各种名词，按诸古义，达诸今理，往往精当不易。后有续译斯学之书者，皆不可不遵而用之也。……但吾辈所犹有憾者，其文笔太务渊雅，刻意模仿先秦文体，非多读古书之人，一翻殆难索解。夫文界之宜革命久矣。欧美日本诸国文体之变化，常与其文明程度成比例，况此等学理邃赜之书，非以流畅锐达之笔行之，安能使学童受其益乎？著译之业，将以播文明思想于国民也，非为藏山不朽之名誉也。

另一篇书评刊登在第4号上，内容是对译书汇编社编译的《和文奇字解》（1902）的评介。通过这篇书评，可以看出梁氏对日语的语言特点是有足够认知的。在书评的开头，梁氏言简意赅地概括了日语音读和训读的历史，原文如下：

> 日本古代，或曰有文字，或曰无之。自隋唐以来，始假用中国文字，以傅会其固有之言语。故分为音训二种：音者照中国本音读之，训者以土音注之，使读者望文生义。故中国文字异声异形而义同者，彼读之皆为一音（笔者注：此处改为“一训”更准确），不复辨别。故日本文中之汉文，往往有不可解者，然细案之，义亦可通，职此故也。

梁氏认为，日语中之所以存在中国人难以理解的汉字用法，其原因有二：一是日本人把汉语中的异形同义字都读成同一个训（如“初”和“始”在日语都读「はじめ」）。二是日本人借用中国汉字的音去书写记录日语固有的「和語」，因为只用中国汉字的字音而不用字义，中国人看到就不能理解。事实上，汉语的“音”和“训”与日语的“音读”和“训读”内涵不同，但梁氏没能清晰地理解和区分彼此，致使部分语句含混不清，词不达意。

虽说梁启超是赴日后才开始用速成法学习日语，但是凭借其超强的求

知欲和领悟力，短期内就取得了长足进步，甚至还编过一本《和文汉读法》（1900）。而这篇《和文奇字解》的书评也让我们看到，梁氏对日语的历史和音形义的构造有比较深入的了解。

小　结

词汇史研究需要既关注词语本身，同时也关注词语与使用者的关系以及使用者对待词语的态度，而后者是本文论述的重点所在。从中日词汇交流这一特定的角度去观察《新民丛报》，可以尽量把注意力集中到与日语借词相关的内容上来。

在本文5.1处，笔者谈到清末国人的学术翻译很少考虑译词的系统性。在此问题上，作为清末学术翻译领军人物的严复和梁启超都缺乏明确的意识，我们可以通过《新民丛报》的文章了解这一点。例如，当有《新民丛报》的读者提到佛经中多用二字词时，严复在《尊疑先生复简·壬寅四月》（1902）一文中回答道：

> 来教谓佛经名义多用二文，甚有理解。以鄙意言之，则单字双字各有所宜。如Economies一宗，其见于行文者，或为名物，或为区别，自当随地斟酌，不必株守“计学”二字也。此如“化学”有时可谓“物质”，“几何”有时可翻“形学”。则“计学”有时自可称“财政”，可言“食货”，可言“国计”，但求名之可言而人有以喻足矣①。

由此可知，严复认为翻译时采用一字词或二字词都可以，译词也可以随语境而变化。可见他关注的对象仅限于单个译词，而不大顾及译词的体系性。另一方面，梁启超则对译词采取“择善而从”的实用主义态度。例如，在《墨子之论理学》（1904）一文中，梁启超谈到英语Logic的翻译时说：

> Logic之原语，前明李之藻译为“名理”，近侯官严氏译为“名学”，此实用九流名家之旧名，惟于原语意似有所未尽，今从

① 此文刊登在《新民丛报》第12号“名家谈丛”栏中，虽无署名但从内容可知为严复所作。

东译流行语作“论理学”。本学中之术语，则东译严译择善而从，而采东译为多。吾中国将来之学界，必与日本学界有切密之关系，故今毋宁多采之，免使与方来之译本生参差也。①

可见，梁启超对日语借词的容纳态度并非出于对译词系统性的认识，而是相当主观随意的。应该说，直接关注有关译词的话题是《新民丛报》的特色之一，但是从具体内容看，当时国人的认识还处在讨论个别译词的优劣取舍这样的初级水平上。

【参考文献】

陈江：《〈新民丛报〉——影响一代人的期刊》，《编辑学刊》1994年10月号。

高宁：《“和文汉读法”与翻译方法论》，《中国翻译》2002年第4期（第23卷）。

何炳然：《梁启超初办新民丛报时的宣传特色》，《新闻研究资料》1980年第4期。

李国俊：《梁启超著述系年》，复旦大学出版社，1986。

刘珊珊：《新民·新知·新文化：〈新民丛报〉研究》南开大学历史学院博士论文，2010.

刘珊珊：《〈新民丛报〉创办动机与梁启超的近代国家思想》，《聊城大学学报》（社会科学版）2013年第1期。

沈国威：『日本発近代知への接近—梁啓超の場合．東アジア文化交渉研究』日本：関西大学.，2009年第2号。

石云艳：《和文汉读法》的主要内容及其历史评价》，《解放军外国语学院学报》2004年第6期（第27卷）。

石云艳：《梁启超与日本》，天津人民出版社，2005。

汤志钧：《影印说明·新民丛报（全14册）》，中华书局，2008。

王志松：《梁启超与〈和文汉读法〉——“训读”与东亚近代翻译网络形成之一侧面》，《日语学习与研究》2012年第2期（总159号）。

狭间直树主编《梁启超·明治日本·西方》，社会科学文献出版社，2001。

张瑛：《〈新民丛报〉宣传宗旨辨》，《中州学刊》1984年第6期。

郑海麟、张伟雄编校《黄遵宪文集》，日本京都：中文出版社，1991。

郑匡民：《梁启超启蒙思想的东学背景》，上海书店，2009。

周佳荣：《言论界之骄子——梁启超与〈新民丛报〉》，中华书局，2005.

朱京伟：《梁启超与日语借词》，《日本学研究》第17期，2007。

① 此文刊登在《新民丛报》第49号“饮冰室读书录”中。

近代汉语汉字的嬗变与女性三人称代词的成立[*]

刘　芳　于　飞[**]

【摘　要】 近代以来、漢字と漢語は中国文化体系とともに近代化に遭遇された。周知のように、近代化に影響を及ぼす要素は主に二つの方面からである。一つは外来の西洋文化の浸入によるもので、もう一つは内部の伝統文化自体の変遷によるものである。とくに注目すべき事例の一つは近代女性三人称代名詞の成立である。地域的にみると、女性三人称代名詞の近代的受容と変容はアジア的な新しい現象である。日本語の「彼女」、韓国語の「그녀」、中国語の「她」は全部西洋語の翻訳によってできたものである。しかし、近代中国語における女性三人称代名詞の確立の過程は他言語よりもっと複雑で、手ぬるいものであった。本稿はその確立の過程に影響を与えた各要素と視座を踏まえ、最初の「他女」からその後の「伊」と「她」の出現された背景、論争、使用された実態など、即ち中国における女性三人称代名詞の地域化されたその過程を探ってみる。

【关键词】 女性第三人称代词　本土表达的商榷　文化冲突　文化内在性　现代性

* 项目来源："语言接触视角下近代汉语词汇体系生成研究——以近代中日国语辞典互动为中心"（WT135－26）。

** 刘芳，女，汉族，辽宁人，博士，大连外国语大学日本语学院讲师，研究方向为中日文化交涉史和翻译论。

于飞，男，汉族，辽宁人，博士，大连外国语大学日本语学院教授，研究方向为语言教育学和汉字研究。

1. 引言

女性第三人称代词诞生于现代汉语，源于英语“She”的翻译。而且翻译语曾出现多个版本，由最初的“他女”（周作人，1918年8月第五卷二号）① 到后来的“伊”和“她”。经过短暂的过渡期，最终“她”确立为女性第三人称代词。这个由翻译引起的新语言现象在本土表达的商榷过程中，即“伊”和“她”的竞争过程中受到哪些因素影响？换句话说“她”究竟以何种理由最终“战胜”“伊”？对女性第三人称代词确立过程的追溯，也是笔者对这个新代词所具有的新意义、新价值在现代中国接受过程的确认。

黄兴涛在其著作《“她”字的文化史》（黄兴涛，2009：148）中曾对“她”胜“伊”的原因做出如下总结：

> 对于白话汉语中极为常用的第三人称单数词`来说，“同音并稍异其形”，恐怕正是汉语的简洁传统、字形表义的语文特点，以及它们与清末民初时期被激发的现代性之精确分化诉求和现代白话的“言文一致”原则等几种因素互动作用之后，所形成的一种潜在的制约之果。②

这里言及的清末民初时期被激发的现代性、现代白话的“言文一致”都可视为当时语言的社会大背景。而“同音并稍异其形”的汉字属性则可看成是“她”战胜“伊”内在原因。本文中笔者把翻译在近代以来的中国所具有的意义设为主要问题意识，在黄研究的基础上尝试对“她”胜“伊”内外原因作进一步探寻。具体以翻译的汉字造语为视角，重新看待“她”和“伊”在字形与表意功能方面的差异，进而明确外来文化因素的影响度。还将考察新名词在新概念体现方面的贡献为线索，对当时“她”和“伊”的使用语境作实证性剖析。最后落点现实口语，借鉴朱自清对现代汉语口语中第三人称代词的使用分析来重新思考“她”与“他”同音这一因素在

① 瑞典作家 August Strinbderg 的短篇小说《改革》的译文中，译者周作人首次采用了“他女”对应欧洲语言中的女性第三人称代词。该译文载于《新青年》，1918年8月第五卷二号。

② 黄兴涛：《“她”字的文化史——女性新代词的发明与认同研究》，福建教育出版社，2009，第148页。

"她"和"伊"竞争过程中所具有的潜在影响。

2. 汉字表意系统的新变化

黄兴涛认为"伊"字败给"她"字的主要原因并不在于二者字形上的差别。不论是"伊"还是"她"在字形上都可与"他"相区别并且笔画都十分简易。换句话说"伊"与"她"在字形结构上的差异并不是造成"伊"失利的原因。从汉字的字形结构来看是如此，但如果改换视角是否也能够得到同一结论呢？

笔者在阅读《新青年》第六卷二号（1919 年 2 月）中钱玄同与周作人对英语"She"译法商榷的往复文时注意到周作人在提议"伊"作为女性第三人称代词时，强调的理由是不在意"形和义"而在意"音"。就是说"伊"与"他"在发音上的不同是周作人推荐"伊"的重要理由。有关周作人重视二者发音不同的理由将另作论述。这里想再追问一句的是，为什么周作人强调不在意"形和义"呢？汉字的形、义在近代翻译语中有何种影响呢？

在钱、周商榷"She"的翻译前，周作人便已在小说《改革》的译文中采用"他女"（周作人，1918 年 8 月第五卷二号）来作为"She"的译语。这部小说突出体现了两种新事物。一是小说女主人公"他女"所体现的渴望一生独立的新时代妇女形象。二是西洋小说中采用第三人称单数做主人公这一新技巧。对于当时的中国社会来说，这种女性价值观和小说中三人称的兴起都代表着新价值观与新事物。如果重视这两种"新"并且不打算通过汉字表意来实现的话，周作人所说的不重视汉字的形与义便能够理解。也就是说以翻译为媒介带来的新事物与新价值可能是原有汉字词价值体系中没有的或是不被重视的部分。如果继续按照汉字原有的造语系统产生的翻译语可能无法完全体现新事物与新价值的意义。另一方面为了让新价值与新事物在汉字文化中生根发芽则需要弱化字形表义这一传统汉字认知系统。中西文化之间虽有着诸多相似处但又是相互不妥协的。当时出现的汉字新造语实际上遭遇这样的窘境：汉字表意功能虽强大但是不得不在新事物、新价值、新概念面前重新被界定内涵。因为如果屈就于原有的汉字表意系统，新事物、新价值、新概念将出现缺失或昙花一现。

而古代大量引入汉字的日本近代用汉字造出很多翻译语，为引进西方的新思想、新事物方面做出积极贡献。陈力卫在其著作《和制汉语的形成和发展》（陈力卫，2001：64－66）[①]中，对汉字传入日本后发生的意义上的变化做出切实考证。由陈氏论述可知，汉字传入日本后在意义上产生许多本土性的变化。而近代以来由日本新造的大量汉字词又多是使用了这种已变化的汉字或是使用日本自创汉字。因此很多日制汉字词便脱离汉字原有的表意系统。又如前所述，即使是中国本土，汉字原有的表意系统也已在西方文化的冲击下做出妥协。因此，当时出现的很多翻译语虽是用汉字表示，但在思考其具体意义时必须抛却原有的一字一义，望字生义的传统认知习惯。比如近代产生的一些双字汉字词往往需要将其作为一个整体来理解，打破了汉字传统主流的单字表达习惯造成实际上的表意冲击。这种冲击从积极意义看，可以说为汉字表意方式带来一种新变化，新生机。再加上西方文化所带来的新概念、新思想从一开始便呈现出与原有东方文化的不妥协。综上所述，近代以来出现的汉字新造语不论来自日本还是中国本土都是东西方文化在巨大差异之间相互对抗、妥协的结果。在这种对抗与妥协过程中使汉字传统的表意功能弱化。

3. 新词汇的传播方式与媒介——使用“伊”与“她”的文本语境

1919年钱玄同与周作人商榷“She”的译法时便已提到刘半农想将“她”作为女性第三人称代词的想法[②]。而刘半农正式撰文商讨“她”是否适合做女性第三人称代词则是1920年[③]。据此可推，“伊”与“她”提案为女性第三人称代词的时间主要集中在1919～1920年。另据笔者考察1923年出版发行的《国语普通词典》[④]，其中“她”的解释是“他。指女人用的”[⑤]，而“伊”的解释为“她”[⑥]。可见“她”在1923年便已基本确立为女性第三人称代词。

① 陳力衛：『和製漢語の形成とその展開』，汲古書院，2001，第64～66頁。

② 钱玄同、周作人：《英文“SHE”字译法之商榷》，《新青年》1919年2月第六卷二号。

③ 刘半农：《“她”字问题》，上海《时事新报·学灯》，1920年8月9日。

④ 马俊如、后觉编《国语普通词典》，中华书局，1923年12月。

⑤ 《国语普通词典》，“甲”部第104页。

⑥ 《国语普通词典》，“甲”部第19页。

从1919年开始商榷到1923年“她”的确立，这一过程中“伊”和“她”分别用于何种语境下有何特点呢？为此笔者考察了当时在作家与民众之中均较有影响力的文学期刊《小说月报》，考察时间段和考察内容是1921～1922年创作小说中“伊”和“她”的使用情况。

1921～1922年间《小说月报》上发表的创作小说和剧本共计94篇。其中用“伊”作为的作品有25篇：1921年17篇，1922年8篇。用“她”的作品有48篇：1921年24篇，1922年24篇。另外21篇作品中未出现女性第三人称代词。

这些作品中“伊”和“她”的使用特点如下。

（1）与男“他”相对应作为女性第三人称代词使用。如第12卷7号中朱自清的《别》在开篇便出现“他”和“伊”。“他长久没有想到伊和八儿了；倘使想到累人的他们，怕只招些烦厌罢。”据小说内容可知，“他”指代丈夫，“伊”指代妻子，全篇始终都使用“他”和“伊”。

还有的是最初出现具体名字，之后用“她”代称。如第12卷11号中庐隐的《灵魂可以卖吗?》，开篇是：“荷姑她是我的邻居张诚的女儿，她从十五岁上，就在城里那所大棉纱工厂里，作一个纺纱的女工，现在已经四年了。”

（2）有些创作小说中的主人公虽是第三人称单数，但小说中多会出现“我”以叙述者的身份出场。“我”或与主人公相识，或是事情的见闻者。“我”同读者一起见证主人公在小说中经历喜怒哀乐。如第12卷6号中庐隐的《一封信》，作者以“我”读一封老友信的方式叙述叫梅生的女孩子受压迫和欺凌的悲剧。这里列举小说中的一段内容：“‘老友！梅生的结果就是如此了！我所要告诉你的，也就由此告一段落，但是老友！你对于这段悲剧觉得很平常吗？……我心里不知为什么，好像有一种东西填住了我的气管似的，我实在觉得不平！……这或许是我没有多经验，你以为怎呢？……可是你再来我家的时候，永不能见那个聪敏可爱的小孩子了！只有她的影子，和她的命运，或者要永久存在你脑子里，因为这是很深的印象！再谈！’我把这封信念完了。大家仍旧沉默，回想前一点钟彝西姊妹兄弟开会的乐趣，大家不能再愉快，因为愁苦的同情充满了大家的心田！”

（3）“她”和“伊”具体指代的女性形象。郎损①（茅盾，笔者注）在

① 据徐迺翔、钦鸿编《中国现代文学作者笔名录》（湖南文艺出版社，1988年12月）第390～394页中记载，郎损是茅盾的笔名，首见于《新文学研究者的责任与努力》，载《小说月报》1921年2月第十二卷二号。

撰文[①]评价1921年4、5、6三个月的创作时，将当时发表在各处的120多篇小说和8篇剧本分为6类。分别为：①描写男女恋爱；②描写农民生活；③描写城市劳动者生活；④描写学校生活；⑤描写家庭生活；⑥描写一般社会生活。其中篇数最多的是描写男女恋爱题材的小说，数量在70篇以上。郎损还对当时的小说创作做出了详细客观的分析，针对男女恋爱题材小说数量多这一现象，郎损在分析的第二条中这样指出：

> 一般青年对于社会上各种问题还不能提起精神注意，——换句话说，就是他们的眼光还不能深入这些问题——而只有跟着性欲本能而来的又是切身的恋爱问题能刺激他们。

郎损在归纳各类作品的特点时还这样说道：

> 各类的创作各自的归纳起来，便又可见他们对于描写的对象大概是抱了同一的见解和态度的，他们的描写法也是大概相同的，他们的作品都像是一个模型里铸出来的。

特别是关于男女恋爱类题材创作上的特点，郎损总结出两点并针对问题做出具体说明：

> （1）男女两人的恋爱因为家庭关系不能自由达到目的，结果是悲剧多。
>
> （2）男女两人双方没有牵制可以自由恋爱了，然或因男多爱一女，或因女多爱一男，便发生了三角式的恋爱关系，结果也是悲剧多。
>
> 这两种格式几乎包括尽了现在的恋爱小说；如果仅仅是这格式上的类似，倒也是还罢了。不幸他们所创造的人物又都是一个面目的，那些人物的思想是一个样的，举动是一个样的，到何种地步说何等话，也是一个样的。不但书中人物不能一个有一个的个性，竟弄成所有一切人物都只有一个个性，这样的恋爱小说实

① 茅盾：《评四五六月的创作》，载《小说月报》1921年8月第十二卷八号。

> 在比旧日「某生某女」体小说高得不多。如果文学是人生的反映，创作家是直接从人生中取材料来的，那我可说这些创作一定不是作者自身经验的结晶，（因为个人的经验不会人人相同至于如此，）却是模拟的伪品。为创作而创作，实是当今大多数创作者的一个最大的毛病；现在的许多恋爱小说便是个极好的例证。

虽然男女恋爱题材作品使得“伊”或“她”出现的概率大大增加，但是因为创作上存在的问题，如郎损指出的那样：创作上个性的缺乏、只跟着性欲本能而无法深入问题，并非取自人生经历的创作。这些问题使得作品中出现的女性没能细腻地展现女性自身在做事和思考上所具有的个性。有现代女性文学研究者曾这样指出：“新文化先驱者们似乎很少运用这老旧中国妇女的内在视点去揭示她眼中的历史，考察她与社会在哪里发生了冲突”（孟悦、戴锦华，2004：9）[①]。另一方面清晰的新式妇女形象也十分鲜见。如“五四”时期出现的代表新文化新女性观标准的“娜拉”；周作人所译的《改革》中那位渴望一生独立的“他女”这样的妻子。仅有少数的作品中会出现“新式的妇女”这类称呼。如负生的《和平的死》[②] 中有这样的描述：“一个靠窗户弹钢琴的，是新式的妇女；一个长身玉立的少年，扶在她椅子背上，看她弹琴。”在主人公阿大的眼中，“新式的妇女”大概是指过着西式生活，受过西式教育的女性。由于这位“新式的妇女”没有过多出现在小说情节中，我们仅能通过这样的描述知道“她”会弹钢琴，推测这位妇女可能受过西式教育。

（4）抽象使用法。如第 12 卷 8 号中洪白苹的《天亮了》中，“他”指动物，而“她”则抽象地指代明月。“一轮明月由东方静悄悄的慢腾腾的升了上来。到了中天，那掩映着她的云也渐渐的散了，她要躲也无从躲，只是把光送到地面上。那大地也稳稳地承受着她的光，一片通明变成了水晶世界，——却有些阴森森的寒气。”这种抽象使用法还出现在一些诗歌中，例如同一卷号中朱自清的诗《旅路》：“伊”象征希望。“希望逼迫地引诱我，又安慰我，‘就回去哩！’我不信希望，却被勒着默默地将运命交付了伊——无力的人们，怎能行他所愿呢？”

---

① 孟悦、戴锦华：《浮出历史地表——现代妇女文学研究》，中国人民大学出版社，2004，第 9 页。

② 负生：《和平的死》，载《小说月报》，1921 年 12 月第十二卷十二号。

(5)“伊”和“她”共用的情况。有三部作品中,“伊”和“她”同作为女性第三人称代词使用。这三部作品分别是:潘垂统的《一个确实的消息》(第12卷1号)、庐隐的《红玫瑰》(第12卷7号)、负生的《和平的死》(第12卷12号)。潘垂统作品中并用“伊”和“她”,由文本可知,“她”叫作系肃,是叫心青的男子心仪的女性,因分娩意外而死。另外“她”还指代前来探望的王家姨母。“伊”则是向他传递“她”死去消息的人。小说的开篇是这样的:“伊告诉他,说她死了。他平常很相信伊所说的话的,他没有发现过伊对他或别人说一个字的谎。这一次伊或者会破例:他神经质的想。”

负生作品中称呼主人公阿大的婶娘和他梦想中的妻子时使用了“伊”;“她”则指代阿大看到的小姑娘和新式妇女时使用。庐隐的《红玫瑰》中,“伊”指红玫瑰,引申为“他”喜欢的女人;“她”则指太阳。这与上述第四点中的抽象性用法相通。

就“伊”和“她”的实际使用情况来看,有意识地强调新时代女性以及男女平等这样的意识较为鲜见,多数情况是为了省略具体人名。从这点上看当时作者在作品中使用“伊”或“她”主要还是为了在性别上与“他”相区别使文章表达更加简洁明确。

应该说当时的作家在创作中对“伊”或“她”的采用与实践还是十分积极的。再从作品数量上看,出现“她”的作品数是“伊”的两倍。可以说作者们对“她”的选择倾向更加明显。接受层面上说,作家在艺术创作中对女性第三人称代词的积极使用一定程度上影响了人们对这一新代词的理解与接受。

而由女性第三人称代词的产生而出现的女性意识的觉醒,女性自身价值的重估,甚至是开创了中国女性前所未有的社会新局面。这些并不可能仅仅通过女性第三人称代词来实现,女性第三人称代词只是做了“砖”,将新的女性意识与影响代入中国。从这个意义上来说,女性第三人称代词具有文化性标识意义。而某一新概念从引进到为人所理解、接受的过程中,起关键性作用的不是词汇本身所具有的意义,而是具体使用时的上下文语境。通过具体语境,人们来理解与认知新概念、新事物,再慢慢把新词汇的意义消化吸收。因此,具体的文本与语境才是近代以来人们接受新事物、新概念的重要媒介。但也会出现这样的情况:中文译语与源语相比,词义都明显有缩小倾向并且其中一部分意思呈扩大使用的趋势。

女性第三人称代词本土化翻译语的产生，无不伴随着新事物、新价值、新概念的出现而出现。而这些“新”事物、“新”价值、“新”概念则构成了所谓现代性的具体内容吧。那么，作为女性第三人称代词的“伊”与“她”在当时口语中又是如何使用呢？

4. 口语中的第三人称代词

1933 年朱自清撰文《你我》[①] 讨论当时现代汉语口语中人称代词使用上的区别与变化。朱自清开篇便指出当时口语中出现的一个新现象：“受过新式教育的人，见了无论生熟朋友，往往喜欢你我相称”[②]。又一语中的地道出产生这种现象的背景：“这不是旧来的习惯而是外国语与翻译品的影响”。

朱自清在这篇文章中除了讨论“你我”之外，还对第三人称代词“他”作了较为详细的论述。朱自清认为“他”字也须因人而施，不能随便用。先是要看“他”是否与说话、听话双方同在一个场合下。还要看“他”与说话、听话双方之间的关系：是长辈，同辈，晚辈，还是不相干的，不相识的？

如果“他”不在场时，朱自清总结说需有个前词才能明白，并将前词总结为五类。第一类是职衔，如“部长”；第二类是行业，如店主叫“掌柜的”，手艺人叫“某师傅”。第三类是身份，如妻称夫为“六斤的爸爸”，洋车夫称坐车人为“坐儿”，主人称女仆为“张妈”、“李嫂”。第四类是行次，如朋友或儿女用“老大”、“老二”，称男仆也常用“张二”、“李三”。第五类是称号，如亲子间，夫妇间，朋友间等。

而根据上述第三类“身份”主人称女仆为“张妈”、“李嫂”以及第五类“称号”中亲子间、夫妇间相互称呼的例子，可以看出朱自清这里论述的“他”是第三人称代词的统称，不作男女性别区分。

与此相对的是不用前词提示时，朱自清认为亲近的及不在旁边的人才用“他”字。这个字可带有指点的神儿，仿佛说到的就在眼前一样。但令人奇怪的是在眼前的第三方却用敬称或别的说法以保持一定距离；不在场

① 朱自清：《你我》，原载于《文学》，1933 年 10 月第一卷四号。
② 朱自清：《你我》，《朱自清文集》第二册，开明书店，1953，第 280 页。

的第三方却又要拉近距离。朱自清认为这样的称呼方式是为了达到让人觉得亲切的效果。

> 其实推是为说到的人听着痛快；他就在一旁，听话的当然看得亲切，口头上虽向远处推无妨。拉却是为听话人听着亲切，让他听而如见。因此“他”字虽指你我以外的别人，也有亲昵与轻贱两种情调，并不含含糊糊地“等量齐观”。（朱自清，1933：291）①

恋人、夫妇之间因为关系亲密会直接使用“她”或“他”便是上述表示亲昵的情调。《你我》结尾处的话也十分有启示意义。

> 外国的影响引我们抄近路，只用“你”，“我”，“他”，“我们”，“你们”，“他们”，倒也是干脆的办法；好在声调姿态变化是无穷的。“他”分为三，在纸上也还有用，口头上却用不着；读“她”为“丨”，“它”或“牠”为“ㄊㄜ”，大可不必，也行不开去。“它”或“牠”用得也太洋味儿，真蹩扭，有些实在可用“这个”“那个”。（朱自清，1933：296～297）②

我们可以从这段话中读出三种意思。首先是“干脆的办法”，不论是书面语还是口语，用具体的“你”“我”“他”一类的人称代词使语言在文中的意思表达上更加简洁明确。其次是女性第三人称代词出现的意义。朱自清认为，第三人称代词作男女以及物的区分在书面语中有一定作用，但在口语中实际上并不需要。就是说“她”更主要的用途是用来在书面语中与“他”作性别上的区分。第三则是说“它”或“牠”过于西化，实用意义不大。

朱自清在《你我》中结合口语对人称代词的探讨使我们更加明确外语及翻译品对人称代词的影响。特别是对第三人称代词统称“他”在口语中用法的梳理，使我们得以了解到1920、30年代“他”和“她”在日常使用

---

① 朱自清：《你我》，《朱自清文集》第二册，第291页。

② 朱自清：《你我》，《朱自清文集》第二册，296～297页。

中的实际情况。实际口语中“他”可能依旧是第三人称代词的统称。至于如何作性别区分，可以凭借说话双方的具体谈话内容以及朱自清所说的“前词”等来判断。这样看来，“她”的重要意义恐怕还只是在书面语中与“他”相区别这一点。

5. 结语

本文中笔者尝试从近代翻译新造语这一视角对“她”和“伊”的字形表义重新进行了审视。由于中西文化之间存在差异性和不妥协性，因此从西方引进的新名词已无法按以往汉字的使用习惯产生。也就是说原有的汉字表意系统在近代遭遇西方文化中出现功能弱化现象。但近代以来出现的汉字新造语又是中西文化的桥梁，很多时候可能既不能完全遵照原有的汉字表意系统的习惯，也可能因为使用汉字表记使新名词的新价值、新概念在传达上受到干扰，甚至出现缺失。

新词汇通过怎样的传播媒介给汉语汉字乃至中国文化、社会带来影响？为弄清当时“她”和“伊”在竞争过程中具体使用的语境，笔者考察了1921－1922年发表在《小说月报》上的创作作品。从考察结果来看，使用“她”和“伊”或是为满足当时第三人称单数作为作品主人公这一西洋小说新技巧的应用需要或是与“他”作性别区分。同时还看到作者们对这个新代词在理解上的不同使得“伊”和“她”的采用上出现歧路。实际上很多时候只是起省略具体人名的指代作用。较之女性第三人称代词出现之前通过上下文或人物关系间接描述的方式来区分性别相比，使用“她”或“伊”无疑使文章在表达上更加简洁与明确。女性第三人称代词通过具体文学作品（以书面语形式）等逐渐为人们所熟悉与接受。

1933年朱自清在论述口语中人称代词的应用现象时，依旧将“他”作为第三人称代词的统称看待。换句话说，实际口语中对第三人称代词并未作性别区分。朱自清在文章结尾处明确指出第三人称代词“他”具体作男、女、物三种区分，在书面语中还有用口语中却用不着。结合朱自清的这一观点来看，早在1923年前后确立的女性第三人称代词“她”所具有的意义应该说还是在书面语中与“他”相区别。再进一步说，无论在口语还是书面语中人们理解与认知女性第三人称代词“她”都是以“他”这个早已存在的第三人称代词为基础。稍感意外的是“她”与“他”发音相同这一点正是“她”获得人们接受的重要原因。这与前述黄兴涛在《“她”字的文化史》中从音的角度认为“她”优于“伊”的理由是相一致的。但又因为受到具体文本与口语因素的影响，使得“她”在意义与概念上相对单纯化。“她”似乎仅仅是在书面语中与“他”相区别而使用。这样让“她”又回归到传统第三人称代词的固有意义中，新意义与新价值在某种程度上受到忽视。最终确立“她”为近代汉语女性第三人称代词可以说是新旧文化与价值之间相互妥协的结果。

女性第三人称代词的产生是一个亚洲性的新现象。日语中的女性第三人称代词“彼女”、韩语中的女性第三人称代词“그녀”也都是对西欧语的对应而产生。通过上述的考察以及从黄兴涛等的过往研究来看，现代汉语中“她”和“伊”的竞争体现了近代以来中国出现的新旧文化、价值之间的冲突、妥协、融合的某些侧面。因此梳理与分析女性第三人称代词乃至整个第三人称代词系统在使用上的变迁，对探寻近代以来汉语言文字的新发展具有重要的探索性意义。

日本文学与文化

一个亚洲主义者的困境

——论中岛端《中国分割的命运》

郭　勇*

【摘　要】中島端が著した『支那分割の運命』は20世紀の初頭頃、日中両国で物議が醸された話題作であった。この本において、中島端は近代中国が遭わされた分割の必然性を豊富な史料を援用しながら分析したうえで、日中間の連帯を強く主張している。彼のこうした主張は当時日本で蔓延ったいわゆる「アジア主義」に通底していることは言を俟たない。それによって、彼のアジア主義者というステータスも大きく浮上させてきたのである。しかし、中島端は専ら「同文同種」という立場に立ってそのアジア主義を唱えたのである。彼のところでは、それぞれの民族性や独立性が無視され、ユートピアのような色彩が極めて濃厚である。ただでさえナショナリズムに鏬を走らせたそのアジア主義は結局、行き詰まり、アナクロになってしまう。その破産は後年の「大東亜共栄圏」などによって裏付けられたのである。

【关键词】中岛端　亚洲主义　《中国分割的命运》　困境

中岛端是日本近代著名作家中岛敦的伯父。中岛端出生于汉学家庭，其父中岛抚山和兄弟中岛靖、中岛竦都是名重一方的著名的汉学家。中岛端不仅是精通和汉两道的学问家，更是活跃在日本大正、昭和前期的思想

* 郭勇，文学博士，上海师范大学外国语学院教授。主要研究领域：日本文学、中日比较文学。

家。近代以降，西学东渐。面对西方列强对东亚的经济、军事及文化侵略，自19世纪末期，在中日两国都出现了主张中日两国结盟，一致对抗西方的亚洲主义思想。中岛端也是其中的一员。中岛端因为其汉学家的身份，一向关注中日关系、东亚局势乃至世界格局的变动，写下了大量的时事评论。1912年，他更是写下了轰动一时的评论时政及中国走向的大著《中国分割的命运》，坐实了其作为亚洲主义者的身份。在这本书里，他运用其丰厚的关于中日两国的历史、地理、经济知识，汪洋恣肆地论述了在西方列强威压之下的中国未来之命运，也提示了日本在西方分割中国的过程中应该扮演的角色。百年回首，中岛端关于中国未来命运的预测，不能不说很多都失之偏颇，甚至完全落空，但洋溢在字里行间的对于中国命运的真诚的担忧之情不可否认，更为重要的是从其所标榜的大亚洲主义思想中，可以窥见波诡云谲的近代中日关系中各种力量的纠合、角逐的事实，同时也应该清楚地看到在他的思想中存在着合理的成分，在今天依然有着参考或警示的价值。本文钩沉史料，还原历史现场，来尝试评判其思想的形成过程及独特性。

1. 狷介国士的肖像

中岛端于1930年6月辞世。两年后的1932年10月，其汉诗文遗稿由东京文求堂出版，清末民初的大学者罗振玉为之作序。罗振玉的叙文言简意赅，寥寥数语就生动地再现了一个狂狷的国士风采：

> 予往岁寓居沪江。先后十年间。东邦贤豪长者道出沪上者。莫不联缟纻之欢。一日昧爽。方栉沐。闻打门声甚急。凭楼栏观之。有客清瘦如鹤。当户立。亟倒屐迎之。既入门出名刺。书曰日本男子中岛端。探怀中楮墨。与予笔谈。指陈东亚情势。顷刻尽十余纸。予洒然敬之。濒行。约继见。询其馆舍。曰丰阳馆。翌日往访之。则已行矣。既旬余。乃复来信。买舟吴越。已等会稽。探禹穴。立马吴山。泛棹石湖。遍游吴郎天平矣。已而又曰。仆愿留禹城三年。能馆我乎。仆有三寸弱毫。不素餐也。予笑而诺之。因请其移译东文书籍。暇时出示所为诗文。雄直有奇气。其抱负不可一世。居年余辞去。及予主苏州师范学校。君言沪上

> 无可与谈。愿为君教授诸生。予复敬诺。乃未数月又谢去。及予备官郎曹。君遗书言。贵国两宫。相继上宾。人言籍籍。公大臣也。宜抗疏请正袁世凯罪。宣示中外。否则手刃之以泄歉天之愤。仆虽不武。愿袖短剑以从。予心愈敬君。然予实小臣。不能副君望。以书复君。君意不怿。然于此愈知君诚钦奇磊落之奇男子矣。国变以后。与君久不相见。岁庚午。予避地辽东。君忽枉存。年逾七十。而英迈不减少年。言返国后当再来。郑重定后期。乃不逾岁而遽卒。闻君有洁癖。终身不近妇人。遗命。吾死后速行火化。散骨灰于太平洋。当为鬼雄。异日有以兵临吾国者。当为神风以御之。家人谨遵其言。呜呼。公虽以韦布终其身。而无一日忘天下安危。洵东亚之烈丈夫哉。顷君之亲朋。将印君译稿。以予交君久。属为之序。爰记与君订交始末。揭之简端。至其诗之雄直俊伟。当世无以抗衡者。读书自能知之。不待予之喋喋也。壬申七月。①

对比罗振玉和中岛端的年谱就能明白，中岛端初次在上海造访罗振玉是在 1902 年 4 月。其时，罗振玉在上海南洋公学虹口分校任监督。如后面所述，中岛端入住丰阳馆的时间当是 1902 年 5 月 2 日。丰阳馆位于虹口熙华德路 25 号（Seward Road，今长治路 1 号），由日本于 1894 年建造的三层楼西式建筑，号称是当年上海最大的日式宾馆，日本很多政要都曾入住过这里。至于罗振玉提到的“岁庚午”，“避地辽东”，当是指 1930 年初春，中岛端在大连拜访罗振玉一事。罗振玉于 1928 年迁居旅顺，一直住到 1932 年伪满成立，前去新京（长春）任伪职为止，这期间他主要是潜心学问。《斗南存稿》的编纂者即中岛端的弟弟中岛竦在这本书的跋文中，也提及了自己这位兄长特立独行的个性，进一步坐实了罗振玉的描述：

> 斗南孰谓。端字俨之。中岛氏。我仲兄也。幼聪慧。承家学。六岁读书。一读辄诵。先君大喜。十三能诗文。崭然见头角。资性皎洁。矜持甚高。不肯卑说希世。狷介善骂。不能假人。人亦莫之能假。大抵视以为狂。遂自号曰斗南狂夫。以故志业多与世

① 村上光夫等编《中岛敦研究》，筑摩书房，1986 年 2 月，第 329～330 页。

睽。欲有所为。而终不能有为。郁郁数年。南航游于沪苏间。当是时，西邻上下。小惩大戒。讲变法自强之策。有提撕可醒之象。仲兄既不得志于内。欲求知己于外。至则与其学士论客商榷。有所扶掖启发。意谓遭此西力东逼之日。俱居辅车相依之邦。交关互狠。不知协力共济。一旦风潮大兴。不能同舟相救。则将俱澌两泯而尽归灭种。此可大惧。振作西邻。乃所以保全吾东方也。居久之。亦不惬意。乃曰。南人虽巧慧无气魄。不足与谈振作。北人粗豪。尚或可用。遂去北游燕京。而清廷已属末弩。国事日非。不可救药。喟然长息而去。去仅半载。武昌鼎革之变起焉。民国抢攘。十六七年。兵连祸结。累及东方。仲兄既老尚爱国。以为国家兴亡。匹夫有责。此岂养高安息之秋。于是再跨海西征。途而痼疾复作。不肯一日静卧。道经旅大。走燕津。转赴沪上。舟车万里。颠顿困惫而归。归则病已入膏肓。遂不起矣。①

如前所述，中岛端幼年曾在其父亲中岛抚山的指导下主攻和汉学问，曾辅助过父兄开办的私塾。但是，他从小就表现出了对于时事和政治敏感的天性。明治21（1888）年，中岛端以“香肌梦史”的笔名创作了题为《野路之春雨》的政治小说。该小说以发生在明治20（1887）年因反对井上馨的条约修正案而遭到放逐的青年人为主人公。在差不多同一时期，中岛端还召集当地的有志青年组成了“无邪志会”，主张伦理教化，批判世俗风气。该会团每两个月举办一次演讲会，在当地颇有名气。明治24（1891）年7月，中岛端自费出版了《近世外交史》上下篇。在该书中，他主要回顾了自1853年佩里来航之后的日本对欧、对美的充满屈辱的历史，整理了在明治20年和明治22年分别由井上馨和大隈重信主导的对欧美列强的不平等条约改正条例的外交史，谴责这两人外交能力的低下。呼吁通过恢复国家主权和关税自主权来扩展国力，号召四千万国民同心协力奋起直追。该长篇论著是用华丽的汉文书写的，抒发了作者的悲愤和感时伤世的情怀，显得十分的慷慨激昂。中岛端这一时期的著述和实践活动引起了以标榜国权主义和国粹主义政教社的关注。

明治26（1893）年，中岛端与父亲抚山先生的门下生、有志于振兴地

① 村上光夫等编《中岛敦研究》，筑摩书房，1986，第330页。

方教育的宫内翁助一起创办了私塾“明伦馆”。按照他们的构想，要将明伦馆办成新式中学，以期为地方培养卓有见识的人才。出于这样的初衷，该校的课程设置突破传统的皇汉学的领域，增加了英语、算数、欧洲史学、欧洲文学等课程。但不久之后，他觉得自己这种血气方刚、喜怒无常的人并不适合教书育人，于是将私塾交给弟弟中岛竦去管理。他有更大的雄心壮志，他成天思考的是如何治国安天下这样的大事业。

明治35（1902）年春天，已年满43岁的中岛端迎来了人生的一个转机。应东亚同文会会长近卫笃麿的邀请，杉浦重刚就任东京同文书院及上海东亚同文书院的院长，准备前往上海就职，一直与杉浦重刚有交往的中岛端也被邀一同前往。

1902年4月9日，中岛端到大阪，与先期到达的杉浦重刚汇合，4月14日从长崎坐船出发，16日到达上海。上海肮脏不堪的卫生状况让他深感吃惊。在上海，他跟随杉浦一道拜访在刚从澳门亡命归来的洋务企业家、教育家经元善。21日，与诸人一道溯长江而上，先后到过南京、安庆等地，25日到达武汉。杉浦重刚拜访了张之洞，到了大冶铁矿等地。中岛端原本也打算去拜谒张之洞的，但听杉浦说起张之洞当着客人的面擤鼻涕等话，使他对有着“江南第一新政家”之称的张之洞也感到格外的失望，于是就打消了拜见张之洞、刘坤一的念头。由此不难看出中岛端极为感性的一面。结束在武汉的行程，中岛端一行于4月30日买舟离汉，5月2日到达上海，是夜入住日本旅馆丰阳馆。中岛端拒绝去上海东亚同文书院任教，以一个特立独行的民间人士的身份广交沪上名流。他通过笔谈的方式与诸如罗振玉、《中外日报》的主编汪康年、《苏报》的老板陈范成了知己。他还通过陈范拜结识了“清末四公子”之一的吴保初，见到过章炳麟等人。他还通过在上海的人脉，甚至参加了该年夏天在张园举办的欢迎从日本回国的吴稚晖的聚会，并上台挥毫写字。在上海期间，中岛端与不同政治立场的人多有交流，但他深感失望，觉得这些人鲜有自己的主见，多属于夸夸其谈之辞。通过和这些民间知识分子的交往，中岛端发现这些人面对激荡的世界时局缺乏高明的见识，也缺少自主性，显得十分的被动，并且缺乏对于皇室和皇帝的忠心。这对于生长在皇汉学者之家，一直认为皇室是一个统一国家象征的他来说，如果缺少对于皇室的归依意识，那么距离国家解体之日就不远了。这样的结局，对于自幼饱读中国典籍，深受中国文化影响的中岛端来说是最不愿看到的。他所接触到的沪上名人中，除了罗振玉这样死心塌地追随清王朝的人之外，正如同盟会所标榜的“驱逐鞑虏”的宗旨所表明的那样，更多的人对于作为异族的清朝是抱有抵抗情绪的，他们不可能像中岛端所希望的那样对于皇室有认同感和归宿意识。这也暴露出中岛端对于中国认识上的局限性。

出于生计，中岛端不得不寻找糊口的办法。正如前面罗振玉在序言中提到的那样，一段时间内，他在罗振玉手下帮忙翻译日文书籍。一边译书一边从中文报纸上收集资料。1904 年 5 月，罗振玉在江苏巡抚兼两江总督的端方的提拔之下任江苏师范学堂的监督，罗又将其招致麾下。该校的总教习乃是大名鼎鼎的东洋史学家藤田丰八。藤田与罗振玉过从甚密，自 1897 年以来，藤田丰八就与罗振玉一道创办《农学报》，并在东文学社、南洋公学东文科协助过罗振玉。同一时期，田冈岭云也在该校任教习。田冈岭云日后作为文学批评家、思想家在日本卓有名望。但中岛端在这里似乎过得并不开心，1906 年春天，罗振玉转任京师大学堂农科监督，以此为契机，中岛端就离开了苏州。之后，中岛端闲居上海，几乎无所事事。迫于生计，在张元济的帮助下，中岛端又进入商务印书馆编译所，从事日文汉译工作。

1903 年，三井洋行上海支行经理山本条太郎牵线，商务印书馆的经理夏瑞芳决定与金港堂老板原亮三郎合作。金港堂是明治时代日本四大教科书出版社中最大的一家。1902 年日本教科书“贿赂案”牵扯到金港堂。为了摆脱困境与当事人的尴尬，金港堂老板寻求在中国的投资合作。几经谈判磋商后，商务印书馆与金港堂最终在 1903 年 10 月签订了中日合资经营合同。但是，双方的合作并不顺畅，围绕着公司的经营权，明里暗里展开了激烈的争斗。此外，中岛端和同在商务印书馆工作的日本同事相处不善，成天埋首做一架机器，这并不符合血气旺盛、素有经国之志的中岛端的性格。在商务印书馆度过了三年时光后，他决定离开上海去北京。

中岛端选择去北京的理由，正如前引中岛竦的跋言所提及的那样，在中岛端看来，“南人虽巧慧无气魄。不足与谈振作。北人粗豪。尚或可用”。中岛端到达北京是在 1908 年 10 月末。但是，北京的黄沙、暮气沉沉的氛围以及极度的肮脏让中岛端失望至极。那时他的大弟中岛竦也在北京，小弟中岛比多吉在天津，兄弟间的团聚多少缓解了他满怀惆怅的羁旅之情。就在他刚到北京不久之后的 11 月中旬，慈禧太后、光绪帝相继去世。第二年 11 月，在北京举行了隆重的慈禧太后葬礼。尽管中岛端对西太后颇有不满，

但自幼学习皇汉之学、素有皇室中心主义思想的中岛端还是挤进人群，脱帽肃立以示对死者的敬意。在此期间，他目睹了国会开设请愿运动、日货抵制运动等纷扰嘈杂的世相。他深刻地意识到大清的气数已尽，失望之余，他在 1911 年的春末离开北京返回日本。①

2. “亚洲主义”的内涵

近代以降，西方文化强势东渐。尤其是甲午战争之后，“黄祸”论甚嚣尘上。亚洲作为西方的他者，遭遇到了巨大的危机，处在了生死存亡的边缘。为了对抗西方文化，以汉字及儒家文化为基础结成朝贡关系的东亚诸国找到了结成共同体的现实理由。面对冷酷的现实，合纵连横这一极具古老形态的抗争方式再次浮出了水面。“亚洲”“东亚”等称呼，尽管只是一个被构建出来的地政学意义上的现代概念，具有难以表述和把握的实体性。但以民族国家为理念建立起来的亚洲各国，在救亡图存这一共同需求面前还是找到了携手联合的现实基础，跨区域间的民族、种族间的合作也成了一种保全各自利益的必然选择。所谓的亚洲主义的产生也有其时代性和必然性，不仅是亚洲（尤其是东亚）各国的共同诉求，也是滥觞于美国的“门罗主义”宗旨。在 19 世纪末 20 世纪初，在中日两国都出现了亚洲主义的思潮。尽管两国的亚洲主义在体系、内涵上各有侧重，但还是有不少的重合之处，其核心的内容就是中日两国乃是更多的亚洲国家联合起来抵抗欧美的入侵，保全领土和主权的完整。有学者对日本的亚洲主义特征做了较为笼统的界定，认为日本亚洲主义不过是日本近代民族、国家理念的一种外显形式，大和民族主义是其思想的出发点，把维护日本的领土完整、主权独立等视为最高目标；借助日本与亚洲、特别是中国的相互提携，即以超国家主义的形式来实现日本的国家利益。② 这样的观点，不仅适用于定义日本的亚洲主义，对于存在于中国的亚洲主义同样具有普适性。

① 关于中岛端在中国的活动，主要参照了：村山吉広『評伝. 中島敦——家学からの視点』，中央公論新社，2002 年，第 60 ~ 70 页；後藤延子『中島端 <支那分割の運命> とその周辺（二）——アジア主義者の選択』，『信州大学人文科学论丛・人间情报学科编』第 40 卷，2006 年第 3 期，第 132 ~ 136 页；村上光夫等編『中島敦研究』，筑摩書房，1986 年，第 328 ~ 351 页。

② 孙江：《近代中国的“亚洲主义”话语》，《上海师范大学学报》2004 年第 3 期。

日本的亚洲主义思想由来已久，最早可以追溯到幕末时期的“尊王攘夷”运动，该运动以儒家的大义名分思想为根据，来实施对西方入侵的抵御，其中的最本质的动机还是民族主义思想的复苏。19世纪70年代，鼓吹侵略思想的“征韩论”失败之后，自由民权运动继之而起。在这场运动的洗礼和报纸媒体的推动之下，日本的亚洲主义思想获得了进一步发展的空间①，及至到了20世纪初渐臻成熟。当然，日本的亚洲主义思想从其诞生之日起，就裹挟了民族主义的成分。亚洲主义者也因其主张中对民族主义的或显或弃的姿态而分属于左翼、右翼两个壁垒。左翼的代表人物是宫崎滔天，右翼的头领则是头山满和内田良平。

在中国，亚洲主义思想的代表性人物是孙中山，他在阐述其“大亚洲主义”思想时指出：“我们讲‘大亚洲主义’，以王道为基础，是为打不平，是求一切民众为和平解放的文化，你们日本民族，既得到欧美的霸道文化，又有亚洲王道文化的本质，从今以后对于世界文化的前途，究竟是做西方霸道的鹰犬或是做东方王道的干城，就在你们日本国民去详审慎择。”② 在孙中山的以王道抗衡霸道的说辞中，包含了他对于日本狭隘的民族主义的戒备。

亚洲主义思想能在同一时期的中日两国引起共鸣，除了共有抗击西方入侵这一诉求之外，更重要的是基于亚洲文化之于欧美文化的优越性这一共识。可以说，对于亚洲文化优越性的认同构成了中日两国同仇敌忾的基础，亚洲主义充其量不过是这一基础外在化了的标牌而已。

19世纪80年代，就在日本的全盘西化呈压倒性趋势之时，仍然不少人主张重审东方文化的优越性从而回归亚洲。主张文化亚洲主义的代表有三宅雪岭、冈仓天心、井上哲次郎、井上圆了等人。他们企图阐发日本文化底蕴，寻觅日本人文根源，注重日本文化与亚洲文化尤其是中国文化的内在渊源，复兴以中国儒家思想为主体的东亚传统，以此为根基重建日本新文化。③ 在孙中山的“大亚洲主义”的思想中同样包含了对于亚洲尤其是中华文化优越性的自信，在现代化程度全方位落后于日本的博弈中，这也是他借以同日本建立同盟的唯一的资本。孙中山在阐述其“大亚洲主义”的理

① 盛邦和：《19世纪与20世纪之交的日本亚洲主义》，《历史研究》2000年第3期。

② 孙中山：《对神户商业会议所等团体的演说》，《孙中山全集》第十一卷，中华书局，1986，第405页。

③ 盛邦和：《19世纪与20世纪之交的日本亚洲主义》，《历史研究》年第3期。

念时，也正是以对中国文化的高度认同为基础的。他认为："我们东洋向来轻视霸道的文化。还有一种文化，好过霸道的文化，这种文化的本质，是仁义道德。用这种仁义道德的文化，是感化人，不是压迫人。是要人怀德，不是要人畏威"。[①] 这就是他所推崇的"王道"文化，与此相对的乃是西方的"霸道"文化，两者的高低自不待言。

不可否认的是，在中日两国的亚洲主义论说中所强调的"文化"内涵有较大的偏差这一事实，存在着各自表述之嫌。正如前面所述，日本的亚洲主义在形成的初期就有先天性不良之嫌，始终伴随着国粹主义的鬼魅。事实上，尽管日本的文化亚洲主义者主张用超越民族、国别的儒家文化来对国粹主义进行祛魅，但文化却成了将日本民族主义正当化的工具，陷入到了一种极具反讽意味的陷阱中。也即是说，在近代化的过程中，要将亚洲（或东亚）描述成一个整体已不再具有合法性和有效性。尤其是在民族国家这个理论框架中来结盟捍卫不同国体间的共同利益，必然就有一个自我与他者这样的宿命般的前提预设，最通俗地说就是由谁来充当领头羊的问题。

关于孙中山先生提出的大亚洲主义，有论者批评说："当年，孙中山的'大亚洲主义'明显地表达了"王道"的意图，与其说这是一种国家中心的论述，武宁说它是一种文明观的论述……孙中山的"大亚洲主义"毕竟不是一种多元主义的国际政治论述。这也就难免会引起对于'大国中心主义'的联想和批判。"[②] 也就是说，"王道"与"霸道"思想，在抽取了伦理意义之后，是具有同构性的，都隐藏一个中心主义的伏线。

事实上，存在于孙中山身上的民粹思想并非是空穴来风。在他建立民国的当初，曾经强调生活在中国大地上的汉、满、蒙、回、藏五族平等，共建共和。但他意识到这样的"五族共和"的平等思想中隐藏着一种危险，那就是其他民族也可以如法炮制，煽动民族主义的力量独自为阵，进而会有瓦解新生的共和国之危险。有感于此，他强调说："今日我们讲民族主义，不能笼统地讲五族，应该讲汉族民族主义……彼满洲之附日，蒙古之附俄，西藏之附英，即无自卫能力底表征。然提撕振拔他们，仍赖我们汉族。兄弟现在想得一个调和的方法，即拿汉族来做个中心，使之同化于我，

---

① 孙中山：《对神户商业会议所等团体的演说》，《孙中山全集》第十一卷，中华书局，1986，第404页。

② 孙歌：我们为什么要谈东亚——状况中的政治与历史，三联书店，2011年12月，第25页。

并且为其他民族假如我们组织建国底机会”。[1]

孙中山看来，欧洲只是在表面上好于亚洲，欧洲的文化不过是注重功利的文化。飞机、大炮、炸弹就是这种功利文化的产物，是一种杀人的武力文化。以中国为中心的亚洲王道文化是仁义道德的文化。两者相比，高低长短自是一目了然。日本也正是依靠模仿西方，实现富国强兵、国家独立的。不难从孙中山的发言中读出依靠模仿西方获取近代化成功的日本显然是不具备“王道”文化的特质这一潜台词。孙中山这种“藐视”日本的心态在其他地方也能找到佐证：“日本与中国不同者有二件：第一件是日本的旧文明皆由中国输入……第二件如日本衣、食、住的文明乃由中国输入者……”[2]

如是说来，究竟是什么样的“文化”成为亚洲各国间结盟的基础呢？从长达上千年的中日文化史来看，中日两国文化所共有的地盘乃是汉字与儒家思想。但孙中山似乎有意回避了这一事实，他所图谋的并非是要在东亚的区域内唤回对在近代化的洪流中失坠的儒教的重新记忆。在他的潜在意识里他将近代民族国家的理论框架置换成了延续数个世纪的曾经的东亚朝贡体系。关于这一点，有论者有十分精辟的见解：

> （孙中山）明显有把本属于中国的华夷等级秩序当做一种本质主义式的认同框架强行赋予到“东亚”各国头上的意味。由此可知，孙中山的“大亚洲主义”恰恰是尝试把传统王朝看待周边秩序的观念与现代国家的认同准则相互杂糅叠合起来的结果。它汲取了民族国家框架中发生的反抗殖民统治的民族自觉内核，却在骨子里仍沿袭了古代中国对待周边民族区域的传统理念……[3]

此外，作为新文化运动的领袖，李大钊的亚洲主义思想与孙中山的主张有极大的重合之处，他认为，要实现大亚细亚主义的关键在于中国文化

---

① 孙中山：《中国国民党本部特设驻粤办事处的演说》，魏新柏选编《孙中山著作选编》（上），中华书局，2011，第252页。

② 孙中山：《在东京中国留学生欢迎大会上的演说》，魏新柏选编《孙中山著作选编》（上），中华书局，2011，第98页。

③ 杨念群：《“感觉主义”的谱系——新史学十年的反思之旅》，北京大学出版社，2012，第81页。

的再造与复活，他说："诚以吾中国位于亚细亚之大陆，版图如兹其宏阔，族众如兹其繁多，其势力可以代表全亚细亚之文明，此非吾人之自夸，亦实举世所公认。故言大亚细亚主义者，当以中华国家之再造，中华民族之复活为绝大之关键。"①

在分析了孙中山的亚洲主义思想的实质之后，再回过头来看日本亚洲主义的精神走向。按照传统的说法，区分日本亚洲主义的政治意识形态的分水岭在于其对民族主义思想的倾斜程度。但是，如果仔细甄别，即便是被视为最接近孙中山大亚洲主义理念的宫崎滔天的亚洲主义观也很难说就是一种扬弃了民粹成分的、纯粹的亚洲大同主义思想。如前所述，包括孙中山在内，中日两国具有乌托邦色彩的亚洲主义者，他们在呼吁东亚一体化时所凭借的乃是同文、同种以及同享儒教这一精神家园等几乎可视的生理特征。尤其是儒家思想更是成为亚洲人的文化集体记忆而流淌在血液中。然而，在现代性的话语中，作为儒教思想原产国的中国似乎已不再在这个领域里享受支配性的地位。也就是说，传统的儒家思想视野，已经很难将中国、朝鲜半岛、日本连缀成一个有机的整体。

主张文化亚洲主义的三宅雪岭、冈仓天心乃至井上哲次郎等人确实标榜以儒家精神作为东亚的精神砥柱，希图抵抗西方的入侵。这不过是一种抵抗的策略或权宜之计。这也是因受"文明开化"大潮冲击而元气大伤的儒教的回光返照时期。值得注意的是，在文化亚洲主义者那里，"文化 = 儒学"这一等式，在有意无意中已被置换成"文化 = 日本式儒学"这样的潜在逻辑。在与中华文明一千多年的交道中，儒学的精髓早已悉数被引进日本，这一事实自不待言。更为重要的是，在经历了明清鼎革后中原为异族统治，从此儒家正统失诸荒野，只是在周边近邻的韩国、日本被很好地保留了下来。早在江户前期，所谓"华夷变态"的论调开始出现。纵观历史，日本对于"中华"的焦虑和渴望由来已久。

中日两国作为国家实体进行的首次战争乃是663年爆发的"白村江战役"，惨败于唐军的日本震惊于"中华"之强大。在中日两国巨大的文化落差的背景下，日本经历了漫漫"国风黑暗"时期，开始了长达一千多年的卧薪尝胆之旅。在日本近代之前的文明史时期，"中华"始终是其挥之不去的情结，对于华夷模式的挑战在文化层面亦多有表现。编纂于712年的

① 李大钊：《大亚细亚主义》，《李大钊文集》（上），人民出版社，1984，第450页。

《古事记》是日本最早的一部历史文献。八年之后的720年再次推出规模宏大的正史《日本书纪》。这两部构成互文关系的历史典籍的编纂动机不过是以中国为他者的自我正当化，无论是其历史表述的方略还是话语修辞都充分流露出欲与中国抗衡的国家主义情绪，对“君权神授”、“万世一系”的天皇的谱系进行了系统性的整理，以达到正本清源的目的。

在明清交替时期，日本江户幕府非常关注发生在中国的华夷秩序的变化。朱子学家林罗山之子林鹅峰及其孙林凤冈不失时机地编纂了《华夷变态》这一关于中国的最新的情报资料，该书卷帙浩繁，多达共35卷，搜罗了1644 －1717年间约2200件文书。贯穿这部书的一个主旨就是此前的华夷关系已经发生了颠倒异位，这为日本的“去中国化”提供了强有力的舆论支持。在江户后期，在高涨的民族意识的推动下，以“国学”的兴盛为表象，夺取“中华”中心位置的话语开始泛滥起来，正如论者所言：

> 当大陆发生“明清鼎革”这样重大的历史事变时，历史上一直与中国保持某种若明若暗竞争关系的日本，不但由此催生出了“小中华”意识，甚至还生产了一个旨在与“大中华”相拮抗并最终颠覆中国式“华夷秩序”或“朝贡体系”的日式“华夷秩序”和“朝贡体系”。为了在被中国文明笼罩了千百年的“华夷体系”中夺取“正统”和“中心”地位，它需要摘掉“夷狄”的帽子，也需要向世界发布自身族属在所有方面或若干方面优于他者族属的信息，甚至还需要在地理方位的意义上证明自己才是“中国”而万邦悉为“夷狄”。①

在这种自我中心意识的驱使之下，“去儒”作为去中国化的一环在明治时代浮出水面。从形式上看，“去儒”主要是表现在两个方向上：一是将其功用从对政治行为的干涉降低为道德实践层面的润滑剂；再就是将传统的儒学进行改造，使其附着在天皇制国体下发挥余热。

主张文化亚洲主义的井上哲次郎就曾致力于改造儒学，致力于把传统儒学中的伦理观念与江户“国学派”的民族主以及德国的国家主义学说合而为一。在他的这一新儒学观里，民族主义的成分得到了极大的强化，其

---

① 韩东育：《“去中心化”的“中心化”》，《读书》，2008年第8期。

结果必然会使得儒学成为去势后的变种，沦为日本民族主义意识形态的附庸。

回到中日两国的亚洲主义观这一话题上来看，即便是最为温和的、被视为乌托邦色彩浓厚的孙中山、宫崎滔天等人的亚洲主义思想中也不可避免地潜入了民族主义的魅影，所谓的文化亚洲主义依然存在着各表一枝、自说自话的嫌疑，分属于截然对立的两种政治立场，难以架设起直抵对岸的桥梁来，更不用说赤裸裸地叫嚣由日本领头去抵御西方的“八紘一宇”、“大东亚共荣圈”等狂人呓语了。

这种逐渐右转的日本亚洲主义思潮，自然是引起了中国知识人的强烈不满和抨击。比如，李大钊就认为：“这样看来，这‘大亚细亚主义’不是平和的主义，是侵略的主义，不是民族自决主义，是吞并弱小民族的帝国主义；不是亚细亚的民族主义，是日本的军国主义；不是适应世界组织的组织，乃是破坏世界组织的一个种子”。①

但是，客观地说，之前他所主张的中国文化的优越性同样也会遭到来自对方同样逻辑的非难。当然，随着日本近代化的成功并侥幸取得日俄战争的胜利，日本的亚洲主义思想中合纵连横的成分渐次弱化，取而代之的是对于日本在东亚盟主地位的赤裸裸的强调。取得了这样的支配性的逻辑，日本走上侵略周边国家的道路已经为时不远。事实上，近代以降，普遍存在于日本民众中的自大主义以及对于中国的蔑视态度一直延续到战后。日本始终认为自己是在亚洲最早成功实现近代化的国家，与之相对，中国则是近代化落后的国家。就中日近代化的孰优孰劣，战后日本思想家竹内好曾强调说，日本的近代化是一种表面性的、肤浅的东西，中国与印度的近代化尽管迟缓却是破坏了社会文化结构之后从内部生成的结果，是深刻的。但是日本拒绝接受这一说法，原因就在于日本对于中国根深蒂固的蔑视，这也是日本对于亚洲的基本态度。②

亚洲主义的产生是源于亚洲各国所共同面临的困境，在当时的时代背景之下，它的提出无疑是具有积极意义的。但是在谋求独立的近代民族主义国家框架之下要形成真正的联合，势必需要对对方主体性的认同。抹杀自我与他者间的界限，以虚妄的“同文”、“同种”认同为媒介的同盟结成

---

① 李大钊：《大亚细亚主义》，《李大钊文集》（上），人民出版社，1984，第610页。

② 竹内好：《作为方法的亚洲》，《近代的超克》，筑摩书房，1983，第130～133页。

势必会滑向乌托邦的幻想，不具备任何可操作性和现实意义。同样，剥离了现实语境的文化联盟因为无视民族性而最终会被民族主义的利剑击伤。尤其是在率先实现近代化，成功跻身进帝国主义阵营的日本面前，超越国族的共谋关系有着巨大的时代错误感，反而会被其当作侵略的幌子，“大东亚共荣圈”理念的破产乃是最好的明证。

3. “中国分割”的“必然性”

中岛端最有名的著作是《中国分割的命运》，该著集中体现了他的亚洲主义观。《中国分割的命运》由上下两编组成。上篇共11章，下篇分为13章，上下编的分量相当。在上编中，中岛端着重分析了中国在辛亥革命后的现状，得出了中国必然会遭到来自欧美势力分割的命运。如果这一不幸真的发生的话，那么与中国无论是在地理、历史、文化、人种等方面都有着深刻关联的日本究竟该采取何种对策？对于这一问题的回答就构成下编的主要内容。

据称，《中国分割的命运》是中岛端的激情之作，写成这部洋洋数十万字的大著仅用了一个半月左右的时间[①]，加之该书谈古论今，内容十分庞杂，有些论点前后抵牾，显得较为凌乱。本文在细读文本的基础上，结合中岛端的亚洲主义观这一主题来对隐藏其间的核心论点进行抽丝剥茧的厘清。

在上篇的绪论中，中岛端劈头一声棒喝：“或云：中国的内乱并非自今日始，从政治制度到军政防备、财务经济、教育宗教，无不显示出亡国之相。”[②] 对中国的政治现状做了开门见山的提示。

在接下来的第二、三章中，中岛端对民国时期最为活跃的两名政治家袁世凯和孙文进行了臧否。中岛端细致地梳理了袁世凯自朝鲜公使时代开始至就任中华民国临时大总统以来的二十年之间的经历，最后得出的结论是：

> 夫袁世凯，何等人也？不过一颠倒表里的小人。既无文治之

---

① 后藤延子：《中岛端 <中国分割的命运> 及其周边（二）——一个亚洲主义者的选择》，《信州大学人文科学论集·人间情报学科编》第40卷，2006，第136页。

② 中岛端：《中国分裂的命运》，政教社，1912，第3页。

才，也无武勋之略，既无收拾难局的伎俩，亦无洞察大势之明智。徒炫小慧，摆弄小策，献媚于上峰，讨欢于外国，只知保全自家地位、权势，彼岂是以国利民福为念之辈。[①]

也就是说，在中岛端看来，作为“小人”的袁世凯完全没有领导四亿中国人走向共和的能力。他对袁世凯的评价言辞近乎谩骂，过于犀利，但从事后主义的角度来看，也不能不惊讶于他对于袁世凯其人的准确判断。同样，在第三章中，中岛端对孙中山也进行了言辞尖锐的批判：

且逸仙的人物性情之外，还有一弱点，他原籍广东，生长在夏威夷，自幼接受的是美式教育，不曾修学过祖国的学术，尽管能流利地使用英语，但不长于汉文，并缺少关于祖国的系统的知识，其倡导的共和之说，尽管在一部分广东人及海外的粤人深受欢迎，但是在其他省份的威望远不及黄兴等人……[②]

中岛端对于孙文的评价姑且不管其见识的高下，他之所以一出场便将批判的矛头对准袁、孙两位民国时代的风云人物，其用意无非是要证明偌大的中国并没有一个强有力、能凝聚民心的政治家，中国已陷入群龙无首之境。这样的基调，显然是为了他后面的叙述作精心的铺垫。

在中岛端看来，中国虽然革命成功，建立了共和制，但只是徒有虚名。在中国，不惟政治家无能，国民的素质也极其低下。中国的政治、法制、道德、学术、宗教、风俗、习惯等都已腐烂。他特地举出缠足来证明中国人的愚昧、落后。不仅如此，中岛端更是对中国极端恶劣的卫生状况大书特书，以此来凸显中国落后的现代性。

近代已降，不少前来中国的日本文人对中国糟糕的卫生状况表示出极大的震惊，多数人毫不掩饰其厌恶情绪。夏目漱石曾在1909年受朋友“满铁”公司总裁中村是公的邀请访问过大连，他关于大连的第一印象是这样的：

① 中岛端：《中国分裂的命运》，第9页。
② 中岛端：《中国分裂的命运》，第27页。

> 轮船将要停靠在像饭田河岸那样的石堰旁边，看上去根本不像海岸。河岸上人头攒动，大都是中国苦力，单个人显得很脏，两个人凑在一起仍然难看，如此多的人挤在一起更加不堪入目。我站在甲板上，从远处俯视着河岸上的人群，心想：哎呀，这可是到了一个奇妙的地方！[①]

1921年4月，文坛宠儿的芥川龙之介作为《大阪每日新闻》社的特派员到过中国。当他刚踏上上海的土地，迎面扑来的混乱、肮脏的场景让他大惊失色：

> 一脚刚跨出码头，我们就被几十个黄包车夫团团围住。（中略）可中国的黄包车夫，说他们是脏兮兮的代名词也不为过。且粗略地扫视过去，但见个个相貌丑怪。这么一群人前后左右把我们围了个水泄不通，一张张丑陋不堪的脑袋一齐向我们伸过来，且大声地喊叫着。[②]

早在这两位大文豪之前，1902年4月16日，中岛端乘船从长崎抵达上海时，码头上混乱、肮脏的光景在他的书中是这样被呈现出来的：

> 船已靠岸。但见岸上人头攒动，如潮如蚁蠢蠢欲动。忽然觉得有一种臭味扑鼻而来。当时我尚未意识到这是何种臭味。即便是到了今天我仍然无法形容那是何种臭气。只知道那是汗臭、垢臭，阴湿的令人恶心的东西。这是什么臭味呢？是上海的臭气，即中国大陆的臭气。至于说到苦力辈的肮脏劲来，完全出乎日本人的想象。无论是脸、手脚、腹部全像是煤烟一样，泛蓝、泛红、泛黑，一年四季都没有洗过澡。裹缠在他们身上的衣服，像是海藻一样，千疮百孔的，浸透了污腻，浸透了汗水，油光滑腻的。一言以蔽之，那恶臭经久不散，如腌鱼的臭味，只觉直扑眼鼻。可他们正如一句谚语所说：自己的臭味自己并不知道。为了要争

---

① 夏目漱石：《满韩漫游》，王成译，中华书局，2007，第160页。

② 芥川龙之介：《中国游记》，陈生保译，十月文艺出版社，2006，第4页。

> 抢替行人扛行李，争先恐后，推来搡去，叫骂声此起彼伏。旅馆的服务生大声呵斥他们，可还是充耳不闻，争着往我们身边拥挤。那架势就是刀子架在头上也不会后退的。我不由得后退两三步。呜呼，中国人的臭气，中国人的不爱卫生，这是我在东亚大陆上岸后的第一印象。①

不仅上海如此，他后来去过的杭州、苏州、芜湖、汉口等也大同小异。中岛端还言之凿凿，不厌其烦地列举诸如中国人随地大小便等恶习。这种近乎饶舌的即兴发挥，在文中俯首可拾，其用意无非是要证明中国的贫穷落后及国民素质低下这一事实。

承接这一逻辑，自然就引导出了从第五至第七章的内容："中国人没有做共和国民的资格"、"中国人没有做共和国民的素质"、"中国人没有共和的观念"。在这三章中，作者调动他作为一个汉学家的全部学养，旁征博引，指出在中国实行共和政体不过是停留在表面的现象而已，并无其实质。在他看来，中国历史上并无真正的共和史，亦无自由平等之思想。共和的主张不过是近代之后从国外输入到中国的外来概念，其始作俑者就是孙文。此外，在中国并不具备培养共和国民的近代化教育体制，识字率非常低。尽管中国的人口是日本的十倍，但从识字率来看仅及日本的十分之一。无论是中央还是地方的官僚，鲜有人通晓本国的法律制度。中国自古以来就是专制国家，国民对君主、国家缺少基本的认同。尽管在法国历史上也曾有过专制政府，但近代以来在法国出现了诸如孟德斯鸠、伏尔泰、卢梭等启蒙思想家，广开民智，于是才有了实行共和的可能性。如是种种，足以证明企图在中国实行共和制度，那不过是痴人说梦罢了。

第八章名为"虚张声势的中国人"。作者以他实际在中国经历过的反对苏杭甬铁路及川汉铁路借款运动、开设国会请愿运动、资政院内阁弹劾事件等事件，指出这些运动虎头蛇尾的性质。在列举了这些实例之后，中岛端又利用其渊博的历史知识，顺便对汉族人的劣根性提出了批评：

> 昔者五代的李嗣源（即后唐的明宗）曾嘲笑朋辈说：诸君以口击贼，余以手击贼。嗣源乃沙陀部人，盖骂汉人多口舌。大抵

① 中岛端：《中国分裂的命运》，第37~38页。

说来，虚张声势，缺乏实力，喜虚饰，不务实际，此乃汉族先天以来的遗传性，亦是数千百年来的性癖。[①]

辛亥革命后建立起来的中华民国无疑是在推翻“异族”的基础上建立起来的由汉人执政的近代民族国家。像这样，中岛端以汉人的劣根性为依据，对汉人执导的新生的共和国表示出了极大的怀疑。

在第九章“中国人有各省份的观念却没有国家观念”中，中岛端站在近代民族国家的立场上，结合中国的历史与现实，指出中国人国家意识淡薄这一事实。他认为中国南北地域在风土、人情方面状况迥异，传统的农业型社会生态环境造成了中国人重乡党、宗派观念而欠缺国家观念：

盖中国人的爱国之心不如爱省之心深厚。爱省之心又不如爱乡之心深厚，爱乡之心又不如爱家之心深厚。爱家之心又不如爱己之心深厚、痛切。并非是说他们丝毫没有爱国心，没有国家观念。尽管有爱国心，尽管有国家观念，那不过只有一分，绝不会超过爱己爱家之心。此种情况，特就士大夫以上的人而言的，士大夫之下的人已无爱乡之心，何来爱省之心，又何来爱国之心。[②]

以上，中岛端从内部论证了中国社会现状的落后及国民素质的低下，由此否定了中国建立近代民族国家的可能性。中岛端的问题意识显然没有就此打住，在上编最后一章也即是第十章“中国的命运”中，他将目光投向西方列强，从外部来考察了中国势必会被瓜分的缘由。中岛端的论述主要是从三个层面展开的：首先是列强对中国的分割状况。比如俄罗斯主导的蒙古的独立、英国入侵西藏、法国侵犯云南等；针对列强之间达成的要保全中国领土这一说法，中岛端一针见血地指出，列强欲保全中国领土并非是出于对中国的保护，不过是在等待吞并的时机而已，批评了中国人的麻痹大意；列强不仅要利用军事力量来瓜分中国，还通过诸如开采矿山、借款筑路、合并实业等手段来对中国实施经济侵略。所以，中岛端认为：“铁路四通八达，但不归中国人管理；实业略有振兴，但享受其利益者并非

① 中岛端：《中国分裂的命运》，第88页。

② 中岛端：《中国分裂的命运》，第139页。

是中国人，挖掘地下的宝藏，金银铁煤堆积如山，享受其利的并非是中国人，一切实业的利益均落入外国资本家的囊中。而且，从内面形成分割之势。”①

综上观之，中岛端对中国的前途持极度悲观的态度，认为中国被列强瓜分的命运必将到来。他的这一认识并非是一种感情用事的情绪宣泄，而是征诸历史教训、国民根性以及现实情况而做出的预测。百年回首，尽管我们不得不说中岛端的这一预见的破产，但他无论是对于中国国民性的考察还是对帝国主义本质的认识都是充满了真知灼见的。尽管中国取得了民主主义革命的最后的胜利，推翻了帝国主义列强的统治，但这是中国人民付出了极大的代价换来的，中岛端的诸多见解对今天的中国仍有警示作用。

4. “中国分割”与日本的立场

中岛端在《中国分割的命运》的上编中，通过对辛亥革命之后中国所面临的各种现状作了独到的分析，并指出中国分割的命运必然会发生。倘若是这样的话，在文化传统方面与中国有着深厚渊源的近邻日本应该如何应对这场瓜分中国的局势？这正是《中国分割的命运》下编的核心论点。

为了方便叙述，在这里有必要将下编篇目的标题罗列出来：第一章“东亚的门罗主义”、第二章“日本帝国和中国分割”、第三章“日本和中国分割的策略”、第四章“日本与中国分割的根本性利害关系”、第五章“日本帝国百年后的命运”、第六章“日本的教育”、第七章“日本的产业”、第八章“日本的陆海军”、第九章“日本的外交”、第十章“世道人心的一大危机”。

其中，第一到第四章的核心点在于提出日本究竟该不该参与列强分割中国的活动这一问题意识。第五章之后，作者的笔锋急转直下，从之前议论中国的命运这一话题中抽身出来，转而对近代化以来日本的社会现状进行全方位的评判。但是在下编的叙说中，中岛端的不少观点比较暧昧，甚至前后矛盾冲突，但主要的线索还是清楚的。

在下编第一章“东亚的门罗主义”中，中岛端开门见山地对门罗主义做了说明：“持门罗主义的美国人认为，美洲的事务只是由美洲人来处置，

① 中岛端：《中国分裂的命运》，第 159 页。

绝不容许别的洲的人来置喙。” 众所周知，所谓的“门罗主义”乃是 1823 年由美国总统詹姆斯·门罗在国会中所表明美国的立场，即欧洲列强不应再殖民美洲，或涉足美国与墨西哥等美洲国家之主权相关事务。而对于欧洲各国之间的争端，或各国与其美洲殖民地之间的战事，美国保持中立。其核心内容貌似在强调民族国家间的独立性，主张互不干涉。但是，其中所隐藏着的霸权主义思想可谓昭然若揭。

中岛端紧接着说：“如今，余辈亦要说，亚细亚的事情应该由亚细亚人民来处置，何须欧美人的干涉？往更小处说，中国二十一个省份的事情，应该由中国人来独自解决，不容他国人来掣肘。”① 其言辞之慷慨激昂，让人感铭至深。但中岛端的议论并没有最终收束于此。如前所述，在上编中，中岛端反复提及中国必然会遭到列强瓜分的命运，但他认为中国被瓜分的命运又绝非仅仅是中国的事情，日本作为中国的近邻，一旦中国失控，被欧美列强分割，失去了这个老大帝国的屏障，茕茕独立的日本将会是列强下一个觊觎的目标。在《中国分裂的命运》一书中，中岛端泛滥般地使用着诸如“同文”、“同种”、“同洲”、“唇齿辅车”这样极具感性的词语，强调中日两国在白人势力威逼之下“一莲托生”的命运共同体意识。总而言之，基于中国危如累卵的局势以及中日两国之间有着千多年的文化连带关系，日本岂能袖手旁观？中岛端可谓忧心如焚：

> 中国乃宇内一大旧国，今因其民族腐败之故、其人心涣散之故，一旦处于亡国之边缘，举四万万生灵陷于水火涂炭之中，不复能生。吾安能不放声大哭，为吾千年以来的友邦感到悲伤。我日本亦是东方一新兴的雄邦，如今，同种的民族、邻国的政府身处惨毒苦痛之中，不能相救，也不敢去救。坐视四千年文明古国陷入灭亡之灾，而无人能拿出善后良策。新兴国之实焉在？东亚霸权之效焉在？自西欧文明东渐之日始，亚洲国家纷纷倒下，被淘汰者不一而足。土耳其如此，印度如此，埃及如此，波斯如此，安南缅甸如此，如今中国亦难免亡国之运。则此后在东亚顶天立地，能维持自主体面的仅剩我日本帝国矣！从东亚人种整体观之，祸也福也？祥也不详也？呜呼，何时东亚人才能处理好东亚的事

① 中岛端：《中国分裂的命运》，第 161 页。

> 呢？门罗主义的实现又要到何时？我安能不为全亚洲痛哭流涕，且为我帝国感到悲伤，感到惋惜。①

在倾诉了对欧美列强的不满和对中华“大旧国”的同情之后，中岛端利用他对中国地理、交通状况的高度了解，再结合中国历史上传统的攻防策略，极为详细地推演了俄罗斯、英国、法国、德国等国家分割中国的推进线路，十分具有说服力。由此，中岛端进一步强化了一个命题：“二十世纪最大的问题殆在于黄白两人种的冲突。”② 但是，由于日本在东亚的崛起，欧美列强在分割中国时不得不顾及日本的脸色。换言之，在中岛端看来，成功地实现了近代化、成为列强集团新贵的日本是威慑欧美帝国主义、庇护中国的一个极为重要的掣肘力量：

> 然以白人观之，我日本位居东亚主人，隐然占有霸者之权，恰似眉宇间的一大肿瘤；妨碍其横行阔步者，是我日本也；抑制彼飞扬跋扈者，乃我日本也。彼不能垄断权利，逞其威风者，是因为有我日本之故。③

中岛端在别处也多次谈及日本之于中国的重要性，比如在提到义和团之乱时，中岛端强调说：“如果当时没有我帝国，列国早就上演了瓜分中国的大戏。中国幸免于此，是因为有我帝国在其身边，暗中鞭策庇护之故。”④ 尽管如此，由于中国自身的过度腐败，英、俄、法、德、美诸国的势力已经完全渗透进来，中国的分崩离析只是时间问题。所谓的“东亚的门罗主义”，即由中国人自己来解决中国的问题这一可能性已不复存在。面对如此形势，日本究竟该采取何种立场？绕了这么大的圈子，中岛端才总算是把问题的核心表面化。在接下来的第二、三章中，作者主要就是在围绕着这个问题做文章。

中岛端认为，日本从中国大陆完全收手，这也不失为一种选择。但是，这显然不符合日本的根本利益，因为甲午战争之后，入主大陆、经营大陆

---

① 中岛端：《中国分裂的命运》，第 189 ~ 190 页。
② 中岛端：《中国分裂的命运》，第 219 页。
③ 中岛端：《中国分裂的命运》，第 224 ~ 225 页。
④ 中岛端：《中国分裂的命运》，第 193 页。

已成为日本的国策。既然从国威、国权的发扬再到经济的发展，放弃中国是断不可能之事，那么就不妨果断行事，与欧美列强一道逐鹿中原。如果日本选择了这条道路，那又该如何来实现这一目的呢？在第三章“日本与中国分割的策略”中，中岛端替日本出谋划策，模拟演习了日本瓜分中国的方略：以南“满洲”为据点，“如我日本以进取为方针，必联络浙江、江苏二省，形成南北掎角之势；就用兵而言，黄河以北古燕赵之地绝不能落入他人之手；就财力而言，江苏、浙江是二十一省中最肥沃之地，绝不能为他国所有”。①

当然，能否做到这一步，完全取决于日本的国力。不过，目前日本显然还不具备这个能力。就算是国民有这个勇气，但实际上也没有这个财力。日俄战争留下来的高达二十亿的战争借款以及为了偿还借款而征收的高额税收压得国民喘不过气来，也不会有哪个国家会借战争款给日本。所以，日本要瓜分中国不过是纸上谈兵、痴人说梦而已。

中岛端更进一步地指出，即便是日本具备了瓜分中国的财力和物力，也要慎重思考一个最基本的前提：瓜分中国对日本究竟是有利还是无利？在中岛端看来，中日两国是一衣带水的近邻，按照白种人征服异己的天性，在瓜分完中国后，接下来势必也会瓜分日本。从这个意义上讲，日本参与列强瓜分中国实在是不明智之举。所以，中岛端说：

> 纵然我日本甘步白人的后尘，瓜分来二三个省，得到二三万公里的土地和四五千万人民。这对于黄种人的衰微而言，于事无补。于白人的横行又有何妨？他年茕茕独立，环视五洲之内，没有一个同种的国家，没有一个同盟之邦，没有一个唇齿辅车、相依相辅的朋友。如果徒贪眼前之区区小利，流布千年不灭之恶名，招致百年不悔之大患，岂非大东男儿史无前例之羞？又岂非大和民族莫大之耻辱？大抵上，无论古今东西，背叛同族向异族献媚者，最终亦必受颠覆灭亡之祸。此亦自然之数，立邦国者宜引以为戒。故余曰中国之分割，于我究竟是利还是不利？……中国分割是我日本将来厄运之始，有百害而无一利。②

① 中岛端：《中国分裂的命运》，第208页。

② 中岛端：《中国分裂的命运》，第234～235页。

行笔至此，中岛端亮出了底牌：日本不要参与列强瓜分中国，因为日本既没有那个能力也不会从中获取任何利益。在接下来的章节中，中岛端的笔锋发生了大逆转，将此前剔抉中国病灶的手术刀转向了日本。从第五章“日本帝国百年后的命运”至第十章“日本的宪政”为止，中岛端对日本的教育、实业、陆海军、外交、宪政等现状进行了犀利的批判，其言辞之激烈丝毫不逊于此前针对中国的发言。

作为一个国汉学者，中岛端对日本皇室十分尊崇，对新兴的明治国家也有着极大的认同感。他毫不掩饰地称呼明治天皇为“不世出的英明天子”。认为正是在这个“英明天子”的领导下，日本帝国才傲然屹立在世界的东方。但是有明君却无贤臣。他肆意贬斥明治时代叱咤风云的政治家山县有朋、井上馨、寺内正毅等人，更是把伊藤博文比拟成南宋的贾似道。关于教育，中岛端认为日本的近代教育多流于形式，缺少精神，在开启国民的道德、智识上没有任何效果，没能培养出“在哲学、文学、精神上开拓一代思想、指导一世人心的人物来”。[①] 在论及日本的实业时，中岛端认为日本尚处在农业国家的状态，日本要想成为工商业国家起码还需要二三十年时间，要想成为真正富裕的国家为时尚早。中岛端还认为，日本的陆海军完全由萨长两藩出生的军人控制，花费了国民大多数的税金。军备的扩张，其实也就是萨长二藩之间的实力较量。在随后的篇幅中，当论及日本的外交、宪政、世道人心时，中岛端激越的情绪愈发地不可收拾，对其进行了痛快淋漓的鞭笞。通过对明治时代诸多积弊的指陈，中岛端最终得出的答案是日本已然具有了亡国之相。

第十一、十二章是全书的收尾部分，也是全书论点的最终归结处。在这里，中岛端为具有“亡国之相”的日本指出了一条他所理想的“王道”之路：

> 我日本位于东方大陆，勿要两敌相抗。勿以侵略之念凌人。勿以辱弱之眼视人。以不嗜杀人之心持人道扶持之心，同种同族，患难相救，行疾病相养，苟以活人之道杀人，虽死不怨；苟以佚人之道劳人，虽劳不叛。杀人剑即活人剑，恩威兼行，宽柔相济。有功勿自伐，有德勿自恃。勿急一时之近功，勿误百年之大计。

① 中岛端：《中国分裂的命运》，第244~245页。

加之以诚实恻怛之心，始终不倦、不挠，是谓王道。果如是，岂但只云日本民族之发展，黄种统一亦得可期，世界和平亦得可望，四海兄弟、天下一家之最上乘的理想亦得以实现。[①]

不用说，中岛端为日本所开出的行“王道”的药方，与孙中山所提出的“大亚洲主义”思想有着异曲同工之妙。尽管带有浓厚的乌托邦色彩，但在日本帝国主义开始抬头的时代，这样的主张是抽取了杀伐、侵略的凌厉之气的和平思想，对捍卫中日和平是有着积极意义的。

但是，如此用心良苦的中岛端大概没有想到他的主张会遭到中日两国人士的冷落、误解甚至抗议。如前所述，《中国分割的命运》出版于 1912 年 10 月 15 日，该书问世后曾在日本社会上引起了较大的轰动，很快售罄并在次年再版发行。但这部书所掀起的波澜很快就消退，竟至于被遗忘。《中国分割的命运》之所以在日本昙花一现之后不再为世人所侧目，固然有各种各样的原因，但在笔者看来，该书未能在日本得到持续关注，恐怕是与当时日本国内的情势有着很大的关系。《中国分割的命运》出版时正值明治、大正易代之际。明治时代虽然宣告结束，但是奠基于这个时代的日本帝国主义在大正新时代里正阔步前行，日俄战争、日韩合并的记忆尚且鲜明，台湾、“满洲”的经营也正在高调进行之中。在这样的时代里，迂腐如中岛端者痛斥经过“文明开化”洗礼摇身变为帝国主义新贵的日本的诸多不是，显然有时代错误之嫌，在时代的宏大叙事面前，一介汉学士的喊声就显得格外的苍白无力。

与在日本被忘却的结局相比，《中国分割的命运》在中国则热闹多了。该书出版后很快就被介绍到中国国内，两个多月之后，在李大钊的主导下，由北洋法政专门学堂的学生们集体译出并附上大量的驳议，结集为《中国分割之命运驳议》由北洋法政学会出版发行。该书在如此短暂的时间内被译成中文并逐条加以引申、驳斥，这足以说明它是如何刺激了中国人的神经。

1895 年甲午战争结束之后，欧美列强就加速了在中国的分割活动。此前，只有英国在中国划分了势力范围。甲午战后，俄罗斯、德国、法国、日本都纷至沓来，加入到瓜分中国的行列。1900 年的义和团事件之后，列

① 中岛端：《中国分裂的命运》，第 314 页。

强在势力均衡的前提下，承诺保证中国领土的完整性。但是，俄罗斯并没有从满洲撤兵，美国的势力也渐渐渗透进来。事实上，中国已经处在了被列强瓜分的边缘。1911 年辛亥革命爆发，推翻了清王朝，但是民国的前途依然堪忧。就在辛亥革命爆发的前夕，俄罗斯策动了蒙古的独立，英国入侵西藏，法国入侵云南。辛亥革命的成功、近代民族国家的建立并没有能阻止帝国主义对中国的侵略，相反，帝国主义列强以承认中华民国为诱饵，拼命攫取在中国的矿山、铁路等的开采、建设权利。就是在这样的历史关头，中岛端抛出了让中国人刺耳的《中国分割的命运》，彻底引燃了正处于焦虑中的中国人的愤怒。客观地说，译者们过多地瞩目于中岛端批判中国落后的国民性以及他所得出的中国必然会被列强瓜分这一悲观的结论，甚至没有来得及仔细体会作者的真正用心和叙述逻辑，迫不及待地开始了对他的反驳。

也就是说，中岛端被短路般地贴上了为日本帝国主义呐喊的侵略者的标签。结合他在日本所受到的冷遇来看，中岛端可谓是两头没能讨好，处在了两难的尴尬境地。之于中国，正如论者所说："中岛端因为他出生在与中国有着深厚渊源的家庭的缘故，对中国抱有血亲般的认同感。这样，就会很容易迷失他者的感觉；当他对此进行反省时，又容易与中国保持过度的距离，其态度又变得很冷漠"。[①] 通读《中国分割的命运》，确实会发现一些偏见。但我们不能割裂时代语境，更不能够断章取义，剥离作者的真实心境。其实，无论是他的初衷还是言行都不会超出一个书生的正义感。他热爱中国，深受中国文化的陶冶，他同时又兼具仗剑行侠的传统儒士的品行。他对于中国的严厉批判，实乃是出于恨铁不成钢的焦虑："作为一个从幕末经过维新，总算是建立起帝国主义国家雏形的日本的忧国之士来说，中国的如此状态与其说是让人着急，毋宁说是让人觉得自我伤感般的焦躁。对斗南先生来说，这正是因为他热爱中国和中国人的焦虑、义愤。"[②]

中岛端是"东亚门罗主义"最早的提倡者。但他所提出的这一主张随着日本帝国主义侵略脚步的延伸，民族主义的成分被极度强化，渐渐地向"日本主义"倾斜。中岛端曾经反复提到的"唇齿辅车"之说被置换成了日本帝国主义将侵略行为正当化的口实。比如，在中岛端之后，以石井菊次

---

① 后藤延子：《中岛端〈中国分割的命运〉及其周边（二）——一个亚洲主义者的选择》，《信州大学人文科学论集 · 人间情报学科编》第 40 卷，2006，第 141 页。

② 川村湊：《狼疾正传——中岛敦的文学及生涯》，河出书房新社，2009，第 115 页。

郎等人为代表的“亚洲主义门罗主义”不过是美国式“门罗主义”的翻版。其核心主张是，欧美国家和国际联盟不得干涉亚洲事务；欧美列强要承认日本在亚洲特别是在中国的特殊权益；日本是亚洲的领袖，亚洲各国必须接受日本的指导。目的在于要利用亚洲人民反对西方殖民主义的情绪，达到阻止其他帝国主义在远东的势力扩张。是要在需要超越的“近代欧洲”的对立面上设定一个“近代亚洲”的绝对价值。所谓的“大东亚共荣圈”、“近代的超克”乃是这一逻辑的极度延展。这种侵略性的主张与中岛端的中日共生的大同思想有着天壤之别。

在当时的国际环境之下，谙熟中国传统文化与现代政治的中岛端深刻地意识到了中国所面临的危险。他对于中国的近乎谩骂的批判对于那些依然沉醉在对中国悠久文化迷蒙中的人士无疑是打了一针清醒剂，瓦解了企图固守文化的“先进性”来结成文化亚洲主义同盟的根基，同样，他对于明治、大正年间弥漫在日本上下的成就了近代化的幻觉兜头泼下一盆冷水，对于具有极右色彩的亚洲主义者也不啻是一声棒喝。作为一个亚洲主义者，他不是一个狂热的情绪主义者和国粹主义者，自始至终都保持了冷静，他对于中国、日本的毫不留情的批判，使得他避免了滑向军国主义泥沼的危险。只是这条狭窄的第三条道路上满是荆棘，中岛端尝试着走了过来，尽管充满了苦涩甚至撕裂的痛感，但对百年后的今天依然有着启示作用。这也是今天我们重读《中国分割的命运》的价值之所在。

日本明治时期《中国文学史》之发轫*

——兼论盐谷温与鲁迅

赵　苗**

【要　旨】本論は日本の明治「中国文学史」の起源と発展の経緯を概観し、その価値と意義を論じた。その上、塩谷温の『中国文学概論講話』と魯迅の『中国小説史略』を例に、二者の相違点を分析した。塩谷温はヨーロッパの影響で、社会風俗の角度から中国文学を研究することに偏っている。つまり、国民性と伝統的風俗を考察することを出発点とし、作品における社会風俗の真実性を作品評価の尺度としている。その代わり、魯迅は作品各版の収集と整理を重視し、これに基づいて中国小説の発展の軌跡を探理、しかも、作品鑑賞には独特な見解を見せている。したがって、明治「中国文学史」の中国に対する影響は、文学現象または作品に関する論述にあるのではなく、むしろ19世紀のヨーロッパ文学観と中国古典の初のドッキングで、それによって詩文至上という中国の伝統文学観を変え、俗文学の地位と価値を未曾有に高め、新しい角度と新しい方法で中国文学研究の新天地を開いたことにある。

【关键词】中国文学史　盐谷温　鲁迅　明治

---

* 本课题受北京外国语大学中央高校基本科研业务费（院系自主项目）专项资金资助。

** 赵苗，北京外国语大学比较文学与跨文化专业博士，副教授，主要从事中国古典文学及中日比较文学研究。

一 中国文学史在日本之开端及发展

1882年，日本派赴英国的外交官末松谦澄将其演讲稿整理出版，题名为《中国古文学略史》，此为日本近代史上第一部以“文学史”题名的著述。严格意义上讲，此书与近代意义的文学史相距较远，不仅是文学观与近代西方的“文学”相差悬殊，编写体例与研究方法也乏善可陈。然而，因冠以“文学史”之名，故对中国文学史的叙述自此书始。此书作者末松谦澄，作为19世纪80年代日本驻英国的外交官，在伦敦生活达八年之久，时值欧洲近代文学观逐步确立、国别文学史编写风起云涌之际，然而，末松谦澄对此似无兴趣，其文学贡献更在于译介日本古典，如首次将《源氏物语》译成英文。

松谦澄之后，日本的中国文学史书写大约沉寂了十年时间。1891年，日本同文社《中国文学》杂志开始连载儿岛献吉郎的《中国文学史》。此后三十年间，日本共计出版了约19部中国文学断代史与中国文学通史，以令人惊叹的速度迅速成为当时世界范围内中国文学史领域的霸主。

众所周知，中国白话小说曾在江户时期（1603～1867）流行，明治时期（1868～1912）则再次迎来中国文学史的兴盛。察其所因，前者由于幕府统治者将儒学确立为官学，日本自上而下推崇中国文化，因此，以《水浒传》为代表的中国白话小说的流行不足为奇。后者的情形则较为特殊。由于明治时期是日本历史的转折点，随着明治维新所引发的激烈社会变革，日本社会在整体上呈现出与中国文化渐行渐远的态势，按照一般常理，在此环境与时代氛围下，中国文学研究理应呈现低迷之势。

然而，事实与常理恰恰相反。中国文学史不仅诞生于日本明治时期，而且随即迎来书写与出版的黄金期，并一跃成为中国文学研究的最大亮点。对此现象，川合康三曾发问：“1890年代后半，名为’中国文学史’的书籍突然一起登场，而综观以前中国文学历史的书籍却几乎没有出现过此现象，的确相当诡异，其原因究竟何在？”①

实际上，围绕此问题所做的种种思考，均不可避免地会落实到国别文学史本身所附载的价值与意义上。这是由于，国别文学史在欧洲诞生之初，

① 叶国良、陈明姿：《日本汉学研究续探：文学篇》，华东师范大学出版社，2008，第167页。

即被赋予追溯民族传统文化与激发民族情感之属性，此为文学史区别于其他学科的标识，也是中国文学史研究难以回避的问题。因此，对于日本的中国文学史研究，理应以此为出发点。

溯本求源，19世纪末的日本处于民族情绪空前高涨期，其在政治、经济及军事等领域与中国展开激烈角逐。在文化领域，尽管两国学者之间交流互动频繁，但是内在竞争始终存在。实际上，日本当时在中国文学史领域的捷足先登，不仅在于引入西学的客观需要，同时也是以中国文学史为契机，在思想文化上与中国进行较量。举例而言，1897年，古城贞吉的《中国文学史》出版，此为日本出版的第一部中国文学通史，当时在思想界与教育界有广泛影响的井上哲次郎为此书题写了序言："目前西洋人对于中国文学的研究领域尚未真正开辟，除《诗经》以外，只有李白、白居易、苏东坡等人的诗词被翻译而已，对古今三千年中国文学进行历史考察，这并非西洋人容易做到的事情。而中国人自身缺乏概括能力，对目前的学术动向亦无从辨析，中国人尚并不知晓编写中国文学史的必要性。而即使中国人知道有此必要性，他们也没有编写的资格，若果然编写中国文学史，也只能由我邦人来担任。"① 由是可见，19世纪末文学史自西洋传入日本之初，日本人所抱有的抢滩登陆之心，从这个角度而言，中国文学史是19世纪末日中文化竞争的产物。

井上哲次郎所言，颇能代表当时一部分文学史家的心态。此不仅表现为中国文学史出版数量自此迅速攀升，也表现为在此思想指导下，对作家作品的评论容易出现以偏概全、先入为主的问题。在此方面，即使盐谷温这样的大家，也难脱其窠臼。如盐谷温价《红楼梦》，"犹如中国料理之醇厚，中国人性情亦极为复杂。以淡味刺身与盐烧为好，性情单纯的日本人，对此显然无法理解。中国人初次见面的寒暄，其辞令之精巧，委实令人惊叹。且在外交谈判及谲诈纵横的商略上，充分发挥此特色。从中国文学的虚饰之多，也可看出其国民性之复杂。餐藜藿食粗糠的人不足与之论太牢的滋味，惯于清贫的生活，难以与通温柔乡里的消息，粗犷之人也无法玩味《红楼梦》的妙文"②。盐谷温以中国料理、中国人的日常寒暄、外交谈判及中国文学的虚饰来推断中国国民性的复杂，进而得出《红楼梦》令人

① 〔日〕古城贞吉：《中国文学史》，日本：经济杂志社，1897，第3页。引文为笔者译，以下同。

② 〔日〕盐谷温：《中国文学概论》，日本：弘道馆，1948，第447页。

无法玩味之结论，此种以并无内在关联的事例进行论证的做法，显然有悖逻辑推理的规则，其并非比较文学意义上一般的文本误读，实际上是以一种文化优越论的心态来审视他国文化。可见在民族主义急剧膨胀的历史时代，文学史家也难以免俗。

值得注意的是，尽管明治时期的中国文学史数量颇为可观，但质量却良莠不齐。此一方面由于文学史体例由欧洲导入不久，对于文学概念的理解尚未清晰，文学史书写体例处于探索与尝试阶段，因此对“文学”与“文学史”的理解存在各种不确定因素；另一方面，由于彼时日本有意垄断中国文学史书写，在出版时间上必须尽量提前，在一定程度上造成作者难以深思熟虑，甚至在引用、抄录中国文献时错漏频出。显然，对日本的中国文学史家而言，尽管具有近水楼台的优势，但书写对象毕竟是异国文学，更何况中国文学时间跨度之长、作品之庞杂，在世界范围内亦属鲜见，因此，撰写中国文学史实非易事。面对浩如烟海的文献典籍，如何进行分类、取舍与评价，如何对版本进行搜集、选择与考证，如何探究不同时代的文学形式、文学流派及文学思潮之间的内在关联，如何思考中国文学发展与演变的规律，无异于难以逾越的千峰万壑。

对于明治的中国文学史家而言，更大的困难还在于文本阅读。对于习惯于阅读文言典籍的日本人而言，明清白话小说是摆在其面前的一大难题。尽管少年时代接受汉学私塾教育，青年时代入大学学习中国古典，然而其所接受的汉文训练，往往是以日语训读的方式来研读儒家经典，对于明清白话小说中出现的大量口语及俚语，则难以理解、甚至根本无法阅读。因此，明治时期的文学史家，尽管受欧洲俗文学观影响而较早意识到中国戏曲、小说的价值，却难以在中国文学史中相应地加以详述。对此，久保天随坦承，其本人在撰写元明清文学时，由于未能细读某些原著，只好以寥寥数笔带过。

久保天随的情况并非个例。实际上，短时间内速成一部中国文学史，犹如短时间建成一座大厦，无论外墙如何高端，内饰终难精致。只是素以犀利著称的久保天随，更敢于直言自身的不足，同时也将更为犀利的言辞抛向同时代的文学史家：“在此之前，虽然出现了两三部称之为中国文学史的作品，但无非是见识浅薄的学者之作，连丝毫的学术价值也没有。”[①]

① 〔日〕久保天随：《中国文学史》，日本：人文社，1903，第2页。

同理，久保天随的批驳也并非空穴来风。在对于“文学”概念未充分理解之前，文学史写作不可避免地呈现杂乱无章之态。唯有对“文学”的概念进行准确的定性与定位，文学史写作才能有秩有序地进行，然而，彼时日本书写中国文学史的条件尚未成熟。与同时代的文学史家相比，久保天随前瞻性地指出，当时文学史中普遍存在一种“泛文学观”，在此文学观的影响下，文学与史学、文学与哲学之间纠缠不清，致使文学史难以从史学及哲学著述中独立出来，与此同时，文学也难以作为一门独立的学问而存在。久保天随认为，有些人以“文学”为“文章”、“学问”之义，将文学与史学、文学与哲学混为一谈，其著述只徒有西洋文学史的外表，内在的文学观与研究方法却是滞后的。① 如其所言，明治时期的中国文学史中，有关“文学与文字”、“文学与学校”、“文学与科举”、“文学与宗教”的内容比比皆是，超越了文学本体的叙述范围，使其更接近于庞杂的学术史，而非近代意义上的文学史。

中国本土情况也大致如此。20 世纪初，不少题名为“中国文学史”的著述，实则近于百科全书式的学术史。究其所因，除受到传统学术“经、史、子、集”体系的制约外，日本的影响是不容忽视的因素。由于晚清借鉴西学主要通过日本，在此过程中，精华与糟粕往往同时被吸纳，难以细加厘剔。曾经在相当长时间内，中国习惯于借助日本构建的中国文学史框架，将相应的国学内容加以填充。此种以日本出版的中国文学史为参照物的做法，如同一把双刃剑，在获取便捷的同时，也在一定程度上造成对文学史本源的忽略，难以从根本上对文学的概念进行深入挖掘，致使中国文学史长期徘徊在国学史边缘，亦步亦趋。

然而，尽管明治时期的中国文学史存在缺憾，却无疑是文学史发展的必经之路，其真实地记录了 19 世纪末中国文学史如何在日本落地、生根及发芽的过程，传达出早期日本文学史家所面临的困惑、矛盾与思考。毋庸置疑，明治文学史家为此所做的种种努力，为大正时期中国文学史正式跨入近代学术体系进行了颇为有益的尝试。因此，无论是对大正以后中国文学史的研究，还是对中国本土文学史书写过程的回溯，明治时期出版的中国文学史均富有价值。

---

① 〔日〕久保天随：《中国文学史》，第 2 页。

二 明治时期中国文学史的价值

具体而言，明治中国文学史的价值，不在于对文学现象及作品本身的评述，更在于首次将19世纪欧洲的文学观与中国古典文学进行链接，使戏曲、小说从“见识污下”的藩篱中彻底解脱出来，作为学术研究对象纳入中国文学史书写，并在大正时期（1912－1926）成为中国文学研究的主流。此方面具有开拓之功的当属笹川种郎，其不仅撰写了第一部中国戏曲小说专著，而且将中国俗文学提高至与欧洲文学同等的地位，首次打破了诗词文赋一统天下的学术传统，成为引领明治时期中国文学研究的风向标。从此时起，素来难登大雅之堂的戏曲小说，不仅进入中国文学史，而且逐渐成为中国文学史的主角。至1919年盐谷温的《中国文学概论讲话》出版，作为日本近代中国文学史的扛鼎之作，此书对戏曲小说的叙述已成重中之重，全书共计473页，其中第六章戏曲达130页，第七章小说达183页，戏曲与小说合计占比65%。可以认为，对戏曲小说地位与价值的认可，成为日本近代中国文学史的最大亮点。

如果说，明治维新（1868）标志了日本中国文学研究的转变，盐谷温的《中国文学概论讲话》（1919）则无疑具有里程碑的意义。前者的价值在于，将中国文学从日本的本国文学框架中脱离，作为独立的对象、一个“他者”，被加以研究阐释；后者在于首次以近代西方史学的方法，书写中国俗文学发展与演变的历史。尽管在此之前日本已有一批中国文学史问世，然而，自盐谷温起，此种著述体例才真正被赋予近代意义，如内田所述：“当时的学界，叙述文学的发达变迁的文学史出版的虽不少，然说明中国文学的种类与特质的，这种述作还未曾得见，因此举世推称，尤其是其论到戏曲小说，多前人未到之境，筚路蓝缕，负担着开拓之功。”① 内田所言，表明了盐谷温之著与此前文学史之区别，即不限于叙述文学的发达变迁，而是着重突出中国文学的种类与特质。

具体而言，促成盐谷温进行俗文学研究的原因主要有三方面。首先，是来自日本国内的影响。在东京大学期间，其师从森槐南学习词曲，构建了扎实的学术基础，为日后展开中国俗文学研究提供了前提条件。当然，

① 〔日〕盐谷温：《中国文学概论讲话》，日本：弘道馆，1948，第2页。

狩野直喜的学术启发也是个不容忽视的因素，其日后在东京大学开设中国文学讲座，实际上是直接受狩野直喜的影响。不仅如此在《中国文学概论讲话》中，盐谷温详细介绍了狩野直喜赴欧洲追踪斯坦因、伯希和敦煌考古文献的情况，并引用了狩野直喜关于《水浒传与中国戏曲》一文，表示赞同狩野直喜关于水浒戏早于《水浒传》在社会上流传、并形成于元末明初的结论。

其次，是来自欧洲的文学理论与研究方法的影响。1906 年盐谷温受日本文部省派遣赴德国留学，期间接触到欧洲的俗文学理念，此为构建盐谷温文学观的主要来源。盐谷温在《中国文学概论讲话》中谈到，当时欧洲对中国的戏曲小说很有兴趣，有介绍中国戏曲小说欧文译本的《汉籍解题》，且《西厢记》《琵琶记》已出版法文译本。1948 年《中国文学概论讲话》再版时，盐谷温再次谈到欧洲对中国戏曲小说的翻译："近年来，《水浒传》《三国演义》《金瓶梅》的英语、德语全译本均出版了，欧洲在中国俗文学译介上走在了日本之前。"受欧洲俗文学研究从语学开始的启示，盐谷温在北京学习过一年汉语。在此方面，其与明治时期的中国学家存在明显不同，后者尽管具有阅读中国典籍的能力，但多数人不会汉语口语。

第三，中国本土研究对盐谷温的影响客观存在。盐谷温在《中国文学概论讲话》（包括再版）中大量征引中国古代尤其是清代的研究成果，对叶德辉、王国维、鲁迅、胡适、郑振铎等中国当代学人也多有介绍。如果说盐谷温在德国留学期间，接受了俗文学观的理念与研究方法，中国留学则使他获得了更多有关元曲的实证成果。在中国期间，除在北京学习一年汉语以外，盐谷温主要在长沙跟随叶德辉学习元曲，此次求学令其在元曲研究上大为精进，以至于多年后回忆起这段留学往事，仍对叶德辉充满感激，称"先生倾其底蕴以授余"，并在此书中多次提及叶德辉的学术成就：

> 历来研究中国文学，都未脱离古典诗词文赋。西洋的研究方法与此不同，他们往往从语学入手，这是由于西洋的研究者偏重通俗文学的缘故。之前我为了在东京大学开设中国文学讲座，曾去中国和德国留学。在德国学习到西洋学者的文学研究方法，在中国从语学开始进入中国小说研究，后来师从叶德辉先生学习中国戏曲，颇有所得。回国后，开始研究中国的元曲，可谓筚路蓝

缕，终于在中国文学研究领域开拓出元曲的一方田地。[①]

不仅如此，在《中国文学概论讲话》中，盐谷温还将叶德辉的赠别诗置于卷首，旁侧写有一段文字："叶德辉先生，字焕彬、号郎园，湖南长沙人。博览多识，藏书丰富。编著亘及四部六十八种、五百余卷。尤擅考证，深谙小学，兼通词曲。余留学中，从游之一年半，随先生习元明曲学，此诗乃归国之际先生惠赐。"[②] 可以说，在俗文学尤其是元曲研究上，盐谷温得益于叶德辉的研究成果，并研读了大量中国古代文献。

除以上三种因素以外，盐谷温之所以能开辟中国俗文学研究的一片新天地，还在于当时俗文学研究已蔚然成风，如新体诗运动、坪内逍遥的《小说神髓》、和歌改良与戏剧改良等行动，均在不同程度上推进了近代西方的文学观念与研究方法，并通过翻译西方小说更进一步确立了小说的独立价值。因此，盐谷温的《中国文学概论》，正是在日本国内研究方向发生转变，近代文学价值体系逐步形成的过程中应运而生。盐谷温的《中国文学概论讲话》，有别于古城贞吉、世川种郎、大町桂月、久保天随所著中国文学史，其将中国文学分为六部分加以叙述，即音韵、文体、诗式、乐府及填词、戏曲、小说。此六部分首尾贯通，独立出来则为各体裁文学史，如"小说"部分即为一部"中国小说史"。此书最精彩的部分也属"小说"，其对小说的叙述，启发了鲁迅撰写《中国小说史略》，对中国本土小说史产生了深远影响。

三　盐谷温对鲁迅的影响

盐谷温的《中国文学概论讲话》对中国本土文学史、小说史研究产生了深远影响，其中，尤以对鲁迅的影响广为人知，甚至由此引发了一场长达十年的学术公案。时任《现代评论》专栏主编的陈源，曾公开指责鲁迅的《中国小说史略》抄袭盐谷温，认为鲁迅对盐谷温的《中国文学概论讲话》进行"整大本的剽窃"、"拿人家的著述做你自己的蓝本"。事实证明，陈源的抄袭说纯属子虚乌有，陈源的攻击难脱个人恩怨的成分。然而，盐

---

① 〔日〕盐谷温：《中国文学概论》，日本：弘道馆，1948年版，第2页。

② 〔日〕盐谷温：《中国文学概论》，第1页。

谷温的《中国文学概论讲话》对鲁迅产生影响则是事实。对此，鲁迅本人也表示，盐谷温的书是其参考书之一：

> 盐谷氏的书，确是我的参考书之一，我的《小说史略》二十八篇的第二篇，是根据它的，还有论《红楼梦》的几点和一张《贾氏系图》，也是根据它的，但不过是大意，次序和意见就很不同。其他二十六篇，我都有我独立的准备，证据是和他的所说还时常相反。例如现有的汉人小说，他以为真，我以为假；唐人小说的分类他据森槐南，我却用我法。六朝小说他据《汉魏丛书》，我据别本及自己的辑本，这工夫曾经费去两年多，稿本有十册在这里；唐人小说他据谬误最多的《唐人说荟》，我是用《太平广记》的，此外还一本一本搜起来……其余分量，取舍，考证的不同，尤难枚举。自然，大致是不能不同的，例如他说汉后有唐，唐后有宋，我也这样说，因为都以中国史实为“蓝本”。①

具体而言，鲁迅的《中国小说史略》分为六个部分：第一讲从神话到神仙传，讲述神话与传说；第二讲讲述六朝时期的志怪和志人，世说新语及其前后；第三讲是唐传奇；第四讲是宋志怪、传奇文、宋话本及其影响；第五讲是明代小说的两大主流，包括神魔小说与人情小说；第六讲是清代小说的四大流派及其末流。从以上目录中可以看出，此书概括了中国小说史的发展过程。鲁迅每感于中国小说自来无史，已有的小说史则由外国人所作，因此，于此著用力甚勤，耗时亦久，其写作初衷，既有学术研究之目的，也有一种民族情怀，所寄厚望非比一般。

客观而言，鲁迅对盐谷温之著的参考，并不在于具体问题层面，而在于文学理念与研究方法的借鉴。由于“中国小说自来无史”，小说史叙述体例本身即从日本传来，因此，鲁迅对中国小说史的关注与叙述便不可避免地打上舶来的印记。如果说，盐谷温的价值在于将当时的欧洲文学观与叙述体例运用于中国文学史的书写实践，那么鲁迅对中国小说的叙述则侧重纵向梳理、作品鉴赏以及版本搜集。

---

① 鲁迅：《华盖集续编·不是信》，《鲁迅全集》第3卷，人民文学出版社，1981，第229页。该文最初发表于1926年2月8日《语丝》周刊第六十五期，署名“鲁迅”。

鲁迅的《中国小说史略》与盐谷温的《中国文学概论讲话》，二者相较，最大的区别在于叙述角度。盐谷温对于中国俗文学的叙述，是从社会风俗角度出发，以此为切入点来分析作品、连缀小说史的发展过程。而鲁迅则侧重对作品版本进行筛选，“从倒行的杂乱的作品里寻出一条进行的线索来”，以此探求中国俗文学发展的内部规律。溯本求源，从社会风俗角度评价中国俗文学的倾向，并非始于盐谷温，而是在明治时期初露端倪，经笹川种郎、藤田丰八、久保天随等人的推波助澜，至大正时期已蔚为壮阔。此非日本传统的文学评价标准，而是源自欧洲的一个舶来品。19世纪欧洲对中国俗文学价值的发现与认可，及对中国俗文学作品的翻译、介绍，引发了日本学者对此现象的关注，并最终促成了中国俗文学研究在日本的兴盛，此为欧洲文学观导入近代日本的一个例证。

实际上，欧洲最初对中国戏曲、小说产生兴趣，是以此作为了解中国国民性及传统习俗的一个路径。如19世纪的法国人普遍认为，中国文学中最具价值的部分是俗文学。法国的雷米萨在翻译《玉娇梨》时表示，此部才子佳人小说是一部“真正的风俗小说”，可以帮助人们了解中国文化，小说讲述的不仅是一个故事，也可以反映不同民族的风俗，而风俗小说往往具有社会研究价值。此外，于连在《平山冷燕》的译序中也强调，如果想要了解中国，一定要熟悉中国的文学作品，尤其是社会风俗小说。[①] 可见对一部作品，评价角度与标准不同，其评价结果也往往不同。相较而言，近代欧洲与日本侧重俗文学表现的社会风俗，即以能否了解社会风俗作为评价中国戏曲、小说的标准之一。据此也可以解释，有些中国本土视为二三流的作品，反在他国受到热捧，原因即在于角度与标准不同。

“横看成岭侧成峰，远近高低各不同”，综观明治时期出版的中国文学史，其对中国俗文学的评价视角与标准，主要集中于作品语言、故事情节、社会风俗及人性人情四方面。语言浅显直白的作品往往更受推崇。此一方面由于阅读条件所限，因为复杂的语言令其无所适从，产生难以把握之感；另一方面由于日本传统文化崇尚简约，以单一、奇数、素朴为美，故此类作品更易纳入其审美视野。《红楼梦》自1793年（日本宽政五年、清乾隆五十八年）运抵日本长崎港后，长期无法广泛传播，语言繁复为原因之一。

---

① 钱林森:《中国古典戏剧、小说在法国》，南通：南通大学学报社会科学版，2008年第2期，第48页。

与此同理，情节明快、紧凑的作品也更受青睐。《水浒传》在近代日本广为流传，江户时期，时人争相传阅，水浒英雄几乎妇孺皆知，其传播盛况远超《红楼梦》。在伊藤漱平看来，这是由于对熟读《三国演义》、《水浒传》等情节变化丰富的读者来说，《红楼梦》这部小说令人不知如何读起。《红楼梦》在明治中国文学史中也一度遭到冷遇，如相较《红楼梦》，笹川种郎更赞赏《金云翘传》："《金云翘传》没有《红楼梦》之错杂、《金瓶梅》之淫猥，篇幅短小而情节连贯，除《水浒传》、《西游记》以外，如果让我对有意欣赏中国小说的人士推荐，那么我一定会推荐《金云翘传》。"[①] 在中国本土，《金云翘传》实难与《红楼梦》相提并论，然而，在笹川种郎看来，《金云翘传》更有可取之处，此即评价角度与标准不同所致。

综上，受19世纪欧洲文学观的影响，从社会风俗角度评价中国俗文学，逐渐成为近代日本中国文学研究的一种趋势，而此方面的代表作即为盐谷温的《中国文学概论讲话》。在此书中，盐谷温对戏曲、小说的评述，往往考虑到社会风俗及国民性之一面，如评价《水浒传》为"且供研究中国的国民性及风俗研究的一端"，认为《水浒传》的价值不仅仅是一部小说，更是了解中国风俗及国民性格的利器。此种评价角度，的确令人产生耳目一新之感，然而，过于关注作品所表现的社会风俗，则容易导致对作品本身思想价值的忽略，因此存在一定片面性。此种评价体系的影响力在大正以后渐次减弱，并最终为接受学等理论所代替，在文学话语与其他话语之间的复杂关系中，全面而多角度地展开叙述成为中国文学史的趋势。此外，从纯美学角度出发，以表达真性情来衡量戏曲、小说，将俗文学从扬善惩恶的封建道德束缚中脱离出来，也是明治中国文学史的价值所在。如明治文学史家普遍表现出对《西厢记》的赞赏，认为《西厢记》的成就在《琵琶记》之上，由于《西厢记》反映了真实的人情，因此具有感人至深的艺术魅力。

余　论

值得一提的是，明治中国文学史家作为历史上特殊的群体，其熟悉中国文化，同时在剧烈的时代变革中，无时无刻不在经历西学风暴的冲击，

---

① 〔日〕笹川种郎《中国文学史》，第261页，日本：博文馆，1898年版。

思想上经历着大起大落的变动。与此相应，在其所书写的中国文学史中，往往表现出不同的文学观，其中一部分文学史家坚守中国传统学术，以儒学作为贯穿中国文学史书写的线索，另一部分文学史家则逐渐接受近代西方文学观，在新旧交替、中西磨合中不断对中国文学进行思考与探索。如果说，明治时期是日本历史上风云激荡的时期，那么明治中国文学史同样处于复杂变动的时期，体现于明治中国文学史著述中，则是对“文学”的理解殊难同调。

综上所述，明治时期对中国戏曲、小说的研究，与江户时期以朱子学为中心的中国古典研究，及对小说戏曲的日文翻译与训读，在研究性质、研究对象上均发生了根本性改变。在世界范围内，鲜有外国研究者与中国文化的渊源如此之深，也少有一个时期，如此集中地书写与刊行中国文学史。明治中国文学史，不仅彰显了近代日本学者对中国古典的认识与理解，同时也是一场对日本的本国文化的探源之旅，毕竟在漫长的历史岁月里，日本文化与中国文化达到了深刻交融的程度。客观而言，明治中国文学史促成了中国文学史的近代化步伐，对 20 世纪中国本土文学史书写产生了深远影响。在 20 世纪初的中国，中国文学史被寄托的家国民族情怀，甚至超越了对文学史本身的关注与思考，可以说，中国文学史产生、发展及逐步走向成熟的过程，是近代中国社会历史变迁与人文心态历程的缩影。

日本“工匠精神”源流探究

郭　敏　章　莉*

【要　旨】日本の「職人精神」の形成には、深い歴史文化と現実的な事情が関与している。歴史の観点から見れば、稲作文化により、日本人の勤勉で繊細な国民性が涵養され、手間を惜しむことなく、より一層、素晴しい製品を追求する姿勢が形成された。日本古来の神道は自然万物を神として崇拝する宗教であるが、それによって、生産道具や生産現場、製品に対して、日本人は畏敬の念を抱く。そして、禅宗は職業を修行の悟りと強く結びつけ、職人は職業を「本分」、職場を「道場」と見なし、魂を製品に込めて、一心で製造するという心が育まれている。現実の観点から見れば、戦後、政府による効果的な政策と教育の保障、それに製品の品質や技術開発への重視等も、日本の民間企業を支える「職人精神」の広がりと深化を進めたのである。本稿では日本の「職人精神」の源流と形成過程を考察することにより、現在の我が国を「製造強国」にするという我が国の夢を実現させるための重要な参考になることを期待する。

【关键词】日本　工匠精神　形成　历史　现实

李克强总理在2016年的政府工作报告中提出，要“培育精益求精的工匠精神”，以支撑制造强国战略。“工匠精神”本质上是一种职业精神，它

* 郭敏，女，内蒙古巴彦淖尔市人，天津商业大学外国语学院日语系教讲师，硕士，主要从事日本历史、日本文化研究。
章莉，女，天津市人，天津商业大学外国语学院日语系副教授，硕士，主要从事日本文化、日语教学法研究。

是职业能力、职业情操、职业品质的体现，也是从业者的一种职业价值取向和行为表现，其基本内涵包含敬业、精益、专注、创新等方面。纵观世界文明，“工匠精神”孕育在各个独特的文明体系母体中，也蕴含在人类创造的每一件美轮美奂的物品里，它是成熟、发达的文明体孕育出的文化结晶。作为一衣带水的近邻日本，从众多靠手艺谋生、独当一面的“职人”，到炉火纯青、受人敬仰的“匠”（Takumi），所展现出来的一丝不苟、精益求精、锲而不舍的精神被称作“职人气质”，也成就了“将灵魂注入产品中”为特征的日本式“工匠精神”，不仅使日本成为全球拥有百年长寿名企最多的国家，也助力日本实现了二战后经济的腾飞。细考其源远流长的历史文化密码和政府、民间企业合力推动的现实原因，梳理其形成的轨迹、源流，对当前我国建设制造业强国具有重要的参考价值和意义。

笔者对CNKI中国学术总库里关于日本工匠精神的研究文章进行了统计整理，以“日本”“工匠精神”为主题的论文共计138篇，其中2013年2篇，2014年2篇，2015年8篇，2016年67篇，2017年49篇，2018年（截至5月）10篇，相关论文数量在2016年后出现显著增长趋势，这与政府政策导向、社会舆论无不存在密切的关系。从内容看论文多集中将日本和德国作为工匠精神的样板国家进行考察，重点放在启示以及政策、制度的挖掘上，比如蔡秀玲、余熙的《德日工匠精神形成的制度基础及其启示》，李德富、廖益的《中德日之“工匠精神”的演进与启示》，马永伟的《工匠精神培育与传承的国际经验与启示》。此外，工匠精神是一种稳定的精神结构，它的形成有着历史文化的传承，从文化视角审视日本工匠精神的论文却很稀少，具有代表性的论文有杜连森的《转向背后：对德日两国“工匠精神”的文化审视及借鉴》，周菲菲的《试论日本工匠精神的中国起源》。《转向背后：对德日两国“工匠精神”的文化审视及借鉴》阐述了工匠精神与“职人”文化的关联，指出泛灵论思想对“职人”的影响；《试论日本工匠精神的中国起源》通过考察日本工匠精神历史形成过程和与中国民间信仰民俗的关系，探讨日本工匠精神中对中华文化基因的继承与发扬。从以上学者的研究可以看出，目前对日本工匠精神的研究已取得了一定的成果，但对于日本工匠精神的形成原因大多只从一个侧面进行了分析研究，系统地考察日本工匠精神形成的历史及现实原因显得十分必要。

一　历史文化的深层塑造

1. 稻作文化的作用

早在公元前3世纪到2世纪，伴随着金属器具和水田耕作为主要内容的农耕技术从大陆的传入，日本形成了以稻米耕种为基础的农耕社会。长期种植栽培水稻改变了日本古代住民的原有生活方式，培养了日本人勤勉、精细的国民性格，这些性格特质对日后日本工匠精神的培育发挥了不可低估的作用。

日本虽然受到地震、台风等自然灾害的威胁，但同时也受到降水丰沛、日照充足的恩泽，产生了大量适合水稻种植的冲积土土壤。在这种得天独厚的优越自然条件下，即使过分劳作也不会导致自然资源的枯竭，只要辛勤劳作就会换来等量的收获，所以自古以来勤恳的体力劳动受到人们的尊重，勤勉的工作状态被世人所称颂。苏联学者普罗宁可夫在其著作中就曾指出，“以德国为代表的西欧同时期农业国家劳动者的勤劳是从容的、有节制的，而日本人则是在极度忘我的劳作中收获一种满足的情感，从而表达出一种特有的劳动美感”①。在这一社会氛围的影响下，从经济高速发展时期的19世纪60年代以来，日本企业里加班加点的工作被认为是美德，但同时“过劳死”这一独特的社会现象也应运而生，可以说是高速发展时期的副产品。

此外，在日本从事体力劳动和脑力劳动的薪酬差别有限，蓝领工人的薪资水平在世界处于前列。蓝领工人在社会上也受到相当的尊重，一个高级技工的月薪，足以支撑起全家的开销。有这样坚实的物质基础做后盾，技术工人可以全身心得投入到工作中，从而创造出高附加值的产品②。

稻作文化不仅锻造了日本人勤勉的个性，其繁杂的工序也造就了日本人精益求精的性格。据考证，弥生水稻从播种到收获总计需要经历八十八道生产工序，而稻民对于水稻生长周期内的育秧、插秧、灌溉、除草、驱虫等每一道工序都有着严格的时间规制和把控，从而保证了水稻种植的高

---

① 〔苏〕普罗宁可夫：《日本人》，赵永穆译，中国广播电视出版社，1991年。

② 姚玉秀：《日本如何传承“工匠精神”》，《信息系统工程》2016年第11期。

产和优产[①]。这些繁杂、精细的工序培养了日本人追求精巧细腻、善为小计、沉静务实纤细的国民性格。

日常生活中手工制作各种精巧的物品也早已成为日本人的一种传统，甚至在日语中还出现了“日曜大工”这一特定词汇，它专指那些利用周末在家动手做一些小家具来改善家庭环境的上班族。另外，日本人对日常用品的细分和归类也乐此不疲，比如对垃圾的分类不仅明确了不同的类型，还规定了具体的回收时间。

在很多日本企业中都推行精益化管理战略，这一管理战略最早源于丰田模式，相比西方企业流程再造、组织变革、策略重建、并购等激进式的变革，它是渐进式、阶梯式的持续改善管理的战略，这种典型的日式管理风格体系恰恰也正是稻作文化纤细性的体现。

这种在稻作文化影响下产生的纤细的民族性格对“工匠精神”的形成无疑也起到了推动的作用。日本号称“企业王国”，中小企业是日本企业王国中99%的群体。成千上万家拥有“一技之长”和能工巧匠的优秀中小制造企业构成“日本制造”金字塔的基础，很多只有百余名、几十名乃至几名员工的中小企业为大企业提供高技术零部件、原材料、中间产品、机械装备，或提供试制新商品所需的复杂加工服务，不少中小企业在某种中间产品的世界市场上占很大比例甚至首位，更因为擅长制造独家产品而被称为“only one”的独家企业[②]。例如，位于新潟县燕市的“小林研业”创立于1962年，厂房规模不大，只由数名拥有卓越技术的员工组成，而这家企业却拥有世界第一的研磨加工技术。在“小林研业”其貌不扬的厂房里5名研磨技师（其中包括社长小林一夫），花费了大约4年时间，曾为广受全球顾客欢迎的超过100万个“iPod”进行了背板的镜面加工，光滑细腻的镜面受到全球用户的广泛赞誉[③]。

从永不松动的哈德洛克螺母到像蚊子口针一样的冈野“无痛注射针头”，正是这种在某一个领域不畏艰辛、潜心钻研、精耕细作的“工匠精神”成就了日本中小企业“一招鲜吃遍天”。

---

① 叶磊、惠富平：《稻作农耕与日本民族的稻作文化性格》，《南京农业大学学报》2011年第1期。

② 冯绍奎：《战后70年日本科技发展的轨迹与特点》，《日本学刊》2015年第5期。

③ 〔日〕根岸康雄：《精益制造028：工匠精神》，李斌瑛译，东方出版社，2015年. pp. 21－22。

2. 神道教的影响

工匠的产生在日本历史悠久，“工匠精神”的形成也有着深厚的宗教根源。早在公元4世纪到7世纪，大批来自中国、朝鲜半岛等地的亚洲海外移民迁徙到日本，这些拥有高度文明的“渡来人”带来了先进的农耕、冶铁、制陶、纺织、金工技术。他们的活动，成为结束了日本原始经济生活，促进技术文明历史前进的推动力量。“渡来人”加快了日本手工业的发展速度，也催生了一个崭新的社会群体——“职人”（即汉语的“工匠”）。当时的“职人”除了从事与日常生活相关的手工业劳作外，还参与宗教祭祀等相关的活动。

随着经济的发展、商业的繁荣，进入中世以后，“职人”的分工及类别不断被细化，这些变迁清晰地反映在描写“职人”的和歌作品中，比如“七十一番职人歌合”。这个时期的“职人”除了铸造师、锻造师等单纯意义上的手工业者外，还包括阴阳师、巫女、艺能人这类与宗教文化相关职业的人。这些“职人”凭借各自的才能隶属于不同贵族或者寺院神社，并由此产生了“神人”、“寄人”、“供御人”等称呼。虽然日本中世的生产技术等已经有了很大发展，但是在当时并未完全脱离蒙昧的社会状态，技术并非像当今这样与宗教信仰领域截然对立，相反它往往被认为与信仰有着紧密的、相互补充的关系。因此在当时，技术的提高往往被认为是具有神秘色彩的咒术而已①。“职人”制造成的工具物品往往也被认为赋予了神秘的力量，工具一旦破损或废旧，就会幻化成为非作歹的所谓“付丧神”。只有通过宗教仪式的供养之后，废旧工具的灵魂才能顺利前往彼世成神，保佑人们生产发展、生活平安。

这种对生产工具的崇拜思想根植于人们对日本传统的神道教的信仰。神道教是日本大和民族的本土宗教，以自然崇拜、祖先崇拜、天皇崇拜等为主，属于泛灵多神信仰。它认为自然界中——山川、湖泊、岩石甚至草木、动物中无不存在“神灵”，这种数不清的万物认知神又被称为八百万神，神灵并无固定的形象，而是随着寄宿的物体变化而变化。各种与古代日本人生产、生活密切相关的器物，如稻草包、锄头等农具，笤帚等生活用具，都被日本人神格化②。

① 刘金才：《町人伦理思想研究——日本近代化动因新论》，北京大学出版社，2001。

② 〔日〕宫家准：《日本的民俗宗教》，赵仲明译，南京大学出版社，2008年。

时至今日，日本人对制作物品使用的工具，制作出来的产品，乃至工作现场均带有一种特殊的感情，认为神灵就在其中，怀有强烈的敬畏感。例如，创建了两家世界500强企业被誉为日本“经营之神”的稻盛和夫，在经营中明确指出，解决问题的答案永远在工作现场，工作现场有神灵。“要用率真的眼睛目不转睛地观察现场。就在这种审视、倾听、贴心当中，我们才能第一次听到‘产品对我们的私语’，找到解决问题的对策。①”在工作现场神灵无处不在，有时甚至是令普通人难以启齿的工作现场，日本人也充满了敬畏之心。比如2010年走红日本的歌曲《厕所女神》就反映了这一独特的现象，这首歌曲由名不见经传的歌手植村花菜为纪念奶奶而创作，其中有一段歌词这样描述到：小时候自己不愿意打扫厕所，奶奶告诉她“每一个厕所里，都有一个漂亮的神灵。如果你把厕所打扫得干干净净的话，就会变得像女神一样漂亮”。默默无闻的植村花菜凭借这首单曲一举成名，还登上当年日本最有影响力的“红白歌唱大会”。根据这首歌曲改编的同名电影和小说在日本同样也受到了广泛的欢迎。之所以这首歌曲能如此打动日本人的心弦，除了歌曲表达的代际间的温暖亲情外，或许隐含在其中日本传统神道教“万物皆有灵”的思想也是其被日本国民所接纳认可的重要原因吧。

3. 佛教禅宗的影响

日本人的“工匠精神”的另一个宗教渊源非佛教禅宗莫属。禅宗是佛教的主要流派之一，主张禅定修行。平安时代晚期，日僧荣西入宋求取禅法，揭开了禅宗正式流布日本的历史。之后禅宗“空寂观念”的教化得到武士们的普遍响应，镰仓、室町、江户三代幕府政权，禅风日炽。禅宗的精神实质就是摒弃烦琐的逻辑思辨与深奥难解的复杂教义，通过直指本觉，明心见性的自我修炼，达到解脱的境界。

日本宗教哲学家铃木大拙说：“禅宗以外的佛教各流派对日本文化的影响的范围，几乎仅仅限于日本人宗教生活方面，只有禅宗超越了这个范围，这是意义深远的事实。禅深入于国民文化生活的所有领域之中。”禅宗已经超出了宗教范畴，它是日本文化的灵魂，渗透到日本人生活的方方面面，美术、音乐、文学、花道、茶道、剑道等艺术里其影响无处不在。

江户时代，封建统治得以巩固，日本国内社会稳定，市场繁荣，传统

---

① 周锡冰：《日本百年企业的长赢基因》，清华大学出版社，2014年。

行业迅速发展起来。这一时期，出现了新兴的职业群体“町人”。而工匠则是“町人”的重要组成部分[①]。江户初期，著名的禅僧铃木正三从禅的视角，提出了“工作坊就是道场”的禅修理念，他在代表作《四民日用》中写道：“劳动本身就是佛行”、“诸职业皆为佛行”、“农人、匠人、商人的工作本身皆可为佛行”、“佛行之外并无成佛之道”。铃木正三用“劳动即佛行”的思想诠释了各阶层职业的伦理观。他主张的工匠精神就是“工匠的佛道就是投入精魂，一心制造”[②]。

从事手工业制造的日本工匠们深受铃木正三的职业伦理观的影响，在他们看来每件细小的事情和工作中都包含着悟道的契机，他们将工作视为“本分”，工作坊当作“道场”，秉持一颗笃定的心，凝神聚气、坚韧执著，最终达到“物我合一”的禅境。

在这一思想的引导下，日本出现了“工作禅”，其主旨就是把当下手头的工作做到极致，继而达到禅的境界。这种具有禅修性质的工匠精神持续影响着日本制造业，例如，从中小企业到大企业，手工制造的生产车间亦为实习场地，供工人进行训练实习，他们将其称为“道场”。比如在丰田公司汽车工厂就专门的“木型技能道场”，在此以修禅之心研发手工制作模具和磨炼技能，培养具有禅心的高级技术人才。

二　政府民间的合力推动

“工匠精神”的形成有历史文化的原因，也有现实层面的原因，在中国古代也有一些为人津津乐道心无旁骛的工匠，比如工匠鼻祖鲁班、画圣吴道子、造桥匠师李春、苏秀大师沈寿等等。但是到了现代，不为眼前利益所动、安心踏实做事的工匠变得越来越稀少，这其中与现实层面举措推动力度的薄弱是不无关联的。历史文化的沉淀为日本“工匠精神”的扎根奠定了良好的土壤基础，政府政策扶持、民间企业的努力、教育制度的保障为“工匠精神”的成长为枝繁叶茂的参天大树起到了强有力的推动作用。

1. 政府政策的扶持

第二次世界大战后，日本政府对于“工匠精神”的保护以法规的形式

---

① 刘晓言：《关于中世付丧神的研究——以其与中世“职人”的关系为中心》，北京外国语大学硕士论文，2015。

② 周菲菲：《试论日本工匠的中国起源》，《自然辨证法研究》2016 年第 9 期。

予以保证。特别是在20世纪50年代，制定了一系列的法律法规，为战后工匠精神的挖掘培育奠定了基础。1954年，日本政府在文化财产保护法的基础上，启动了无形文化财产保护法，也就是所谓的“人间国宝”制度。认定对象是那些大师级的工匠、艺人，经过严格遴选被认定的个人每年会得到政府200万日元的经济资助。同时规定了他们在文化财产保护、文化继承以及继承人培养的相关法律义务。很多受此殊荣的匠人以此为契机，不断精进提高自己的手艺技能。“人间国宝”制度对传统大师级匠人的保护发挥了积极的作用。

除了传统工艺方面对于顶尖匠人的资助外，日本政府还扶持大批活跃在日本产业界的“技术士”。1957年根据相关法律，日本政府认定了具有高度专门技术的人才，这些人才被称为“技术士”，他们在科学技术方面既有专业知识，又有高度应用能力，并且有丰富的实践经验。由技术士组成的“社团法人日本技术士会”成立于1959年，目前拥有13000余名会员技术士。这些“技术士”几乎覆盖了科学技术的全部领域，包括机械、船舶与海洋、航空航天、电气电子等21个技术门类①。从一名普通的技能人员成长为一名专业的“技术士”，需要数十年的磨砺。

日本政府不仅对具有“工匠精神”的杰出个人进行资助扶持，对具有“工匠精神”的制造企业也进行大力的褒奖。1951年，日本设立了戴明国家质量奖，该奖项取名是为了纪念美国著名的质量控制专家威廉爱德华戴明博士，他为日本战后处于幼年期的日本工业质量控制的发展做出了巨大的贡献。戴明奖主要面向日本国内的制造企业，颁奖对象除了在全面质量管理中取得非凡成就的个人外，更多的是针对在此领域做出杰出贡献的组织。戴明奖的评奖标准极其严格，获奖企业每年最多1至2名，日本国内称戴明奖为“企业诺贝尔奖”。戴明奖的价值取向对整个日本制造业起到了辐射带动作用，成为战后“日本制造”金字招牌的有力推手。戴明奖虽然诞生于日本，但是现在已经成为享誉世界的三大质量奖项之一。

除了奖励制度以外，日本政府制定了严格的产品工业标准化制度，规范产品质量。这项制度由两个部分组成：第一，制定并实施日本工业标准（JIS），主要是国家工业标准；第二，JIS标识制度及实验室认证制度。日本的工业标准内容主要包括产品标准、方法标准、基础标准等。JIS标识制度

① 夏文燕：《科技工作者热议如何培养工匠精神》，《江苏科技报》2016年11月4日。

以“规格”的形式对产品的质量内容给予明确的规定，消费者通过看标识符号就可以了解产品的质量。JIS 法规定，对已经取得认证的工厂及产品，政府有权进行认证后的监督与管理，以确保认证工厂与产品始终保持符合 JIS 标准，还规定对认证工厂的制造工序、产品管理状况，定期进行书面形式的调查①。

2. 民间企业的推动

政府出台的政策提供了有力的法规保障，同时日本民间企业持续关注产品质量、重视科技研发，使得工匠精神得以持续发扬光大。

从 20 世纪 50 年代末起，日本民间企业中活跃着众多的“质量管理小组”，这些小组由车间工人自发自愿组织起来，利用业余时间义务开展活动，提高工人自身的技术能力。1961 年前后，日本各地出现了民间企业自办“中央研究所”的热潮，吸引了大批优秀的大学毕业生②。

工匠精神不是简单地一味重复，而是不厌其烦地打磨、创新技艺，使技艺日益完善、日臻成熟。日本民间企业对产品的创新尤为重视，在产品研发领域投入了大量的科研经费。据日本总务省的数据统计，仅 2016 年日本全国的研发经费就高达 1806 亿美元，占 GDP 的比例为 3.42%，所占比例仅位于韩国之后，居世界第二位，这其中由企业支出的研发经费占全国研发经费的比例为 72.3%③。民间企业用于研究开发的资金超过依靠政府预算支出的研究开发资金，从 20 世纪 70 年代起，日本民间企业的研究人员数已经达到大学科技部门研究人员数的两倍。这意味着“企业优位”、“民间企业主导型”的日本研究开发结构在此时就已经开始形成④。

在日本，大型企业和中小型企业发挥各自优势，侧重不同的研发战略。大企业由于在资金、技术以及信息上的优势，一般采取长期性的研发战略，倾向于独立承担产品的基础性研究、应用研究以及产品化研究。在合作研发活动中，重视研发技术知识产权的占有和新研发领域的开拓。中小企业由于受到资金以及在承包方式中形成的技术依赖等因素的制约，一般实行的是短期研发战略。中小企业规模较小，对缩短研发成果的商品化周期要

① 蔡秀玲、余熙：《德日工匠精神形成的制度基础及其启示》，《亚太经济》2016 年第 5 期。

② 冯绍奎：《战后 70 年日本科技发展的轨迹与特点》，《日本学刊》2015 年第 5 期。

③ 日本总务省统计局科学技术调查 2018. http：//www. stat. go. jp/data/kagaku/index. htm.

④ 冯绍奎：《战后 70 年日本科技发展的轨迹与特点》，《日本学刊》2015 年第 5 期。

求较高，倾向以市场为导向，在大企业基础研究和应用研究的基础上再进行商品化研究。同时，为了减少研发成本，中小企常采取与研发合作网络内的成员或者交易客户共同拥有研发成果专利的形式[①]。

3. 教育制度的保障

日本的教育基本法第一章第二条教育的目标中明确规定：尊重个人价值、拓展能力，培养创造性，在培育自主与自律精神的同时，重视提高与职业及与生活相关联的能力，注重勤劳态度的培养（笔者译）。从教育的基本法中突出了培养学生创造性、职业观、勤劳观的目的，这为工匠精神的培育奠定了国民教育的法律保障。

从学龄前教育开始，日本就重视学生手工课及兴趣的培养，以提高学生动手能力以及对所做事业的热爱精神。学龄前教育有一个必修环节，就是折纸游戏。通过折纸启发儿童的创造力和逻辑思维能力，促进手脑的协调。折纸也是日本全国小学的必修科目。此外，日本中小学都设有专门供学生做木工、设计、陶器和绘画等的教室，学校成立了各种相关的兴趣小组，校际间举行的机器人竞赛等赛事，深受学生们的喜爱。

除此之外，日本重视职业教育，将职业教育作为国民教育的重要组成部分，放在与普通教育同等突出的重要地位。战后日本的职业教育形成了由学校内的职业教育、企业内的职业教育以及公共职业训练（现改为职业能力开发）组成的现代职业教育体系。从三个方面确保职业教育的重要地位。①职业教育被纳入日本终身教育体系之中，并成为其重要组成部分。②各类学校与学科体系之间互相融会贯通。职业学校学生的升学就业渠道是贯通的，目的是为普通教育和职业教育的学生建立平等的职业生涯发展途径。如日本的职教（高等专门学校、短期大学）的学生与普通高中的学生并无差异，可以直接进入企业工作，也可以继续进入大学深造，同时还特别提高了职业学校学生升入大学的比例。③重视完善职业资格制度。职业资格制度简称为“以能力为基础的等级制度”，是政府加强职业教育宏观管理的重要手段，它包括职业能力等级、工资制度、评价制度等，是与普遍教育等值的职业评价体系。2010年，日本实施新的职业资格制度《职业段位制度》，其核心是将不同行业、专业等级中已取得的国家资格、民间资

① 智瑞芝、杜德斌、郝莹莹：《日本企业研发的特点及发展趋势》，《日本学刊》2006年第5期。

格等，按新标准全部转换并统一为新的评价制度，以确立权威的国家职业资格标准，并以此改变传统的职业技能评价方法①。

在高等教育阶段，日本注重高校与企业的合作，产学合作的规模不断扩大。在校企合作中，一些高校脱颖而出，成为具有竞争力实力雄厚的名校。比如位于爱知县的名古屋大学作为战前最后一所旧帝国大学来说，成立时间并不久远，战后由于丰富深入的校企合作，该校名人辈出，诞生了多位诺贝尔奖获得者，成为继东京大学、京都大学之外日本诺贝尔奖获得者最多的大学。可以说产学合作为技术创新、“工匠精神”的发扬创造了有利条件。

结　语

日本“工匠精神”的形成有深厚的文化基础，这其中既受到稻作文化培育出的吃苦耐劳的勤劳观以及精耕细作的纤细性的作用，又受到神道教泛灵论、禅宗精神的影响。神道教认为自然界的山川草木乃至万物中都孕育着神灵，这种对八百万神的崇拜延伸到了日本人对生产工具、生产现场以及生产产品的敬畏心。禅宗超越了日本宗教生活范围，渗透到了国民生活的方方面面。江户时代，以工匠为主的“町人”阶层在禅僧铃木正三“劳动即佛行”的伦理观引领下，将工作视为“本分”，工作坊当作道场，投入精魂、一心制造。此外，长期种植栽培水稻改变了日本古代原有住民的生活方式，培养了日本人勤勉、纤细的国民性格，这些性格特质都是铸就“工匠精神”不可或缺的优良品质。

同时，在现实层面，战后日本政府对传统文化中“工匠精神”的发扬加大了前所未有的支持力度，在全社会形成了尊重技艺、重视“匠人精神”的社会氛围。政府出台政策保障国宝级“工匠”的利益，并且制定严格的法规规范产品质量，设立“戴明奖”引导企业制造优质产品；民间企业发挥自身优势，积极投入研发创新技术；教育制度从基本法的层面明确了国民培育创造性、职业观、勤劳观的目标，在普通教育的各个阶段注重学生动手能力的培养，职业教育弥补普通教育的不足，注重培养国民职业意识，高等教育重视校企合作，使“工匠精神”得以发扬传承。

---

① 韩凤芹：《日本提升职业教育地位的实践》，《中国财经报》，2017 年 11 月。

中国作为东方文明古国自古以来就是“工匠大国”，玉器、青铜器、瓷器、丝绸等历史上名扬四海的精品无不凝结着能工巧匠精益求精、突破创新的智慧与精神。在资源日趋匮乏的后成长时代，如何在新时代重塑传统文化中“工匠精神”，使中国从制造业大国转向制造业强国，日本在此方面的做法值得我们学习借鉴。

“愚者”的神性光辉*

——森鸥外《高濑舟》中的道家思想

赵玉皎**

【要　旨】本稿は明治文豪森鷗外の代表作『高瀬舟』を主なテキストとして、小説の二大主題の独立性を分析する上に、神性的な「毫光」と平凡な「愚者」とのコントラストに焦点をあてて、無意識のうちに「知足」「知止」の境に達する喜助が道家の「愚」に暗合し、その喜助に「毫光」を放たせることは、鷗外創作の最大眼目であると論じる。そのうえ、森鷗外の精神構造における道家思想の影響を検討する。

【关键词】森鸥外　《高濑舟》　愚者　道家思想

前　言

森鸥外（1862～1922）是日本明治时代的文学家、启蒙思想家，也是日本明治知识分子的代表人物。他出身士族，从东京大学医学部毕业后，进入陆军任军医，后留学德国，归国后一直在体制内服务，后升任军医的最高职——陆军军医总监、陆军省医务局长。在公务之余，森鸥外展开了最广阔丰富的文学活动，他译介西方诗歌与浪漫小说、引入近代美学思想、开展文艺批评、尝试文体变革，工作几乎涵盖了近代文学的所有方面。可

* 基金项目：天津市高等学校人文社会科学研究项目一般项目（项目编号：161077）“从明治精神到大正民主主义——森鸥外与芥川龙之介历史小说比较研究”。

** 赵玉皎，女，文学博士，天津商业大学外国语学院日语系讲师，研究方向为日本近代文学。

以说，在日本近代文学史上，森鸥外是将西方近代文化与日本传统文化在最广泛的范围内进行对抗和综合的人物，如加藤周一所指出的，森鸥外就是“时代的人格化”[①]。

《高濑舟》是森鸥外的代表作，完成于1915年12月5日，与两日后完成的《寒山拾得》一起，构成了鸥外小说的压卷名篇。在作品史上，它们是鸥外小说的终结之作，此后鸥外转向了考证和历史传记的写作。另一方面，《高濑舟》的写作时点正值鸥外即将辞官引退之际，在为日本的近代化不遗余力工作了三十五年之后，鸥外于1916年4月，正式从陆军省医务局长任上退职。也就是说，《高濑舟》处于鸥外从壮岁到晚年、从仕途顶点到退隐、从创作到考证的转折点上，无论在作品史还是鸥外的思想发展史上都有着重要地位。

一 两个独立主题的解析

森鸥外在《附高濑舟缘起》中，指出小说涉及两个主题，即“财产的观念”和“安乐死”问题。由于作家亲自明示主题，使得长期以来，学界对《高濑舟》的主题问题秉持二元并立的态度。尤其因为这是日本文学作品第一次涉及安乐死的问题，“安乐死”主题受到了更大的重视。以下本文即从鸥外文学思想发展的角度，来解析《高濑舟》的两个主题。

江户时代，京都的罪犯在流放偏远荒岛之前，会先用高濑舟（一种可在浅河道上行驶的平底小船）将犯人送到大阪。小说《高濑舟》描写的便是因帮助弟弟自杀而被判流放之刑的喜助，在高濑舟上与押送他的解差的对话。通常来说，犯人无不凄惨悲伤，喜助却“脸上神情爽朗，眼里闪着微光”[②]，“无论横看竖看，都像似很快活”，解差庄兵卫忍不住询问缘故。喜助答道，以前自己没有栖身之地，此番去岛上，终于有了地方落脚，官家还给了二百文钱，怀里能揣上钱，是自己从未有过的，感到十分满足。庄兵卫想到自己，“虽时有不足，大体上收支相抵，勉强能够维持”，然而却从未知足过，反倒时常心生疑虑。于是感觉“仰望夜空的喜助，头顶上

① 〔日〕加藤周一：《日本文学史序说》，东京：筑摩书房，1980，第367页。

② 〔日〕森鸥外：《高濑舟》，艾莲译，载高慧勤编选《森鸥外精选集》，北京燕山出版社，2010，第523页。

仿佛放出了毫光"[①]。接下来，喜助讲述杀弟缘由，弟弟身患重病，为了不拖累哥哥，自己用剃刀割断咽喉，却迟迟无法死去。喜助抵不过弟弟的恳求，拔出了他喉中的剃刀，弟弟随即死去。庄兵卫听完产生了疑问，久久不得其解。

《高濑舟》的原典出自江户时代的随笔集《翁草》，这部随笔集除了记述作者神泽贞干的见闻，还从古书中抄录了一些逸事，高濑舟故事便出自《杂话》中的《流人故事》。原典与鸥外小说脉络基本相同，前半段写了"某时有一流人，奉上命而行，甚是喜悦，虽登船而全不见愁色"，后半段写犯人的兄弟"迫于贫困自尽，未能便死"，犯人"助而杀之"，末尾称这是"押送彼之解差所言"[②]。鸥外在文后的《附高濑舟缘起》中提到，自己看了这个故事，感到其中包含着两个大问题。

> 一个是财产的观念。不曾有过钱的人拥有钱之后的喜悦，与钱的多少无关。人的欲望无限，以钱而言，拥有多少才算好，找不出这个界限。将二百文钱当作财产而欢喜，是很有趣的。另一个是对濒死却无法死去而痛苦的人，让其死去的问题。……迄今为止的道德都主张放任其痛苦，但在医学社会，有观点认为这是错误的。若有人濒死而痛苦，可以让他无痛苦地死亡。这称为安乐死，即令人无痛苦死亡之意。高濑舟中的罪人，似乎正好属于此种情形，我对此非常感兴趣。[③]

由此可见，《高濑舟》原典本是作为奇闻逸事记录下来的一则逸话，未必有特别用意，也没有经过什么整合。森鸥外读时，恰好触发到自己当时的问题意识，于是基本按照原脉络写了出来。因此《高濑舟》属于典型的

---

① 本文的《高濑舟》采用艾莲的中文译本，但这句话改动了一个词，即将"亮光"改成了"毫光"。艾莲（即高慧勤老师）是笔者敬仰的前辈翻译家，不过由于国内的森鸥外研究尚不够发达，艾莲老师在翻译中未在意"毫光"二字的重要性，原译文为"仰望夜空的喜助，头顶上仿佛放出了亮光"。此处日语原文为"空を仰いでいる喜助の頭から毫光がさすように思った"。"毫光"是理解这部小说的一个关键字，为了论述的需要，冒昧做了改动。

② 〔日〕池边义象校订《翁草》第十二卷一百十七，杂话《流人故事》，转引自〔日〕山崎一颖：《森鸥外　历史文学研究》，东京：おうふう社，2002，第206页。

③ 〔日〕森鸥外：《附高濑舟缘起》，载《鸥外全集》第16卷，东京：岩波书店，1973年，第237页。中文为笔者所译。

主题小说，且分成两个独立的主题，一是财产观念因人而异，二是安乐死的是非难以判断。虽然小说主人公只有一个，但两主题间却并不存在必然关联性，是难以统一的。

对此，鸥外研究家长谷川泉认为，这两个主题“像是囊中的两根锥子尖，在《高濑舟》一篇小说中十分显眼”，因此《高濑舟》“是缺乏以统一的主题来贯穿的作品”，之所以造成这种情况，是因为“鸥外身为作家的构成力的不足”①。一部短篇小说中出现两个分立的主题，若说构成上存在问题，也并非没有道理。不过关于小说的手法和题材问题，鸥外曾在《驱鬼》（1909·5）中表达过观点，认为：“‘要用什么什么手法把什么什么素材写成小说’之谈，难道不是严重封闭的思想吗？我用我夜晚的思考做出决断：小说无论用什么手法写什么素材，都是可以的。”② 毋宁说，在《高濑舟》中，鸥外从一篇材料里发现了两个自己关注的问题，遂把它写了出来，这是一个自然的结果，并没有勉强使之统一的意图。而附录中的解说，也未必像柄谷行人所说的是“有意识地附上去以避免作品归结为一个焦点”③，莫如说只是对创作过程的一个自然的介绍。

鸥外对安乐死问题的关注，缘于他身为医学者的素养和生活中惨痛的体验。早在1898年，他就将柏林大学的马丁·门德尔松教授的安乐死学说归纳介绍，题为《甘瞑之说》发表。1908年1月，鸥外翻译了克雷格的《苏格拉底之死》，作品中双目失明的画家在自己最后的画作《苏格拉底之死》旁边，请求医生给自己实施安乐死。作为医学者，鸥外对安乐死是持一定程度的肯定态度的。但是1908年初，鸥外遭遇了生活中的悲惨事件。那年1月，他的长女茉莉和次子不律双双患上百日咳，2月，不满一岁的不律夭折，五岁的茉莉也一度濒临死亡。当时茉莉病症痛苦，医生曾提出是否实行安乐死的问题，鸥外态度动摇，在家人的坚决反对下没有实行，结果茉莉得以存活，这一事件后来在小说《金比罗》中有所反映。所以，对安乐死的问题意识包藏着鸥外生活中的原体验，小说中，庄兵卫“不由得产生疑问，而且始终不得其解”，自己无法判断，这一态度暗示了当时鸥外

① 〔日〕长谷川泉：《森鸥外论考》，东京：明治书院，1962，第396页。

② 〔日〕森鸥外：《驱鬼》，侯为译，载高慧勤编选《森鸥外精选集》，第65页。

③ 柄谷行人在《日本近代文学的起源》中指出：在鸥外的历史小说中：“注解和后记不是为了帮助理解作品，而是有意识地附上去以避免作品归结为一个焦点。”见〔日〕柄谷行人：《日本近代文学的起源》，东京：讲谈社，1988，第217页。

的认识情况。即对于安乐死这个至今也未能解答的难题，鸥外思想上存在矛盾。

综上所述，森鸥外在史料的触发下，创作出这篇日本文学中初次以安乐死为主题的作品，是具有偶然性的。说“偶然”，是因为综观鸥外的创作历程，与他汲汲探究的西洋与日本、秩序与自由、求道问题等终生课题不同，安乐死是一个孤立的问题，它可能是鸥外内心中比较关注的单独事件，但与鸥外的精神发展轨迹没有直接关联。《高濑舟》之所以能和《寒山拾得》并列为反映鸥外晚年精神结构、展示“鸥外终极的问题”①的名篇，是因为《缘起》中所说的“财产的观念”问题，即“知足”问题的存在。

对于《高濑舟》的根本问题在于前一主题上，日本学界已有研究者做出了论说。山崎一颖指出：“作品中，‘安乐死’本身并不成为问题。（小说）毋宁说是作为内心的问题来造型的。‘将二百文钱作为财产而喜悦’的流放之人的心情，令人感到了超越日常的精神风景。”② 山崎国纪也认为：“这部作品中鸥外最大的关心点在于‘知足的精神’。”③ 唐木顺三甚至认为，把“安乐死”列为两主题之一的《附高濑舟缘起》“一点也没有趣，说起来，那是个谎言”，“谎言”并不是鸥外说了假话，而是“作者自己说感兴趣、当作一个大问题的，在《高濑舟》这个完成了的艺术作品中并不是可以当作问题来谈的东西，作者自己没有注意的反而是大问题”④。这个大问题就是“鸥外与押送喜助的解差庄兵卫一起，比较了不知足的自己，让喜助头上放出毫光。这才是关键所在”⑤。

本文赞同以上几位日本学者的论点，认为在貌似二元并立的主题中，安乐死问题并不处在鸥外精神发展的主线上，从探究鸥外思想的角度而言，以“财产的观念”形式表现出来的“界限”问题，即“知足”“知止”问题才是《高濑舟》的本质主题。在此基础上，本文意在进一步探讨鸥外关注知足问题的深层次思想根源。本文认为，喜助这一人物形象饶有深意，

---

① 唐木顺三曾在《鸥外的精神》中指出，鸥外的《山椒大夫》之后的三部历史小说《鱼玄机》、《阿公阿婆》和《最后一句》都没有他要探讨的问题，“最后剩下《高濑舟》和《寒山拾得》。最后剩下，并不是从艺术价值之高的角度而言，而是说鸥外终极的问题于此处展示”。见唐木顺三《鸥外的精神》，东京：筑摩书房，1973 年，第 111 页

② 山崎一颖：《森鸥外　历史文学研究》，东京：おう ふう 社，2002，第 212 页。

③ 山崎国纪：《鸥外　成熟的时代》，东京：和泉书院，1997，第 145 页。

④ 唐木顺三：《鸥外的精神》，东京：筑摩书房，1973，第 112 页。

⑤ 唐木顺三：《鸥外的精神》，第 114 页。

他实际上暗合了道家的“愚”的境地，塑造出这样一位散发着神性光辉的愚者，是深爱道家思想的鸥外——尤其是面临辞官引退的晚年鸥外求得内心自足的自我劝勉，也是《高濑舟》思想性的根本所在。

二 “毫光”与“愚”

《高濑舟》中，知足这一主题的揭示，是通过具有旁观者视线和自省意识的解差庄兵卫的内心活动来实现的。在得知喜助的满足，是因为能有一个栖身之地、怀里揣上二百文钱之后，庄兵卫默默沉思，对比起自家情形：一家七口人依靠庄兵卫的禄米维持生计，时时入不敷出，老婆便向娘家要钱填补亏空，为此夫妻间“屡屡起些风波”，“从来没有知足过”。对比之后，庄兵卫感到自己和喜助之间存在着鸿沟。

> 这种鸿沟究竟如何产生的呢？表面上看，喜助没有家累，而自己有，这样说未尝不可。但是，这是谎话。纵使自己独身一人，也未必会有喜助那样的心情。庄兵卫心想，这根源似乎在更深处。
>
> 人生这类事，庄兵卫只是漠然地思索着。人生了病就会想，要是没病该多好。天天没吃没喝，就该想能吃饱才好。没有以备不时之需的积蓄，就巴望多少攒点钱。等有了积蓄，就希望多多益善。这样一步步想下去，真不知何处是止境。庄兵卫发现，如今喜助做出了样子：眼前就是止境。
>
> 庄兵卫好似发现了什么，惊异地瞧着喜助。此时，庄兵卫觉得，仰望夜空的喜助，头顶上仿佛放出了毫光。①

“毫光”是佛眉间的白毫向四方放射的光，知道“眼前就是止境”的喜助，在精神上焕发出神性的光辉。在这里，“知足”已经超越了单纯的“财产的观念”或者说对物质生活的满足，而延伸到对“欲望”的节制这一层面。财产的多少，实际上取决于所有者的满足度，满足度又被人的欲望强弱所左右。欲望是无止境的，得陇而复望蜀，如此这般，欲望此起彼伏地产生，只要欲望不停止，人就被缺乏感所烦恼，无法得到内心的安宁满足。

① 〔日〕森鸥外：《高濑舟》，艾莲译，载高慧勤编选《森鸥外精选集》，第 526 页。

不论外表上多么优裕，探究内心世界的满足度，则又另当别论。单就财产而言，《高瀬舟》中，喜助与庄兵卫的区别是“算盘上位数之差”，也就是生活规格虽然不同，但收入都是“右手进左手出，过日子花掉了”。身为高官的鸥外，生活规格虽然又与小吏庄兵卫不可同日而语，但他在生活上也没有多少余裕感[①]，他们之间的区别，也是“算盘上位数之差”。《高濑舟》中庄兵卫家族构成的设定，与鸥外恰好相同，妻子的个性也颇有鸥外夫人茂子的影子，关于家事的感慨，也许流露出作者的内心声音。不过，鸥外所要表达的知足，显然不仅限于节制物质方面的贪欲这样单纯的道理，而是面向“人生这类事”的整体，甚至可以说，更多的是指向对精神欲望的节制。

关于喜助头上的毫光，唐木顺三表示不以为然，质疑“《高濑舟》中的喜助真的是值得拥有毫光的人物吗？知道满足、能够在人们不满之处感受到充足的可贵，这样的人物虽然稀少，但真的就是足以在头上拥有毫光的吗？”并认为“总觉得这一时期的鸥外有些感伤”，因为他“忍不住要让一介布衣之人的头上闪耀起毫光”。[②]

的确，喜助只是一个没有受过教育的底层之人，他对于流放远岛的欣然接受、对于二百文钱的喜悦，也可以解释为由于习惯了过于贫乏的生活，物质欲望保留在极低的界线上。但喜助这个人物本身是否当得起“毫光”，见仁见智，其实并不是问题的关键所在。关键在于，鸥外的确将“毫光”安放在了喜助的头上，这一笔法本身意味深长。难道真的如唐木氏所言，是由于“感伤”所致？

对此，本文的观点是，喜助头上之所以能够闪耀毫光，是因为他身上寄托了鸥外对于道家所说的“愚”的境界的向往，毫光就是“愚者”的神性之光。

关于“毫光”与“愚”的关系，考察鸥外在一年多之前的译作《毫光》，对说明这一点很有裨益。

---

① 关于鸥外的家庭经济情况，《无名通信》杂志曾于1909年5月刊载《文士的生活费》，统计了漱石、鸥外等作家收支情况。鸥外当时年俸2700元，慰劳金等杂项收入共600元，文笔收入每年约300元，合计年收入3600元，月均300元。1909年3月支出280元，余额20元，可窥见大致收支情形。当时鸥外家中除家人之外，尚有女佣一人，杂役一人，书生一人，马夫一人。按，当时高等官一等一级年俸为2000元。同月岛崎藤村收入55元，支出46元。参见〔日〕山崎一颖：《森鸥外　明治人的生活方式》，东京：筑摩书房，2000，第144～145页。

② 〔日〕唐木顺三：《鸥外的精神》，第116页。

1914年4月，鸥外翻译了匈牙利剧作家伦塞尔（Melchior Lengyel，1880～1974）的小说 Die Glorie（意为“神像后的光轮”），鸥外把它译成《毫光》，这部作品展现了一个颇为奇妙的世界。

从前，伊斯法罕有一个牵骆驼的少年，他和一个美丽少女相恋，两人每晚在果树园约会，但保持着贞洁的关系。后来，少女的父母将她许配给一个富有的老人。少年绝望之下，决定于婚礼之夜自缢，少女则发誓初夜将在少年那里度过。婚礼当夜，少女向老人说出誓言，老人同意了。在去找少年的路上，少女遭遇了盗贼，盗贼听了事情原委后非常感动，毫发无损地把少女送到了少年那里。

故事的末尾是这样一段话：

> 故事到此终结。在这里，需要再加以说明的只有一点。少女能够平安地度过这一夜，并不是由于被手持武器加以保护，也不是得到其他人力的庇护。拯救她的，是广大无边的“痴”，它像毫光一般，闪耀在暗夜行路的少女小小的脑袋周围。少女虽然是“痴”的，但绝不至于需要他人对此表示怜悯。[①]

文中，“痴（おろか）”这个词频频用来描写少女，“蒙受神的恩惠的痴儿”、“少女不仅诚实，同时还痴”、“少女是诚实的，也是痴的”、“少女天真无邪，而且痴”[②]。“痴（おろか）”就是“愚（おろか）”，这里的“痴”并非愚蠢，而是一种顺从的、没有算计、没有心机的天真纯粹的精神，它超越了人的智慧，“广大无边”，如毫光一般闪耀着神性的光辉。

道家思想中，“愚”指的是淳朴与天真，它正是“寡欲”思想的延伸。“寡欲”是道家的基本主张之一，老子说“知足不辱，知止不殆”，知足使人不会过分，因而也不会走向极端。人们要满足欲望，是为了寻求快乐，但是欲望太多，就得到相反的结果，所谓“五色令人目盲。五音令人耳聋。五味令人口爽。驰骋畋猎，令人心发狂。难得之货，令人行妨”，对声色、

① ［匈］伦塞尔原著，〔日〕森鸥外译《毫光》，载《鸥外全集》第15卷，东京：岩波书店，1973，第579页。中文为笔者所译。

② 这四句原文分别为：“神の恵を受けた痴な子”；“娘は正直なばかりではない。同時に痴である”；“女は正直で、そして痴である”；“女は無邪気である。そして痴である”。载〔日〕《鸥外全集》第15卷，东京：岩波书店，1973，第578～579页。

美味、冶游、宝物的追求，会使人们丧失德行，从而带来祸患。

道家的“寡欲”不仅限于节制物质欲望，道家还主张“弃知”，知识本身也是欲望的对象，随着知识的增加，人们就不再安于知足、知止的地位了，所以，《老子》中说“慧智出，有大伪”。由于孩童只有有限的知识和欲望，所以，道家认为孩童距离原有的“德”还不远，他们的淳朴和天真，是每个人应当尽可能保持的特性。“含德之厚，比于赤子”，所以圣王喜欢他的人民都像小孩子，他“非以明民，将以愚之”，即希望人民保持淳朴与天真，圣人不止希望人民愚，而且希望自己也愚。当然，圣人的愚，同孩童和无知之人的愚其实不同，前者是精神的创造，是自身修炼的结果，后者是自然的产物。但这个不同，道家中有人界分清楚，用“忘”字表达圣人弃知的方法，也有的并不界分，他们赞美社会和人类的原始状态，把圣人比作婴儿和无知的人。婴儿和无知的人没有知识，做不出什么区别，所以都像是属于混沌的整体，尽管他们自身并无觉解。

《高濑舟》中，喜助就是这样一位愚者，由于对外部世界没有欲望，有限的知识也不足以支撑他进行复杂的思考，于是随顺命运的安排，对微小的幸福都产生喜悦与感激，内心反而能够达到绝对的境地，得到安宁与自足。不过，喜助究竟属于哪种“愚”，其实并不重要，重要的是鸥外在他身上看到了已被忘却的纯粹精神。在鸥外的仕途生涯中，那种天真无邪的、知足的精神已是距离他很遥远的风景，在人生步入老境、面临退隐之际，这种宽广的精神又进入鸥外的视野中，他在感动之下，使喜助头上闪耀出毫光，就是可以理解的了。

三　森鸥外与道家思想

作为幕末武士阶层的子弟，森鸥外从小接受严格的汉学传统教育，七岁正式入津和野藩校养老馆，开始四书五经、左国史汉的素读。幼时的教育不但培养了他习读汉文典籍的能力，也极大影响了他的审美意识和文学趣味。即便他后来留学德国，学习合理的、实验的西方自然科学，也不意味着他能够拂拭掉已经渗入身心的古典汉学色彩，“少壮时代播在心田上的种子，是不会轻易断根的”①，以汉籍为载体的中国传统儒学、道家思想，

① 〔日〕森鸥外：《妄想》，张云多译，载高慧勤编选《森鸥外精选集》，第285页。

是鸥外精神结构中不可忽视的一个构成部分。

对于道家思想，鸥外一开始是从《史记》中知道老子和庄子的，此后系统地读过《老子》、《庄子》、《列子》和《淮南子》等道家或与道家思想密切关联的著作。据清田文武考察，鸥外手边的常用书有林希逸的《老子口义》、毕沅的《老子道德经考异》、皆川淇园的《老子绎释》，此外读过数种庄子的注释本，手边有林云铭的《庄子因》和葛质休文的《庄子神解》等[①]。在道家著作中，鸥外最喜欢《庄子》，他在青年时代所作《鉴彻录》（1893）一文中曾说："庄子是小生的座右书。"《德意志日记》中记载，1887年11月17日"夜至大和会，未见一人，由是独坐披览庄子"[②]，可见德国留学期间仍对庄子未尝少离，参加集会时也随身携带。在《淮南子的道应训》（1893）中，鸥外提到了那位广招学者共著淮南子的淮南王刘安，评论淮南子一书汲取了老庄之流。在晚年所著史传《北条霞亭》的开头，写到霞亭尚未出仕之日隐居于嵯峨时，鸥外发表感想道，自己在大学毕业时也有隐居之梦，却未能实现。可见即便在怀抱青云之志的青年时代，隐逸超然的道家思想也是鸥外的关注点之一，这一方面说明青年鸥外涉猎广泛，兴趣点甚多，另一方面也说明他与中国古典士大夫在某种程度上有相通之处，即精神结构中包含着入世和出世两个层面，这两个层面随着时间与个人境遇的变化而发生比重上的变化。

鸥外的作品中，也时常出现道家的文学意象。1904年，他在日俄战争的战地上写了《辽阳》一诗，将俄国军队比喻为"北冥的大鱼"，这显然出自《庄子·内篇·逍遥游》的开头"北冥有鱼，其名为鲲"的典故。他喜欢道家"虚"、"空"的意象，经常使用的比喻有"虚舟"，即无人的空舟，小说《灰烬》（1911）中的主人公节藏的处世态度就有"庄子的虚舟"的倾向，无论与谁发生冲撞都不动之于中。散文《空车》（1916）描写了一辆什么也没有装的空空的大车，象征着晚年从官界引退后自己的心境。讲演《混沌》（1909）中，提出了"混沌"状态的可贵，即混沌才能有容纳外界新事物进入的余地。鸥外一生中最后的日记《委蛇录》用汉文写成，《庄子·内篇·应帝王》中有"吾与之虚而委蛇，不知其谁何"，"委蛇"的词意《南华真经注疏》解释为"无心而随物化"、"随顺之貌也"。鸥外曾经

① 〔日〕清田文武：《森鸥外的〈混沌〉与庄子》，载《日本学论坛》2000年第3期。

② 〔日〕森鸥外：《德意志日记》，载《鸥外全集》第35卷，第182页。

读过这本注疏，为自己日记写下“委蛇录”题目时，想必便怀着自身随时间而流，悠悠度过余生的心情。在与《高濑舟》同年写作的汉诗中，鸥外曾写道“去来何必问因缘，入地升天任自然”（《次白水孤峰韵》，1915 年 8 月 2 日作），“去来”即来到世间、从世上离去，也就是生死，诗句包含了庄子以生死为天之摄理的生死观的投影。随着人生晚岁的到来，原本精神结构中出世的一面比重日渐增加，探寻有余裕的、宽大超脱的精神，以求得内心的平和，可以说也是人生一个自然的趋势。

综上所述，贯穿了鸥外的整个人生，道家思想都或隐或显地存在于他的精神结构中，或明或暗地作用于他的文学创作和现实行动中。需要特别说明的是，综观鸥外一生，他并没有对特定宗教发生信仰，无论是儒、道、释或者基督教，还是日本传统的神道教。对于后者，他采取的是“即便没到信仰的地步，但认可宗教的必要”① 的立场，这种“必要”，是维持社会秩序方面的必要。对于前者，他更多的是作为一种人生哲学，吸取对自己安心立命有所助益的部分，“结构再巧妙的形而上学，也只相当于一首抒情诗”②，采取的是一种相对主义立场。鸥外这种兼收并蓄的明睿态度，获得了加藤周一的热情称赞，认为鸥外“采取了聪明的相对主义立场，并未将自己的立场体系化。但这出色地给予了他的文学以独创的结论，因此，他不单是广阔地，而且深远地为时代做出了证言”。③

因此，鸥外思想中的道家因素——甚至可以扩展到佛老思想——并非体系化的存在，而是一种对人生哲学的选择性吸收，目的是使内心获得安宁和自足。在《妄想》中，鸥外曾对自己心中潜藏的“永远的不平”述怀，自己追逐学问艺术的幻影，不安于身为官吏的境遇，“自己无法知足，自己是永远的不平家”。但当迟暮已近、退隐真的摆在面前时，怀着不平进入晚年生活，显然并非智者所为。《翁草》中的流放故事触动了他内心中的问题意识，身处最困窘的境遇中却能随顺命运安排、保持内心自足的喜助，于无知无觉中达到了道家的“愚”的境地，让鸥外看到了纯粹高贵的原初风景。于是，他让这位“愚者”头上闪耀起神性的光辉，以寄托自己对超脱阔达境界的赞叹与向往，这就是《高濑舟》的思想意味所在。

---

① 〔日〕森鸥外：《仿佛》，谢志宇译，载高慧勤编选《森鸥外精选集》，第 331 页。

② 〔日〕森鸥外：《妄想》，张云多译，载高慧勤编选《森鸥外精选集》，第 284 页。

③ 〔日〕加藤周一：《日本文学史序说》，第 368 页。

日本社会与经济

从“总有”土地制度看日本山村的社区自治

——基于对栃木县佐野市山区下秋山町内会的田野调查

闫美芳*

【要　旨】 中国の学者が日本を訪れると、そのコミュニティのもつ自治力の高さに驚くことがある。この自治力の高さを支える社会的要因を明らかにするため、本稿では、筆者が日本で継続的に行っている山村調査から、土地所有のあり方に着目し、解明を試みた。日本特有の土地所有観に「総有」がある。「オレの土地はオレ達の土地にある」と考えるこの土地所有観こそが、コミュニティ成員のわれわれ意識を支え、自治へと結びつけているのである。

【关键词】 社区　自治　“总有”土地制度　地盘意识

一　日本基层自治的特点——社区的地盘划定与地缘的约束力

中国的学者参观日本的社区后感叹，为什么日本的社区领导不领行政工资、却照样义务为社区居民服务？为什么日本的社区居民能够自觉地做到统一清扫社区，主动分类处理垃圾积极配合社区工作，共同维护社区环境？这些不是靠行政指导，而是完全依靠社区居民自觉、自愿的社区治理——社区自治，正是中国当前社区建设中急需探索的课题。

日本的自治会、町内会，是日本基层社会自治的基本单位。一般来说，

* 闫美芳，日本宇都宫大学杂草与里山科学教育研究中心讲师。

自治会、町内会是对城市自治单位的称谓。在农村、山村、渔村等地区，自治的地域单位大多仍然保留部落会、村等称谓。该自治机构的特点主要有：①以家庭为单位加入，而不是个人；②某家庭在迁入某地区的同时加入当地的自治会、町内会是水到渠成的事，也可以说有被加入、半强制的成分；③自治会、町内会的活动区域广，服务项目多；④自治会、町内会在为地区居民提供服务的同时，还辅佐地方行政事务，因而具有因公的性质①。

仓沢进指出，自治会、町内会还有一个容易被忽视的特点，即“一个地区只有一个自治会、町内会”。他通过强调这一特点认为，日本的自治会、町内会的自治基于对自己居住领域的地盘意识，并指出这种地盘意识不分城市、农村，扎根于日本人的意识深层，认为遍及日本人居住的地方②。

那么，为什么日本的社区（自治会、町内会、村）里的成员对发生在自己生活的地域社会地盘内的事务能够视为自己应尽的义务而不计报酬地付出；相反，对自己生活的地域社会圈子外的事务视而不见，表现得漠不关心？也就是说，居民互相认可的这个地域社会的地界、圈子是如何约束并激发社区居民的自我治理意识的？

为了更好地思考这个问题，笔者在此将聚焦日本的农村社区。其实，日本基层社会的基于地盘意识的自治原理随处可见；无论是在城市的自治会、町内会，还是在农村的村落社区。而在农村的村落社区里，人们共同耕种，共同管理水源等等；这些具体的自治活动更容易观察到。本文通过考察具有一定历史传统的农村社区中的耕地利用和地盘意识，来探讨日本基层社会居民自治意识背后的理论渊源和自治现状。

二　地域自治的领地意识及其约束力

日本的基层自治单位（自治会、町内会、村）是以一定地理分布和面积的地区为治理范围的。这在中国读者看来没什么新奇。我国的村、乡

① 〔日〕倉沢進,「町内会と日本の地域社会」, 倉沢進・秋元律郎編著『町内会と地域集団〈都市社会学研究叢書②〉』, 4页, ミネルヴァ書房, 1990年。

② 〔日〕倉沢進,「町内会と日本の地域社会」, 倉沢進・秋元律郎編著『町内会と地域集団〈都市社会学研究叢書②〉』, 23页, ミネルヴァ書房, 1990年。

(镇)、县、市、省等行政单位也是这样。但是笔者感到新奇的是，在日本的地域社会，特别是自治会、町内会、村这一层面，每个社会成员对自己所在的地域社会的范围，以及与相邻社会的边界都了如指掌，而且对发生在自己所在的地域社会地界内的事情会油然产生责任感。当然，这种对所属地域社会的地盘、边界的认同在该地域社会的每个成员身上都能看到，是一种相互的社会认同。这种基于对所属地域社会领域、边界的社会认同而产生的对该地区内发生的事务负责的公共意识，跟中国人的公私意识有很大不同。如，费孝通比较西洋人与中国人的公与私时曾引用俗语“各人自扫门前雪，莫管他人瓦上霜”，分析中国人只关心自己家门口，或是自己人脉圈子中的事务的原因。费孝通认为中国人关心的圈内圈外是指熟人、交际圈人脉中的内外，具有一定的伸缩性，其大小视居人脉圈中心者的影响力而定①。而这种公共意识跟日本人的基于地域社会的地界、地盘生成的“公共”的意识差别很大。

在这里举一个形象的例子帮助我们理解日本人的这种领地意识对日常行为的约束：有条鲤鱼在河里游。当这条鲤鱼在 a 村范围内的河里游时，位于 a 村下游的 b 村的居民如果越界到 a 村地界的河里捕捉会被数落，因为它在 a 村的地界里，是 a 村的。只有当这条鲤鱼从 a 村游到 b 村时，b 村的居民去捕捉才会毫无顾忌。当然，这里为了说明人们的领地意识，将事例简化了。如果是鱼群，而且是与人们生计密切相关的大量鱼群，若是上游的 a 村将鱼群全部捕捉，下游的 b 村居民肯定要抗争，这时候两个村就需要协议捕鱼，制定规则互相约束。这些成文或不成文的约束规则简称村规，如上述这个例子中两个村协议后的成文村规一旦制定就会被赋有约束力。

在近代以前，村规的约束力有时相当于今天的法律。如某户不慎失火并牵连村里其他住户，按照村规，他可能被赶到村落领地的边界居住（这在日语中称为“村八分”）。村落的领地边界经常挂有用稻草编成的注连绳，以防止病菌恶魔侵入村内。将失火居民赶到村落边界，是一种警戒，也是一种惩罚。这在拥有自己的人际关系圈、靠人脉关系的环环相扣互相帮助的中国人看来，日本人的做法未免有些落井下石。日本村落社会的这种将触犯村规的人“赶出村去”的做法，也是加强村落领地内住户相互间约束力的一种方式。当然，对于背负其他地区生活传统的“外来户”来说，眼

① 参照费孝通《乡土中国 生育制度》，北京大学出版社，1998，第 24 ~ 27 页。

前的村落社会是封闭、闭塞的。在日本，有新住户迁入以后，生活上祖孙3代才能正式算村里人的说法。这里提及的接受村规的漫长过程，反过来也验证了村规的因地区不同而不同的“特定地域性”和强烈的约束力。

要深入理解日本基层地域社会的这种普遍存在的基于地盘意识的居民自治，接下来我们将目光转向现在仍然以耕种的方式跟土地直接打交道的农村，进一步考察日本基层社区的基于对共同居住领地的认同生成的村落社区自治原理的历史渊源以及自治的现状。

三　秋山町内会居民的耕地维护与土地“总有”

本文详细考察的下秋山町内会位于栃木县佐野市东北部山区。下秋山町内会地处山区，背后是海拔1125米高的山地。下秋山町内会位于秋山河的最上游。二战后“昭和并村”政策出台之前，下秋山町内会与上秋山町内会都属于秋山村。秋山村总面积884.5公顷，其中90%为山林，而稻田、旱田只有6%左右。下秋山町内会位于秋山村的南半部，村里的主要产业是林业。但是1970年代以后，受1960年代开始的林业贸易自由化等的影响，该地区的主要产业林业低迷，村民大部分开始外出打工。2012年3月，下秋山町内会67户成员中仅靠农业收入生活的专业农户只有2户，其他的农户都是在宅基地周围种小块菜地，自给自足。

笔者的田野调查集中在2011年10月至2016年的11月。对秋山町内会的描述除了笔者自己收集的采访调查资料以外，还引用了东京农工大学野生动物调查班子2010年11月以及2011年8月对该地区进行的入户调查统计资料，笔者也是该调查小组的一员。

下秋山町内会跟其他日本山村一样，面临人口的老龄化、少子化、过疏化等问题。这些问题的直观表现就是耕种土地的劳动力欠缺。2012年5月下秋山町内会65岁老年人的比例为52.25%，跟其他老龄化严重的山村一样，因村里耕地劳动力的减少，造成了土地的荒芜。

但是，东京农工大学研究小组通过调查每户的土地利用情况，特别是细致调查每块土地的耕种日历后发现，即使没有播种，没有收获的打算，大多数农民仍然每年2~3次按时清除杂草，保证土地的可耕种状态。调查小组将下秋山町内会的农田分类为仍在耕种的农田、放弃耕种但没有放弃管理的农田、完全放弃耕种的农田，其他（如住宅山林等）这4类土地，分别用不同的颜色标注图示（见图 1）。通过图 1 我们可以看出，下秋山町内会有一半以上的农田属于放弃耕种但是依然按时拔草管理的农田，而完全放弃耕种的用黑色涂抹的地块占极少数。

调查该地区的农业经济专家曾对村民放弃耕种但仍然每年 2～3 次用电动镰刀除草时需要的经济成本进行大体估算后认为，每亩地每年的费用在 1 万日元左右。这种成本计算包括村民外出打工时的钟点工计时价（1 小时 1015 日元）以及电动镰刀折旧费、电动镰刀耗油费。

对村民的这种不计成本的付出，局外人很难理解。因为在外人看来，既然几年之内甚至以后再也没有耕种的打算，干脆放弃管理不管了之；或是尽量减少土地维护的成本，采取如喷洒除草剂等简单省事的方法也未尝不可。山村里的居民的行动为什么一点都没有经济合理性？

对此，村民的回答一般归结为①自己的父辈、祖先辛辛苦苦开垦的土地，自己虽然没有余力耕种，但放弃维护有负罪感。②土地荒芜杂草丛生后，会产生虫害，严重的甚至会成为野猪等出没的地方，对不起自己地块的邻居。③自己如果图省事喷洒除草剂，除草剂可能会影响自己地块的邻居，不可取。

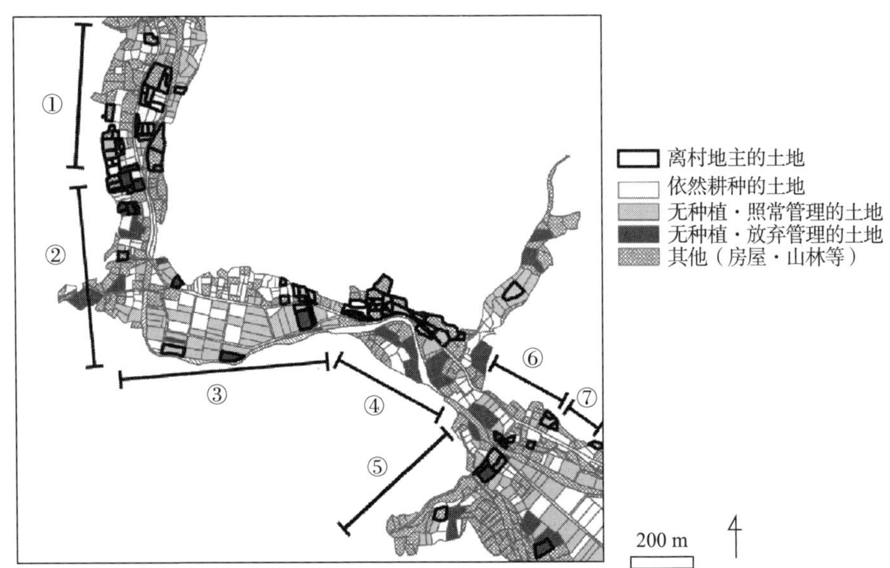

图 1　下秋山町内会的农田耕种利用情况（作图：大桥春香）

其实在该现象的背后，是村民的耕种土地不仅是个人家里的私有财产，同时还是村落社区“总有”领地一部分的领地观念。如何理解“总有”土地所有权？最早提出“总有”概念，认为日本地域社会的土地所有权与西方不同，有私有，共有，总有这三个层次的是川本彰①。他通过调查发现，在日本全国各地的农村里，有许多村落社区有这种基于村落社区的领地观念。与私有，共有这些所有制概念最大的不同是总有土地无法按照登记人员分割。鸟越皓之将这三者的关系表示如下。②

我的土地	a	b	c	d	e	f	共有土地
我们的土地	总有						共有土地

可以说“总有”是指居住在同一地域的居民有发言权但又无法单独分割出售的地盘。村落成员对自己的村落地盘有“总有”意识，其直接表现就是关心自己居住地盘的地界与领地面积的扩张。如川本彰举例说，a村的居民到b村耕种土地虽然是某村民的个人行为，但是在交纳各种杂税时，a村会出面以a村的名义交纳该村民的杂税，事后再向该村民征收。而这种行为的背后，就是将该村民耕种的土地视为a村共有土地的地盘意识。

同样，虽说村民对自己村落领地内的土地有“总有”观念，但是如川本彰强调的那样，村落社会的成员对自己村落领地内的土地的发言权并不均等，而是受在总有土地地盘内占有土地多少的影响。如A，他与村里其他成员相比，拥有土地最大，他在这个地区就最有发言权。需要补充说明的是，发言权的大小与占有土地多少成正比例的情况仅限于土地集中在自己所居住的地区，如果拥有的土地分散在多个地区，而在自己所居住的地区拥有的面积不多时，他在自己村里的发言权很可能相对较弱。即使B在邻村拥有大量土地，B拥有的土地面积的总量即便超过A，有经济实力，但是在A、B所在的村落里，A拥有的土地面积大，所以A的发言权要大于B。当然，村落成员在自己村的社会地位不仅仅与土地面积有关，还跟接受教育的程度、加入村落的年限、祖先的社会地位等多种综合因素的影响。在这里为了说明的简要，只关注拥有土地的面积这一方面的因素。

但是，这种对自己居住领地内土地发言权的强弱不仅仅与拥有土地的面积成比例，还与对自己拥有的土地投入的劳动频度有关。最明显的例子

① 〔日〕川本彰，『むらの領域と農業』，234页，家の光協会，1983年。

② 〔日〕鳥越皓之，「コモンズの利用権を享受する者」『環境社会学研究』，有斐閣，1997，第3号：5－14頁。

就是离村的大地主因长期离村而对自己在村落的土地发言权减弱的事例。比如在现在的下秋山町内会里有几户已经离村的大地主（图1中粗线标注的位置）。图1标注的数字1－7是指下秋山町内会内各个小组。其中位于4小组的离村地主从1980年左右就移居城市，耕地一直荒废着。1980年代末，这位离村地主将自家的稻田转让给垃圾处理厂使用，想从中获益。当然，按照土地私有权的概念解释，土地所有权拥有人有权判断如何使用自家土地，离村大地主的决策好像无可非议。但是，这个离村地主的如意算盘却被村民叫停，没有实现。当时附近居民为了阻止自己领地的稻田不被工业垃圾污染，开会讨论，最终想出的说服理由是“秋山村位于秋山河的上游，河流下游有好多大城市，而灌溉稻田的用水最终也是注入秋山河，因此往秋山河边的稻田里倾倒垃圾就等于间接的往秋山河里倾倒垃圾，污染几十万下游市民的水源”。面对这种反对理由，离村地主只好作罢。从这个事件可以看出当地居民如何集智慧保护自己领地内的环境的，同时也可以看到，虽然离村地主在下秋山町内会拥有的土地面积位居前列（拥有的土地面积在当地排名第2），但是因他长期不居住在这里，疏于对土地的打点，他对自己土地的发言权不但减弱，甚至被修正。

土地分类	宅基地	农田	山林	道路	河流	荒地	共有土地
我们的土地	总有						共有土地

下秋山町内会的事例，不仅仅印证了当地居民的地盘意识，同时还表明了人们的“总有”意识的指向不仅仅共有土地，像宅基地、农田这些私有地界也在其关心范围内。也就是说，只要是“总有”地盘上的空间，都是大家关心的对象（如上图）。将上文的“总有”图按照土地用途重新分类，可能更好理解。被当地居民叫停的正是以上分类中的私有性质很浓厚的农田。可见，在高龄化和过疏化的山村，村落成员的这种即便没有耕种作物但仍自觉管理的行为背后，是居住在当地的村民对自己一家土地背后的“总有”的村落地界内的土地共同的社会认同感和责任感。那么，这些基于“总有”意识的自治在现实的生活中又是如何体现的呢。

四　下秋山町内会的成立与自治的内涵

下秋山町内会作为地方自治单位正式起步是在“昭和并村”出台以后

的1950年；之前的秋山村被划分为上、下秋山村町内会这两个自治单位。当时分编改制的原因完全出于行政管理的需要，据当地居民说，秋山村南北狭长，不便管理，上、下两个町内会是取秋山村中间点断开的。下秋山町内会的制度变迁见表1。

表1 下秋山町内会的制度变迁

<table>
<tr><td>江户时代</td><td colspan="2">秋山村</td><td>宗对马的代官领地</td></tr>
<tr><td>明治1-4年（1868-71）</td><td colspan="2">秋山村</td><td>日光县（1871年废县以后秋山村编入栃木县）</td></tr>
<tr><td>明治23年（1890年）</td><td colspan="2">冰室行政村秋山村</td><td>受明治町村制改革的影响，与邻近的两个村合并，成为栃木县冰室行政村秋山村</td></tr>
<tr><td>昭和30年（1955年）</td><td>上秋山町内会</td><td>下秋山町内会</td><td>冰室行政村与葛生市合并，成为栃木县葛生市上秋山町内会、下秋山町内会</td></tr>
<tr><td>2005年至今</td><td>上秋山町内会</td><td>下秋山町内会</td><td>葛生市与佐野市合并，成为栃木县佐野市上秋山町内会、下秋山町内会</td></tr>
</table>

下秋山町内会是在1955年的行政编制过程中产生的独立的地域行政机构。以下我们先通过下秋山町内会的年中财政结算，看看下秋山町内会的财政收入以及日常治理的主要内容。下秋山町内会收入的一大半来自町内会费，町内会费以户为单位收取，平均每户每月500日元。接下来的收入来源比较固定的是政府补助和各种补助金，大约占下秋山町内会总收入的14%。

表2 2011年下秋山町内会年中收入预算（方案）单位（日元）

项目	2011年度预算	2010年度预算	比较		附加说明
			增	减	
1. 町内会费	402000	396000	6000		6000×67户
2. 市政府补助	55000	55000			市政拨款
3. 捐款收入	100				
4. 上年度节款	175367	157212	18155		上年度节款
5. 其他收入	90000	90000			补助金以及存款利息等
总计	722467	698312	24155		

在预算总金额只有70万日元的下秋山町内会，其预算主要用于道路清扫、河床清扫等生活环境保洁活动和以秋山村为单位的春秋季神社祭祀活动，以及以下秋山町内会为单位的福利节等加强村民感情交流的集体活动。

具体活动安排见表3。

表3　下秋山町内会一年的活动安排

月	日	具体活动内容	月	日	具体活动内容
4	9	町内会年会 配合开展春季交通安全运动	7	7	社会福利协议会会费交纳（60000日元），配合展开夏季交通安全运动
5	3	秋山村神社春季祭祀活动	8	1	道路清扫
5	30	秋山河河床清扫以及道路清扫	10	17	町内会居民共同庆祝福祉节
6	7	日本红十字会会费交纳（15000日元）	11	3	秋山村神社秋季祭祀活动

当然，观察下秋山町内会的活动安排，其中还有交纳日本红十字会会费、社会福利协议会会费等辅助各种公益团体的工作，也有配合开展春季、秋季交通安全运动等全国统一强化的行政事务。下秋山町内会预算金额的具体支出情况见表4。

表4　下秋山町内会2011年度支出计划 单位（日元）

项目	2011年度预算额度	2010年度预算额度	比较		附加说明
			增	减	
1. 会议费	40000	40000			年度总会费（30000）村委班子开会费（10000）
2. 办公费	228000	228000			
（1）村委成员的报酬支付	135000	135000		3000	副会长、会计20000 广报部长15000 环境、产业、交通、福利、女性部长8000 组长4000×7 监事4000×3
（2）出差费	30000	30000		3000	副会长他部长 出差、旅费2000×15回
（3）消耗品费用	5000	5000			办公用品等
（4）印刷费用	30000	30000			开居民全体会议的资料印刷等费用
（5）应酬费用	28000	28000			会长报酬及其他应酬经费
3. 物业费	250000	247000	3000		
（1）文化费	80000	80000			庆祝福祉节活动经费
（2）防灾警卫费	140000	140000			路灯电费80000 补助消防队活动经费20000 警卫团自警团积立金10000 路灯维修经费30000
（3）环境费	5000	5000			清淤治理河流垃圾
（4）产业费	10000	2000	8000		野兽防范事业经费
（5）交通安全	5000	5000			清扫道路
（6）振兴经济费	10000	10000			振兴下秋山地区协议会

续表

项目	2011年度预算额度	2010年度预算额度	比较		附加说明
			增	减	
4. 其他经费	95000	95000			
(1) 各项负担费用	41000	40000			冰室地区协议会（15000）。老年协会（20000），育儿委员会（6000）
(2) 公民馆维护	30000	30000			公民馆运营资金
(3) 丧费	15000	15000			吊丧费
(4) 其他	10000	10000			备用经费
5. 预备经费		88312			
合计	614000	693312			

从上表可以看出，下秋山自治会的主要开支主要用于办公费和事业费。而办公费拿得最高的是町内会会长，1年28000日元（这其中还包括应酬费用）。这在日本的收入水平来看，只能说是名誉费，而不是行政工资。这在其他自治会班组成员也是一样，拿到的都是象征性的名誉费。而下秋山町内会的具体工作如路灯维修、河道清淤、清扫道路等都是与村民日常生活息息相关的。

上秋山町内会、下秋山町内会因南北狭长分界以后，村民里多次有人提议重新合并，但未能实现。村民说，1950年代的行政划分反而激发了两个町内会居民的竞争心理，不管是组织旅游还是集体活动都是互相攀比、贬低。特别是1970年代末，下秋山町内会建立了自己的公民馆结束了两个町内会共用一个公民馆的情况，两村的村民感情进一步疏远。与此同时，下秋山町内会积极组织各种集体活动，像男子场地高尔夫、女子曲棍球、下秋山町内会福利会等，从而使以下秋山町内会为单位的村民共同意识逐渐强化。

当然，不是说通过行政划分，下秋山町内会就能随之生成为村民的自治组织。村民基于生活的自治虽然受行政划分的影响，但这并不是自治生成的主要原因。在传统村落社区中我们看到的是基于生产生活的共同需要产生的自治组织。而这些生活自治组织，受町村制改革等制度变迁影响，表现为重叠的几个层次。与下秋山町内会村民的生活息息相关的地域社会组织，除了町内会以外，还有组和村这两个层次。

五 自治生活组织的重叠

在下秋山町内会当地居民心目中，与自己日常生活息息相关的自治区域分三个层次。第一个层次是组。每个组5－15户左右的规模。下秋山町内会有7个组67户（2012年），每个组有自己的固定称谓。在这里为了表述方便，分别称为1组（12户）、2组（8户）、3组（14户）、4组（7户）、5组（10户）、6组（8户）、7组（8户）。跟日本大部分农村社区一样，小组是合作、自治传统最浓厚的地区。比如，流经小组的河流、道路都是以各小组为单位打扫，小组成员对自己小组领地内的一草一木都比较关心。比如，下秋山町内会3组14户居民中有9户是独居老人，这个小组的老人每天上午的10点和下午的3点，就会出门围着小组转一圈，途径各家时互问安好。观察他们的散步路径；上了年纪腿脚不好的一般在小组的房屋群里转，有体力的则还要围着小组的稻田转一圈。下秋山町内会跟日本其他山村一样，村落房屋的四周就是稻田。这样，小组的领地内有什么风吹草动，很快就传遍小组各户。小组成员说，正式的行政信息是通过“回览板”一户一户传递的，而民间的各种小道消息则刮风般一下就能传开。

小组成员对自己居住生活的地域社会地盘的关心不止这些，具体以小组为单位的各种合作有很多。如婚庆、葬礼都是以小组为单位的。现在出殡有专门的殡葬公司，小组成员的工作简化了许多，但是全户参加的前提并没有改变。另外，在1970年代以前，小组还是农耕合作的基本单位。如在农业机械化以前，插秧耕作都是靠人力。插秧、盖房等劳作也是大家一起聚集到某户的稻田、家里，采取相互交换劳动力的方式集体耕作（这在日语中称为“结”）。下秋山町内会地处山区，小组成员在1990年以前多饮用山泉水，水源附近的清扫也是以小组为单位。

与町内会相比，班、小组的成员多为7～15户，大家抬头不见低头见，不管是仍垃圾、清扫道路这些日常琐事，还是防灾训练这些行政任务，都是以班、小组为最基本的单位的。但在下秋山町内会，情况比较特殊。在这里，秋山村这一地域范围至今仍很重要。在下秋山町内会，居民生活中比较重要的地域组织的第二个层次是下秋山町内会，上文已经提及，不再重复。第三层次的地域范围是秋山村。

虽然现在在市政实施上已经取消了秋山村这一级，但是即使在今天，当地居民对秋山村作为自治单位的社会认知度依然很高，至今还有以秋山村为单位的共有财产。这个共有财产的名字是秋山奖学金，成立于明治41年（1908年）。共有财产由秋山奖学金会财产法人管理，而秋山村村民是该财产法人的组成成员。秋山奖学金会财产法人就是以植树育人的宗旨创立的保留村落共有财产的团体。明治时期，秋山村比较穷，而该团体的成立，为推动秋山村的儿童教育做出了巨大的贡献。有学龄儿童的家长聚集到秋山奖学金会财产法人的山地种树育林，这部分收入作为教育基金补充到学校运营资金，减轻了学龄儿童家长的负担。

以秋山村为单位的组织还有消防队。二战后的上秋山町内会、下秋山町内会分制并没有影响到消防队以村为单位的编制。但是今天老龄少子化对消防队成员构成的冲击却比较大。上文已经提到，2010年下秋山町内会的高龄化率，即65岁人口占地区总人口的比例为52.25%（同年日本社会的老龄化率为23.1%）。而20岁到59岁的年轻人大多都居住在城区的工作单位附近，现在秋山村的15名消防队成员（2016年）中住在村里的只有4名。距离秋山村15公里的葛生町设有市里的消防支部，但是市里的消防队赶来最快也要20分钟左右，在此期间需要村里的消防队自救。一旦发生火灾，关系到生命财产的安全时非同儿戏，村里为预防消防队中坚力量大部分住在村外无法救急的情况，动员白天留守在村里的妇女，将妇女队整编为女子消防队。

此外，以秋山村为单位的活动还有村落祭祀。秋山村的神社位于上秋山町内会、下秋山町内会的分界点上。该神社每年的5月和11月举行春季、秋季祭祀活动。每个小组根据人员不等选出1～2名代表打扫卫生、准备饭菜。另外还有祭祀神灵的村民代表、总代表等，这些都是从各小组中轮流选出的。

通过以上考察可知，对当地居民来说，与自己生活密切相关的自治组织的三个层面就像倒立的日本年糕一样，一层一层的重叠扩大，而且每一层都是建立在一定的地界范围之上的。而因行政划分产生的下秋山町内会，其背后是以小组和秋山村为单位的生活自治的历史积蓄。

日本为了提高行政效率，减少执政成本，几度推行町村合并政策。现在的下秋山町内会的上属单位是佐野市。但是日本的市政实施时采取的是只要是地域社会这一层能处理的事务，市政府会尽量交给自治会、町内会、村落等基层地域社会处理的原则。也就是说，日本的市政实施是在充分肯

定和利用町内会的自治能力的基础上开展工作的。

六　考察结论

中国的社会学者参观日本的社区，感叹日本城市社区的干净，感叹居民为什么能自觉的清扫周边环境；不用行政指导，为什么每家每户都种花种草，精心梳理、装饰庭院，从而提升了社区的整体绿化度？通过本文对日本自治会、町内会、村落社区基于“总有”地盘意识的考察，可以发现这个问题的答案其实很简单。即：日本社区居民之所以自觉维护社区环境，是因为他（她）们视自己居住的社区为“我们自家的地盘”。也正因为有这种对社区空间视为“自家的地盘”的认同，日本社区里的居民认为自觉维护、治理社区环境是理所应当的。

在日本，社区居民不仅仅等待、依靠上级行政部门提供的服务。因为生活节奏等因素，行政服务总会有滞后的一面；日本社区居民视社区空间为“我们自家的地盘”，基于这种共同的认知，他（她）们根据自己的生活需要，积极出谋划策，自我服务。如兵库县相生市某社区面对自己社区中父母是双职工，孩子放学后一个人留守家里，这种所谓“挂钥匙小孩”激增的问题，社区中的退休老人自发组织志愿活动，将社区的旧商铺改装成“挂钥匙小孩”的学习园地，退休老人们跟放学后的孩子们一起等待爸爸妈妈回家。①

像这样的居民自治活动在日本可以说不计其数。如上文提到的下秋山町内会，面对离村大地主对村里的土地的撒手不管，造成野猪·猴子等兽灾泛滥的情况，组织町内会居民制定荒地分布图，动员村力男女老少，并募集城市志愿者一起清理荒地。下秋山町内会对町内会地界内土地的这些投入跟上文提到的兵库县相生市某社区一样，是视社区空间为“我们自家的地盘”的社区居民自己管理自治的体现。而这些积极应对社区生活新需求的居民社区自治活动，是1970年代日本各地“振兴地域社会活动（まちづくり）”的重要组成部分，同时也是1990年代日本提倡“与市民携手互动”行政目标的居民基础。

① 〔日〕鳥越皓之：『「サザエさん」的コミュニティの法則』，NHK出版，2008年，74－81頁。

附注：该论文的调查资金来源于东京农工大学（2009年至2011年度日本文部科学省特别教育研究经费连协融合事业），课题组代表为梶光一。该论文的调查数据有一部分还援用了课题组其他成员的调查成果，特此表示感谢。

海外日本学

日本研究指南

——日本研究必读书 100 册

〔日〕安井真奈美 著　党蓓蓓 译*

关于日本研究，毋庸置疑，在日本有着数量庞大的积累。而且这些研究涉及的领域十分宽泛。然而，现阶段还没有一个能够增进人们迅速了解这个体量极为庞大的日本研究现状的示意图、通俗易懂的解说书或者教科书。长期以来，人们虽然都在强调"跨学科研究"的必要性，但是要毫无遗漏地介绍其他领域的研究动态及研究方法却不是件容易的事。

正是在这样的背景下，国际日本文化研究中心出版的国际性学术刊物《日本研究》特别编辑了这本研究指南，以方便读者全面了解日本研究各领域的动向以及各领域曾关注的问题以及现在正在关注的问题。这就是刊登在《日本研究》第 57 集（2018 年 3 月发行）的专辑——日本研究指南暨日本研究必读书 100 册。

作为《日本研究》的主编，这份必读书目能够被翻译成中文并刊登在最新改版的《日本学研究》（第 28 辑）上我感到非常荣幸。虽然该专辑标题是"日本研究必读书 100 册"，但是实际书目数量却多达 152 册。此外，在国际日本文化研究中心网站（http：//id. nii. ac. jp/1368/00006911/）上可以全文下载日文版书目及各领域的日文说明，也欢迎读者一并下载参考。

如果本专辑能对关注日本研究的大学生、研究生以及从事日本研究的学者了解日本研究的基本状况并以此为契机深入研究日本有所帮助的话，我会感到十分荣幸。同时也希望大家务必去直接阅读书目中提到的那些用

---

* 安井真奈美，国际日本文化研究中心教授。
党蓓蓓，北京外国语大学北京日本学研究中心文化专业博士研究生。

日文撰写、饶有兴味的研究专著。

为了把握日本研究的全貌，本特辑除了思想史、政治史外，还增加了性别研究、流行文化、电影等新兴研究领域。同时，我认为“冲绳/南岛”“北海道/北方世界”这些地区研究也是不可缺少的，所以特别设置了上述两个栏目。榎本涉先生在本特辑“序言”中指出，撰稿人都是“既处于学术前沿，又能够展望该领域的研究动向，同时还能将这些研究动向介绍给非专业人士的研究者”。

关于“日本研究必读书100册”的编辑原则，接下来我想在各研究领域学者解说的基础上再做些补充说明。

首先“思想史”（松田宏一郎）对最近10年来出版的、可称之为二十一世纪日本政治思想史研究的必读书做了介绍。

“美术”（佐藤道信）为我们梳理了日本美术史的脉络：即第二次世界大战前曾经具有强烈的政治性和意识形态性的“日本美术史”，到了战后演变成了对“日本美”的强调，而1990年代以后，备受关注的漫画和动漫等亚文化类美术也加入到了“日本美术史”之中。

“宗教”（小田龙哉）提及了汉娜·阿伦特、尤尔根·哈贝马斯所主张的“公共性”这一概念，并围绕“宗教与公共性”这一关键词梳理了相关文献。

“文化人类学”（安井真奈美）是由笔者撰写的。鉴于以美国为首的海外日本研究学者不读日文研究文献也能够开展研究这一现状，在以异文化理解为主的文化人类学领域中，着重介绍了以日本为研究对象、出自日本学者之手的重要文献。

“文学（前近代）”（加藤昌嘉）选取了“本科生·研究生读了也会觉得茅塞顿开”的有趣研究著作；而“文学（近现代）”（西田谷洋）则选取并介绍了近10年来的最新研究成果。

“考古学”（松本武彦）表示，由于日本考古学研究一直是在历史学的框架内开展的，故在考古学方面日本研究的主要着眼点放在了“日本”是在什么时候、如何形成这一问题上。准确地说，“日本”这一名称作为国号固定下来是在8世纪，在此之前“日本”一直叫“大和（YAMATO）”。

“社会文化史”（奈良胜司）着眼于社会文化结构，同时通过追踪其历史发展脉络这一视角，介绍了从进入德川时期后的近世到近代（17~20世纪）的研究文献。

“政治史”（村井良太）介绍了有着融合日本政治史和外交史特征的、较新的研究成果。

“性别研究”（平井晶子）论述了现代日本习以为常的“男主外、女主内”的性别角色分工是在什么时候、如何展开以及与性别关系密切相关的家庭存在形式等问题。

“流行文化”（大塚英志）没有采取诸如漫画介绍或动漫研究入门的叙述方式，而是通过介绍研究漫画、动漫、妖怪等流行文化的动机、目的以及意义所在的方式，促进了对流行文化的内在认识和思考。同时作者还指出从民俗学家柳田国男对“常民”、“公民”的质疑中表现出的试图巩固“流行文化”中“流行”领域基础的意图。

“电影”（Mitsuyo Wada-Marciano）主要介绍了用英语写成的日本电影研究的必读书，因此也希望读者参考英语文献。

“冲绳/南岛”（屋良健一郎）以介绍者本人的专业——历史学（琉球史）的研究为核心进行了介绍。

“北海道/北方世界”（簑岛荣纪）主张有必要从正面描写目前在国际得到公认的“原住民”——阿伊努族和北方诸民族，而不应通过与“日本”对比的方式。

以上，简单介绍了专辑日本研究指南的大致内容。在此基础上，如果再浏览“必读的 100 册”的话，或许各位就能找到自己感兴趣的图书。这些文献目录和解说若能成为对日本研究感兴趣的读者以及研究者们的研究指南的话，将是我莫大的荣幸。

国际日本文化研究中心同时还发行英文学术杂志《Japan Review》，刊登着过去与现在的日本文化研究相关的学术论文。截止到 2017 年已发行到第 31 期。

第 31 期的全文 URL 链接如下：http：//id. nii. ac. jp/1368/00006832/。

如能将上述刊物一起参考，相信读者定能从更加跨学科、更加全球化的视角把握日本研究的动向。

最后，我向给予我在《日本学研究》中介绍国际日本文化研究中心《日本研究》特辑机会的郭连友教授以及整理翻译书名的党蓓蓓同学致以衷心的感谢。

日本研究指南——日本研究必读书100册

序号	研究领域	作者	书名	中文翻译	出版社	出版年月
1	思想史	Kiri Paramore	Japanese Confucianism：A Cultural History	日本的儒学：一种文化史	Cambridge University Press 剑桥大学出版社	2016年
2	思想史	田世民	近世日本における儒礼受容の研究	近世日本儒礼受容的研究	ぺりかん社	2012年
3	思想史	高山大毅	近世日本の「礼楽」と「修辞」：荻生徂徠以後の「接人」の制度構想	近世日本的“礼乐”和“修辞”：荻生徂徕以后的“待人”制度构想	東京大学出版会	2016年
4	思想史	大久保健晴	近代日本の政治構想とオランダ	近代日本的政治构想与荷兰	東京大学出版会	2010年
5	思想史	菅原光	西周の政治思想—規律・功利・信	西周的政治思想—规律・功利・信	ぺりかん社	2009年
6	思想史	河野有理	偽史の政治学ー　新日本政治思想史	伪史的政治学—新日本政治思想史	白水社	2016年
7	思想史	藍弘岳	漢文圏における荻生徂徠 —医学・兵学・儒学	汉字文化圈中的荻生徂徕 —医学・兵学・儒学	東京大学出版会	2017年
8	美术	源豊宗	日本美術の流れ	日本美术的历史	思索社	1976年
9	美术	戸田禎佑	日本美術の見方ー　中国との比較による	日本美术之观察—与中国之比较	角川書店	1997年
10	美术	高階秀爾	新版　日本美術を見る眼—東と西の出会い	新版　观察日本美术之眼—东西方的邂逅	岩波書店	1996年
11	美术	矢代幸雄	世界に於ける日本美術の位置	世界中的日本美术定位	東京堂講談社学術文庫	1948年 1988年

续表

序号	研究领域	作者	书名	中文翻译	出版社	出版年月
12	美术	辻惟雄	奇想の系譜	奇想的系谱	美術出版社ぺりかん社	1970 年 1988 年
13	美术	北沢憲昭	眼の神殿—「美術」受容史ノート	眼睛的神殿—“美术”受容史笔记	美術出版社ブリュッケ	1989 年 2010 年
14	美术	木下直之	美術という見世物—油絵茶屋の時代	美术这门艺术—油画茶馆时代	平凡社講談社学術文庫	1993 年 2010 年
15	美术	佐藤道信	（日本美術）誕生	“日本美术”的诞生	講談社（講談社選書メチエ）	1996 年
16	美术	椹木野衣	日本・現代・美術	日本・现代・美术	新潮社	1998 年
17	宗教	阿萨德（著）中村圭志（翻译）	世俗の形成— キリスト教、イスラム、近代	世俗的形成—基督教、伊斯兰教、近代	みすず書房	2006 年
18	宗教	網野善彦	無縁・公界・楽—日本中世の自由と平和	无缘・公界・乐 —日本中世的自由与和平	平凡社	1978 年 （第 1 版） 1987 年 （增补版） 1996 年
19	宗教	Jacques Derrida（原著），湯浅博雄・大西雅一郎（翻訳）	信と知：たんなる理性の限界における「宗教」の二源泉	信与知：单纯理性界限中“宗教”的两个本源	未来社	1996 年 （原版） 2016 年
20	宗教	青野正明	帝国神道の形成—植民地朝鮮と国家神道の論理	帝国神道的形成—殖民地朝鲜与国家神道的逻辑	岩波書店	2015 年

续表

序号	研究领域	作者	书名	中文翻译	出版社	出版年月
21	宗教	アンヌ ブッシイ（著）鈴木正崇訳	神と人のはざまに生きる一近代都市の女性巫者	生活在神与人之间—近代都市的女性巫师	東京大学出版会	1992年（原著）2005年
22	宗教	佐藤弘夫	死者の花嫁—葬送と追憶の列島史	死者的新娘—葬礼与追忆的列岛史	幻戯書房	2015年
23	文化人类学	田中雅一	軍隊の文化人類学	军队的文化人类学	風響社	2015年
24	文化人类学	春日直樹	現実批判の人類学 —新世代のエスノグラフィへ	批判现实的人类学—新一代的民族志	世界思想社	2011年
25	文化人类学	川田順造	日本を問い直す—人類学者の視座	日本再考—人类学者的视角	青土社	2010年
26	文化人类学	小松和彦	いざなぎ流の研究 歴史のなかのいざなぎ流太夫	伊邪那岐流研究　历史中的伊邪那岐流太夫	角川学芸出版	2011年
27	文化人类学	木村周平・杉戸信彦・柄谷友香	災害フィールドワーク論	灾害田野调查论	古今書院	2014年
28	文化人类学	川島秀一	海と生きる作法——漁師から学ぶ災害観	与海共生的方法—从渔夫处学到的灾害观	冨山房インターナショナル	2017年
29	文化人类学	阿维汉道 Cornelius Ouwehand・（著）小松和彦・中沢新一・飯島吉晴・古家信平（翻訳）	鯰絵—民俗的想像力の世界	鯰绘—民俗想像力的世界	せりか書房	1979年
30	文化人类学	松岡悦子	妊娠と出産の人類学—リプロダクションを問い直す	妊娠与分娩的人类学—质疑再生产	世界思想社	2014年
31	文化人类学	安井眞奈美	出産の民俗学．文化人類学	分娩的民俗学・文化人类学	勉誠出版	2013年

续表

序号	研究领域	作者	书名	中文翻译	出版社	出版年月
32	文化人类学	安井眞奈美	出産環境の民俗学 —“第三次お産革命”にむけて	分娩环境的民俗学—“第三次分娩革命”	昭和堂	2013 年
33	文化人类学	桑山敬己	ネイティヴの人類学と民俗学 —知の世界システムと日本	本土的人类学和民俗学—知识的世界体系与日本	弘文堂	2008 年
34	文化人类学	山口昌男	天皇制の文化人類学	天皇制的文化人类学	立風書房	1989 年
35	文化人类学	山口　昌男	「挫折」の昭和史	“挫折”的昭和史	岩波書店	1995 年
36	文化人类学	山口　昌男	「敗者」の精神史	“败者”的精神史	岩波書店	1995 年
37	文化人类学	米山　俊直	祇園祭—都市人類学ことはじめ	祇园祭—都市人类学入门	中公新書	1974 年
38	文化人类学	米山　俊直	天神祭—大阪の祭礼	天神祭—大阪的祭礼	中公新書	1979 年
39	文化人类学	米山　俊直	小盆地宇宙と日本文化	小盆地宇宙和日本文化	岩波書店	1989 年
40	文化人类学	米山　俊直	「日本」とはなにか —文明の時間と文化の時間	何谓“日本”—文明的时间和文化的时间	人文書館	2007 年
41	文化人类学	川田　順造	文化の三角測量 —川田順造講演集	文化的三角测量—川田顺造演讲集	人文書院	2008 年
43	文学（前近代）	出雲路修	古文表現法講義	古文表现法讲义	岩波書店	2003 年
44	文学（前近代）	玉上琢弥	物語文学	物语文学	塙書房	1960 年
45	文学（前近代）	渡辺秀夫	詩歌の森—日本語のイメージ	诗歌的森林—日语的印象	大修館書店	1995 年
46	文学（前近代）	神田龍身	物語文学、その解体 —＜源氏物語・宇治十帖＞以降	物语文学及其解体 —＜］源氏物語・］宇治十帖＞以后	有精堂出版	1992 年

续表

序号	研究领域	作者	书名	中文翻译	出版社	出版年月
47	文学（前近代）	西郷信綱	古事記注釈（全八冊）	古事记注释（全八册）	ちくま学芸文庫	2005—2006年
48	文学（前近代）	久保田淳	中世文学の時空	中世文学的时空	若草書房	1998年
49	文学（前近代）	森正人	場の物語論	场的物语论	若草書房	2012年
50	文学（前近代）	工藤重矩	平安朝文学と儒教の文学観—源氏物語を読む意義を求めて	平安朝文学和儒教文学观—探寻阅读源氏物语的意义	笠間書院	2014年
51	文学（前近代）	大谷雅夫	歌と詩のあいだ—和漢比較文学論攷	歌与诗之间－和汉比较文学论考	岩波書店	2008年
52	文学（前近代）	小田勝	実例詳解　古典文法総覧	实例详解　古典语法总览	和泉書院	2015年
53	文学（近现代）	和田敦彦	読書の歴史を問う—書物と読書の近代	探寻读书的历史—书籍与读书的近代	笠間書院	2014年
54	文学（近现代）	日比嘉高	ジャパニーズ・アメリカ—移民文学・出版文化・収容所	日本・美国—移民文学・出版文化・收容所	新曜社	2014年
55	文学（近现代）	戸松泉	複数のテクストへ—樋口一葉と草稿研究	复数的文本—樋口一叶与草稿研究	翰林書房	2010年
56	文学（近现代）	谷川恵一	歴史の文体　小説のすがた—明治期における言説の再編成	历史的文体　小说的形式—明治时期言论的重构	平凡社	2008年
57	文学（近现代）	坪井秀人	感覚の近代—　声・身体・表象	感觉的近代—声・身体・表象	名古屋大学出版会	2006年

续表

序号	研究领域	作者	书名	中文翻译	出版社	出版年月
58	文学（近现代）	一柳廣孝	無意識という物語ー　近代日本と「心」の行方	无意识的故事—近代日本和“心”的走向	名古屋大学出版会	2014 年
59	文学（近现代）	中村三春	花のフラクタル—20 世紀日本前衛小説研究	花的分形—20 世纪日本前卫小说研究	翰林書房	2012 年
60	文学（近现代）	飯田祐子	彼女たちの文学	她们的文学	名古屋大学出版会	2016 年
61	考古学	江上波夫	騎馬民族国家—日本古代史へのアプローチ	骑马民族国家—日本古代史研究	中公新書	1967 年
62	考古学	都出比呂志	古代国家はいつ成立したか	古代国家是何时成立的？	岩波新書	2011 年
63	考古学	埴原和郎	日本人の成り立ち	日本人的由来	人文書院	1995 年
64	考古学	藤尾慎一郎	弥生文化像の新構築	弥生文化形象的新构建	吉川弘文館	2013 年
65	考古学	井上章一	日本に古代はあったのか	日本有古代吗？	角川選書	2008 年
66	社会文化史	渡辺京二	逝きし世の面影	逝去的面影	葦書房平凡社	1998 年（初刊）2005 年
67	社会文化史	宮本常一	忘れられた日本人	被遗忘的日本人	未來社	1960 年
68	社会文化史	笠谷和比古	近世武家社会の政治構造	近世武家社会的政治构造	吉川弘文館	1993 年
69	社会文化史	渡辺尚志	近世百姓の底力ー　村からみた江戸時代	近世百姓的潜力—从村落看江户时代	敬文舎	2013 年
70	社会文化史	笠谷和比古	主君「押込」の構造—近世大名と家臣団	“监禁主君”的构造—近世大名和家臣集团	平凡社講談社	1988 年 2006 年
71	社会文化史	牧原憲夫	客分と国民のあいだ—近代民衆の政治意識	客人与国民之间——近代民众的政治意识	吉川弘文館	1998 年

续表

序号	研究领域	作者	书名	中文翻译	出版社	出版年月
72	社会文化史	松沢裕作	自由民権運動―〈デモクラシー〉の夢と挫折	自由民权运动―“民主主义”的梦想和挫折	岩波新書	2016年
73	社会文化史	山本七平	「空気」の研究	“空气”研究	文春文庫	1977年（初刊）1983年
74	社会文化史	白井聡	永続敗戦論―戦後日本の核心	永久战败论—战后日本的核心	太田出版	2013年
75	社会文化史	奈良勝司	明治維新と世界認識体系―幕末の徳川政権　信義と征夷のあいだ	明治维新和世界认识体系—幕末的德川政权　信义与征夷之间	有志舎	2010年
76	社会文化史	山岸俊男	信頼の構造―こころと社会の進化ゲーム	信赖的构造—心与社会的进化游戏	東京大学出版会	1998年
77	政治史	三谷太一郎	日本の近代とは何であったか―問題史的考察	何谓日本的近代—对历史问题进行考察	岩波新書	2017年
78	政治史	瀧井一博	文明史のなかの明治憲法	文明史中的明治宪法	講談社	2003年
79	政治史	五百旗頭薫	大隈重信と政党政治―複数政党制の起源　明治十四年―　大正三年	大隈重信和政党政治—多党制的起源　明治十四年—大正三年	東京大学出版会	2003年
80	政治史	清水唯一朗	近代日本の官僚　―維新官僚から学歴エリートへ	近代日本的官僚　—从维新官僚到学术精英	中公新書	2013年
81	政治史	奈良岡聰智	加藤高明と政党政治―二大政党制への道	加藤高明和政党政治—通往两大政党制的道路	山川出版社	2006年
82	政治史	村井哲也	戦後政治体制の起源―吉田茂の「官邸主導」	战后政治体制的起源—吉田茂的“官邸主导”	藤原書店	2008年
83	政治史	中北浩爾	一九五五年体制の成立	一九五五年体制的成立	東京大学出版会	2002年
84	性别研究	江原　由美子	ジェンダーの社会学―女たち/男たちの世界	性别研究的社会学—女人和男人的世界	新曜社	1989年

续表

序号	研究领域	作者	书名	中文翻译	出版社	出版年月
85	性别研究	落合恵美子	21 世紀家族 —家族の戦後体制の見かた・超えかた	21 世纪的日本家庭 —家庭的战后体制的看法・超越法	有斐閣	1994 年（初刊） 2004 年（第三版）
86	性别研究	木本喜美子	家族・ジェンダー・企業社会—ジェンダー・アプローチの模索	家族・性别研究・企业社会—性别研究・方法的摸索	ミネルヴァ書房	1995 年
87	性别研究	小山静子	良妻賢母という 規範	贤妻良母的规范	勁草書房	1991 年
88	性别研究	瀬地山角	東アジアの家父長制—ジェンダーの比較社会学	东亚的家长制—性别研究的比较社会学	勁草書房	1996 年
89	性别研究	落合恵美子・山根真理・宮坂靖子	アジアの家族とジェンダー	亚洲的家族和性别研究	勁草書房	2007 年
90	性别研究	上野千鶴子編	主婦論争を読む　全記録（全 2 巻）	读主妇论争　全记录（全 2 卷）	勁草書房	1982 年
91	性别研究	品田知美	家事と家族の日常生活 —主婦はなぜ暇にならなかったのか	家务和家族的日常生活 —主妇为何不得闲	学文社	2007 年
92	性别研究	山田昌弘	近代家族のゆくえ —家族と愛情のパラドックス	近代家庭的走向—家庭和爱情的悖论	新曜社	1994 年
93	性别研究	大和礼子	生涯ケアラーの誕生—再構築された世代関係/再構築されないジェンダー関係	终身照顾者的诞生 —重构的世代关系/无法重构的性别关系	学文社	2008 年
94	性别研究	脇田晴子共编	ジェンダーの日本史（上下巻）	性别研究的日本史（上下卷）	東京大学出版会	1994 年
95	性别研究	女性史総合研究会	日本女性史（全五巻）	日本女性史（全五卷）	東京大学出版会	1982 年
96	性别研究	女性史総合研究会	日本女性生活史（　全五巻）	日本女性生活史（全五卷）	東京大学出版会	1990 年

续表

序号	研究领域	作者	书名	中文翻译	出版社	出版年月
97	电影	约瑟夫·安德森(Joseph L. Anderson)唐纳德·里奇 Donald Richie(共著)	The Japanese Film: Art and Industry	日本电影：艺术与工业	Princeton University Press	1983年
98	电影	田中　純一郎	日本映画発達史（全三卷）	日本电影发展史（全三卷）	中央公論新社	1957年
99	电影	No·l Burch 诺尔·伯奇	To the Distant Observer: Form and Meaning in the Japanese Cinema	致远方的观察者：日本电影中的形式和意义	University of California Press; University of Michigan, Center for Japanese Studies Publications	1979年 2004年
100	电影	David Bordwell 唐納·瑞奇	Ozu and the Poetics of Cinema	小津安二郎电影的诗学	Princeton University Press; University of Michigan, Center for Japanese StudiesPublications	1988年 2004年
101	电影	佐藤忠男	Currents in Japanese Cinema: Essays	当代日本电影：散文	講談社	1982年
102	电影	佐藤忠男 Brij Tankha(翻訳)	Kenji Mizoguchi and the Art of Japanese Cinema	沟口健二与日本电影艺术	Berg Pub Ltd	2008年
103	电影	托马斯· 拉马雷 Thomas Lamarre(著)	The Anime Machine: A Media Theory of Animation	动画机器：动漫的媒体理论	University of Minnesota Press	2009年
104	冲绳·南岛	新城敏男	首里王府と八重山	首里王府与八重山	岩田書院	2014年
105	冲绳·南岛	玉木順彦	近世先島の生活習俗	近世先岛的生活习俗	ひるぎ社	1996年

续表

序号	研究领域	作者	书名	中文翻译	出版社	出版年月
106	冲绳・南岛	大林太良ほか	隼人世界の島々 海と列島文化 5	隼人世界的岛屿　海洋与列岛文化 5	小学館	1990 年
107	冲绳・南岛	池田榮史編	古代中世の境界領域　キカイガシマの世界	古代中世的边界领域　硫磺岛的世界	高志書院	2008 年
108	冲绳・南岛	沖縄県今帰仁村教育委員会編	グスク文化を考える―世界遺産国際シンポジウム <東アジアの城郭遺跡を比較して> の記録	思考城堡文化 —世界遗产国际论坛“比较东亚的城郭遗址”的记录	新人物往来社	2004 年
109	冲绳・南岛	高良倉吉	琉球王国の構造	琉球王国的构造	吉川弘文館	1987 年
110	冲绳・南岛	上里隆史	海の王国・琉球―「海域アジア」屈指の交易国家の実像	海洋的王国・琉球 —“海域亚洲”杰出的交易国家的实像	洋泉社	2012 年
111	冲绳・南岛	豊見山和行	琉球王国の外交と王権	琉球王国的外交和王权	吉川弘文館	2004 年
112	冲绳・南岛	池宮正治	池宮正治著作選集（全三巻）	池宫正治著作选集（全三卷）	笠間書院	2015 年
113	冲绳・南岛	仲程昌徳	沖縄の投稿者たち―沖縄近代文学資料発掘	冲绳的投稿者们—冲绳近代文学资料的发掘	ボーダーインク	2016 年
114	冲绳・南岛	伊佐眞一	伊波普猷批判序説	伊波普猷批判序説	影書房	2007 年
115	冲绳・南岛	岡本恵徳	現代沖縄の文学と思想	现代冲绳的文学与思想	沖縄タイムス社	1981 年
116	北海道・北方世界	大林太良	北方の民族と文化	北方的民族与文化	山川出版社	1991 年
117	北海道・北方世界	菊池俊彦	オホーツクの古代史	鄂霍次克的古代史	平凡社	2009 年
118	北海道・北方世界	鈴木靖民	日本古代の周縁史―エミシ・コシとアマミ・ハヤト	日本古代的边缘史	岩波書店	2014 年
119	北海道・北方世界	知里幸恵編訳	アイヌ神謡集	阿伊努神谣集	郷土研究社 岩波書店	1923 年 1978 年

续表

序号	研究领域	作者	书名	中文翻译	出版社	出版年月
120	北海道・北方世界	瀬川拓郎	アイヌ・エコシステムの考古学—異文化交流と自然利用からみたアイヌ社会成立史	阿伊努・生态系统的考古学—从异文化交流和利用自然的视角看阿伊努的社会成立史	北海道出版企画センター	2005年
121	北海道・北方世界	铃木森须（著） 大川正彦（訳）	辺境から眺める—アイヌが経験する近代	从边境眺望—阿伊努所经历的近代	みすず書房	2000年
122	流行文化	柳田國男	明治大正史　世相篇	明治大正史　世相篇	朝日新聞社講談社学術文庫	1921年 1993年
123	流行文化	柳田國男	不幸なる芸術	不幸的艺术	筑摩書房岩波文库	1953年 1979年
124	流行文化	杉本仁	選挙の民俗誌—日本的政治風土の基層	选举的民俗志—日本特色政治土壤的基础	梟社	2007年
125	流行文化	柳田國男	口承文芸史考（柳田國男全集16收录）	口传文艺史考（柳田國男全集16收录）	中央公論社筑摩書房（全集）	1947年 1999年
126	流行文化	本田和子	異文化としての子ども	作为异文化的孩子	紀伊国屋書店ちくま学芸文庫	1982年 1992年
127	流行文化	江藤淳	全文芸時評（上・下）	全文艺时评（上・下）	新潮社	1989年
128	流行文化	吉本隆明	マス・イメージ論	媒体论	福武書店講談社文芸文庫	1984年 2013年
129	流行文化	柳田國男	郷土生活の研究法（柳田国男全集8收录）	乡土生活研究法（柳田国男全集8收录）	刀江書院筑摩書房（全集）	1935年 1998年
130	流行文化	牧野守	映画学の道しるべ	电影学入门	文生書院	2011年
131	流行文化	大塚英志	二階の住人とその時代 —転形期のサブカルチャー私史	住二层的人与其时代—转型期的亚文化私史	講談社（星海社新書）	2016年

续表

序号	研究领域	作者	书名	中文翻译	出版社	出版年月
132	流行文化	東浩紀	動物化するポストモダン オタクから見た日本社会	动物化的后现代主义　御宅族眼中的日本社会	講談社現代新書	2001 年
文学（近现代）补充书单						
133	文学（近现代）补充书单	広瀬正浩	戦後日本の聴覚文化 —音楽・物語・身体	战后日本的听觉文化—音乐・故事・身体	青弓社	2013 年
134	文学（近现代）补充书单	井原あや	<スキャンダラスな女>を欲望する：文学・女性週刊誌・ジェンダー	幻想“丑闻女性”：文学・女性周刊・性别	青弓社	2015 年
135	文学（近现代）补充书单	石川巧	高度経済成長期の文学	高速经济成长期的文学	ひつじ書房	2012 年
136	文学（近现代）补充书单	木股知史	画文共鳴—『みだれ髪』から『月に吠える』へ	画文共鸣—从《乱发》到《吠月》	岩波書店	2008 年
137	文学（近现代）补充书单	小林洋介	「狂気」と「無意識」のモダニズム —戦間期文学の一断面	“疯狂”和“无意识”的现代主义—战争时期文学的一个剖面	笠間書院	2013 年
138	文学（近现代）补充书单	小松史生子	探偵小説のペルソナ —奇想と異常心理の言語態	侦探小说的人格面具 —奇想和异常心理的言语体	双文社出版	2015 年
139	文学（近现代）补充书单	牧義之	伏字の文化史 —検閲・文学・出版	隐晦字的文化史 —审阅・文学・出版	森話社	2014 年

续表

序号	研究领域	作者	书名	中文翻译	出版社	出版年月
140	文学（近现代）补充书单	松澤俊二	「よむ」ことの近代—和歌・短歌の政治学	阅“读”的近代—和歌・短歌的政治学	青弓社	2014年
141	文学（近现代）补充书单	村上陽子	出来事の残響—原爆文学と沖縄文学	残响—原爆文学と冲绳文学	インパクト出版会	2015年
142	文学（近现代）补充书单	中谷いずみ	その「民衆」とは誰なのか：ジェンダー・階級・アイデンティティ	所谓的“民众”是谁：性别・阶级・身份	青弓社	2013年
143	文学（近现代）补充书单	内藤千珠子	愛国的無関心：「見えない他者」と物語の暴力	爱国的冷漠：“看不见的他者”和物语的暴力	新曜社	2015年
144	文学（近现代）补充书单	内藤由直	国民文学のストラテジー—プロレタリア文学運動批判の理路と隘路	国民文学的策略—批判无产阶级文艺运动的思路和瓶颈	双文社出版	2014年
145	文学（近现代）补充书单	小平麻衣子	女が女を演じる—文学・欲望・消費	女性演绎女性—文学・欲望・消费	新曜社	2008年
146	文学（近现代）补充书单	大原祐治	文学的記憶・一九四〇年前後—昭和期文学と戦争の記憶	文学的记忆・一九四〇年前后—昭和时期文学和战争的记忆	翰林書房	2006年
147	文学（近现代）补充书单	大澤聡	批評メディア論—戦前期日本の論壇と文壇	批评媒体论—战前日本的论坛和文坛	岩波書店	2015年

续表

序号	研究领域	作者	书名	中文翻译	出版社	出版年月
148	文学（近现代）补充书单	副田賢二	「獄中」の文学史：夢想する近代日本文学	“狱中”的文学史：近代日本文学的梦想	笠間書院	2016 年
149	文学（近现代）补充书单	高橋修	明治の翻訳ディスクール—坪内逍遙．森田思軒．若松賤子	明治翻译文学话语 —坪内逍遥・森田思轩・若松贱子	ひつじ 書房	2015 年
150	文学（近现代）补充书单	竹内瑞穂	「変態」という 文化—近代日本の〈小さな革命〉	所谓“变态”文化 —近代日本的“小小革命”	ひつじ 書房	2014 年
151	文学（近现代）补充书单	富塚昌輝	近代小説という 問い—日本近代文学の成立期をめぐって	对近代小说的反思—围绕日本近代文学的成立期	翰林書房	2015 年
152	文学（近现代）补充书单	友田義行	戦後前衛映画と 文学—安部公房 × 勅使河原宏	战后前卫电影与文学—安部公房 × 勅使河原宏	人文書院	2012 年

书 评

评『「大平学校」と戦後日中教育文化交流』（“大平班”与战后中日教育文化交流）

徐一平*

作为“纪念中日和平友好条约签订40周年”的出版计划，由日本侨报社出版发行的『「大平学校」と戦後日中教育文化交流』（“大平班”与战后中日教育文化交流）问世了。这是迄今为止第一部以中日教育文化交流合作项目“全国日语教师培训班”（学界昵称“大平班”日语「大平学校」）为研究对象的专著。作者孙晓英是天津外国语大学的年轻日语教师，专著内容是她在日本早稻田大学攻读教育学专业博士课程的博士论文。同时，该书还获得了大平正芳纪念财团第29届“环太平洋学术研究资助”奖，使之得以顺利出版。

1979年12月，当时的日本首相大平正芳对中国进行正式访问，在访问期间，为了加强中日两国之间文化教育的交流事业，中日两国政府签署了一份“文化交流协议”。作为该协议的一款，为了促进中日两国人民的相互理解，推动中国日语教育事业的发展，双方决定，于1980年9月在当时的北京语言学院（即现在的北京语言大学）成立“全国日语教师培训班”。由日本国际交流基金派遣专家并提供图书资料，对中国各大学的日语教师进行培训。整个计划拟实施五年，每年一期，一期120名，总共约600名大学日语教师将在这一培训班中进行学习。这600名大学日语教师几乎相当于当时中国大学日语教师的总数。在中日双方的共同努力之下，“全国日语教师培训班”取得了预期以上的效果。由于这一培训班取得的成功，后来在中日两国的日语教育界，大家都亲切地称之为“大平班（大平学校）”。

* 徐一平，北京日本学研究中心教授，博士生导师，北京日本学研究中心前主任。研究方向为日本语言学、中日语言对比。

然而，尽管这一中日教育文化交流合作的项目取得了预期以上的效果，进而发展建立起来的“北京日本学研究中心”成为一所为中国日语教育、日本研究事业培养高精尖人才的合作教育机构。但是，迄今为止还没有人对这一成功的合作项目进行过全面的研究。乃至到了 2001 年，中国旅日媒体人莫邦富先生甚至在日本的周刊杂志《中央公论》上发表文章，疾呼“大平班（大平学校）”也许都已经被人们遗忘了。从这个意义上来说，本书所具有的划时代意义不可估量。

全书以“序章”“第一章、中国语言教育的历史变迁”“第二章、大平班成立以前的状况”“第三章、大平班的建立及其教育活动的开展”“第四章、大平班日方专家的生活与体验”“第五章、大平班中方学员的日后发展”“尾章”等内容构成。作者从教育学的立场出发，采取直接采访本人和挖掘、收集第一手资料的形式，共采访了 49 位曾经亲身来中国从事教学的日方派遣专家和相关人员以及“大平班”各期的中方学员（笔者也接受了作者的采访），历史性地再现了“大平班”这五年中发生在中日双方师生之间许许多多的感人故事。为人们展示出了“大平班”这一项目在中日两国教育文化交流事业发展中所起到的不可替代的重要历史作用。多位接受采访的日方派遣教授都表示，“大平班（大平学校）”这一名字已经远远超越了其作为中日之间教育合作项目的这样一个狭窄的意义，将永远铭刻在中日两国人民友好交往的历史中，成为我们共同的一个永恒的记忆；每一个参加过培训班的学员也都在采访中提到，在“大平班”里自己不仅经历了以往从未有过的学习，当时那种中日师生共同努力钻研的学术氛围，以及日方派遣教授的那种忘我的努力工作精神，对他们今后的事业发展乃至人生道路，都起到了巨大的影响作用。

正如作者在第五章所做的调查显示的那样，当年大平班的学员，许多日后都成为中国日语教育事业、日本学研究事业的领衔人物和中流砥柱，而更多的学员则活跃在中国日语教育战线和日本研究学界的第一线，为培养更多的中国日语学习和日本研究事业的新人做出了巨大的贡献。同时，这一事业不但没有因为第一期计划的结束而终止，而在其后发展起来的第二期计划中得到了更大的发展。1985 年 9 月，继“全国日语教师培训班”结束后，在北京外国语大学成立了“北京日本学研究中心”，并面向全国招生。在北京日本学研究中心第一期的学员中，其中有不少都是曾经在“全国日语教师培训班”接受过培训的年轻日语教师，他们再一次考入北京日

本学研究中心，接受更加正规的、学术性更强的研究生教育。所以应该说，无论从其起因和延续，乃至学缘的构成，北京日本学研究中心都是“全国日语教师培训班（大平班）”这一中日合作事业的继承和发展。而且，与第一期计划的“全国日语教师培训班（大平班）”一样，“北京日本学研究中心”在中日双方政府、学界及其各界有识之士的共同努力之下，30 多年来不断发展，为中国日语教育、日本学研究事业培养了1000 多名硕士、博士研究生层次以上的高精尖人才，成为“中日两国教育交流合作的成功典范”。

笔者相信，“全国日语教师培训班（大平班）”这一中日合作事业的意义及其影响，一定会为我们今后发展中日两国人民的友好交流带来深刻的启示。在『「大平学校」と戦後日中教育文化交流』（“大平班”与战后中日教育文化交流）这部著作的带动下，包括该书的作者以及更多的研究者一定会更进一步地关注中日两国教育文化交流事业的发展，也会有更多的人来续写中日两国人民交往的友好篇章。

最后，笔者想作为“全国日语教师培训班（大平班）”亲身经历者的一员，以一首小诗来结束此文：

大江东去浪淘沙，
平凡岁月度年华。
班班同学英姿爽，
日日共筑和谐家。
研讨千年交流史，
中日文化世人夸。
心盼两国友情重，
好似牡丹贺樱花。

《日本学研究》征稿说明

1.《日本学研究》是由“北京日本学研究中心”与“教育部区域与国别研究基地北京外国语大学日本研究中心”共同主办的综合性日本学研究学术刊物（半年刊，国内外发行），宗旨为反映我国日本学研究以及区域与国别研究相关专家学者的最新观点与研究学术成果，促进中国日本学研究的进一步发展。

2. 本刊常设栏目有：特别约稿、日本语言与教育、日本文学与文化、日本社会与经济，国别和区域、热点问题、海外日本学、书评等。

3. 来稿要求和注意事项

（1）上半年刊投稿截稿日期为 4 月 15 日，下半年刊为 9 月 30 日。

（2）来稿要重点突出，条理分明，论据充分，资料翔实、可靠，图表清晰，文字简练，用中文书写（请按照国务院公布的《简化字总表》书写，如果使用特殊文字和造字，请在打印稿件中使用比原稿稍大的字体，并另附样字）。除特约稿件外，每篇稿件字数（包括图、表）应控制在 8000 字至 10000 字。

（3）来稿必须包括（按顺序）：题目、作者姓名、作者单位、英文或日文内容摘要（约 200 字）、关键词（3 ~ 5 个）、正文、参考文献和作者简介，并注明作者的电话号码、E-mail 地址等联系方式。

（4）须提供一式两份打印稿并通过电子邮件（用 word 格式）发送至本刊编辑部（rbxyjtg@163.com），用字要规范，标点要正确（符号要占 1 格），物理单位和符号要符合国家标准和国际标准，外文字母及符号必须分清大、小写，正、斜体，黑、白体；上、下角的字母、数码、符号必须明显。各级标题层次一般可采用一、（一）、1.、（1）、1，不宜用①。

（5）参考文献与文中夹注保持一致。所引用的文字内容和出处请务必认真查校。引文出处或者说明性的注释，请采用脚注，置于每页下，具体格式为：

专著著录格式：作者、书名、出版社、出版年、页码。

期刊著录格式：作者、文章名、期刊名、卷号（期号）。

论文集、会议录著录格式：作者、论文集名称、出版者，出版年、页码。

学位论文著录格式：作者、题目、产生单位、产生年。

译著著录格式：国籍、作者、书名、译者、出版社、出版年、页码。

网络电子文献著录格式：作者、题目、公开日期、引用网页。

4. 来稿不拘形式，既欢迎就某个问题进行深入探讨的学术研究论文，也欢迎学术争鸣性质的文章，学术综述、书介书评、读书札记等均受欢迎。

5. 本刊所刊用文章必须是作者的原创性研究成果，文责自负，不代表编辑部观点，不接受一稿数投。本刊有权压缩删改文章，作者如不同意删改请在来稿末声明。

6.《日本学研究》注重稿件质量，采用双向匿名审稿制，每篇稿件聘请2~3名相关领域的专家进行评审，选稿标准注重学术建树和学术贡献。每期征稿截止后三个月内向作者通知审稿结果。

7. 来稿一经刊登，将向作者寄送两本样刊。不支付稿酬。

8. 初校由作者进行校对。在初校过程中，原则上不接受除笔误以外的大幅修改。

投稿邮箱：rbxyjtg@163. com

咨询电话：(010) 88816584

邮寄地址：邮政编码100089

中国北京市西三环北路2号 北京外国语大学216信箱

北京日本学研究中心《日本学研究》编辑委员会（收）

图书在版编目(CIP)数据

日本学研究. 第28辑 / 郭连友主编. -- 北京 : 社会科学文献出版社, 2018.8
ISBN 978-7-5201-3269-5

Ⅰ. ①日… Ⅱ. ①郭… Ⅲ. ①日本-研究-丛刊 Ⅳ. ①K313.07

中国版本图书馆CIP数据核字(2018)第185789号

日本学研究 第28辑

主　　编 / 郭连友
副 主 编 / 宋金文　丁红卫

出 版 人 / 谢寿光
项目统筹 / 卫　羚
责任编辑 / 袁卫华

出　　版 / 社会科学文献出版社 · 人文分社 (010) 59367215
地址: 北京市北三环中路甲29号院华龙大厦　邮编: 100029
网址: www.ssap.com.cn
发　　行 / 市场营销中心 (010) 59367081　59367018
印　　装 / 三河市龙林印务有限公司

规　　格 / 开　本: 787mm × 1092mm　1/16
印　张: 16　字　数: 258千字
版　　次 / 2018年8月第1版　2018年8月第1次印刷
书　　号 / ISBN 978-7-5201-3269-5
定　　价 / 98.00元